LA REVOLUCIÓN PORTUGUESA
50 AÑOS DESPUÉS

LA REVOLUCIÓN PORTUGUESA 50 AÑOS DESPUÉS

RECUERDOS, IMAGEN E INFLUENCIA

Juan Carlos Jiménez Redondo
Josefina Martínez Álvarez
(eds.)

Sílex

Editor: Ramiro Domínguez Hernanz

C/ San Gregorio, 8, 2, 2ª Madrid
España
www.silexediciones.com

ISBN: 978-84-10267-24-4
Depósito Legal: M-9429-2024
Colección: Sílex Universidad Historia

Impreso y encuadernado en España

CONTENIDO

Parte segunda
Imagen y socialización del 25 de Abril

PRÓLOGO

El 25 de abril de 2024 se cumplen cincuenta años de la Revolución de los Claveles. Para toda esa generación de españoles que vivieron el final del franquismo y los inicios de la democracia española no fue –ni es– una fecha más. Porque esos días constituyeron un espejo en el que mirarse. Nuestros vecinos peninsulares iniciaron un camino hacia la democracia complejo y difícil, pero también apasionante y esperanzador. Una senda de democratización emanada de un golpe militar que convirtió a las Fuerzas Armadas en actores políticos privilegiados. Pero nos equivocaríamos si viéramos la Revolución lusa como un mero golpe de Estado, o como un cambio producido exclusivamente por la intervención política de los militares. Fue el inicio de un proceso transformador que ha llevado a Portugal a ser una democracia madura, a ser una sociedad abierta y de convivencia enmarcada en un Estado social y democrático de Derecho pleno.

La Revolución fue compleja porque, aunque pueda hablarse de una oleada democratizadora que abarcó a distintos países, –la famosa tercera ola descrita por el norteamericano Samuel P. Huntington–, especialmente a los del Sur de Europa, cada proceso respondió a sus propias especificidades, a sus condicionantes estructurales y al desempeño que habían desarrollado sus respectivos regímenes autoritarios. Es decir, Portugal no asumió un modelo de transición "de la ley a la ley" porque la dictadura había contaminado de tal forma al Estado que los líderes revolucionarios pensaron que no era posible reconvertirlo a la democracia. Había, en consecuencia, que reconstruir el Estado para acabar con cualquier vestigio del autoritarismo.

La ruptura con el pasado autoritario tuvo otro elemento esencial: acabar con la dictadura era la condición necesaria para poner fin a esa prolongada guerra colonial que llevaba desangrando al país desde hacía trece años. En efecto, la situación de guerra que no se perdía, pero que no se podía ganar, movilizó a los militares hasta convencerlos de que la única forma real de poner fin a los conflictos en África era acabar primero con el Estado Novo. Y exactamente eso es lo que hicieron.

La guerra había comportado, también, un profundo proceso de ideologización y politización de los cuadros militares intermedios. De ahí su propensión hacia posiciones de izquierda, incluso de izquierda radical. No fue un proceso exclusivo de estos militares. También lo fue de buena parte de la sociedad lusa.

En realidad, la dictadura de Salazar había tenido en los años cincuenta y sesenta ciertos efectos modernizadores, provocando eso que el historiador portugués Fernando Rosas denominó con acierto cambios invisibles. Una aceleración desarrollista que cobró mucho mayor impulso con su sucesor, Marcello Caetano. Pero no es menos cierto que a la altura de 1974 Portugal seguía respondiendo a un modelo de país infradesarrollado, especialmente si se comparaba con sus vecinos de la Europa occidental, incluida la España de Franco. Portugal seguía lejos de constituir ese país de clases medias estabilizadoras que los viejos autores de la llamada "transitología" consideraban imprescindible para asentar la democracia. Sus 251€ de renta per cápita en 1974 doblaba la cifra de apenas 5 años antes, pero seguía muy lejos de la española y, por supuesto, de la francesa o de la alemana. De ahí que no existiera un consenso social mayoritario sobre las bondades de la economía de mercado y, en general, sobre las bondades del capitalismo. Dicho de otra forma, el déficit de desarrollo seguía alimentando sueños de revolución, en el sentido de transformación del modelo productivo hacia el socialismo. Por eso el proceso portugués de transición a la democracia adoptó una tendencia claramente revolucionaria, lo que incluso acabó plasmándose en la Constitución de 1976 al consagrar la idea de sociedad en tránsito hacia el socialismo.

La Revolución de los Claveles es difícilmente comprensible sin tomar en consideración el alto grado de movilización popular que trajo consigo. Un pueblo articulado en partidos, movimientos o asociaciones, pero en el que, también, cada persona encontró posibilidad de actuar en el escenario público. Por supuesto que toda revolución tiene mucho de proceso elitista dirigido, pero el caso luso demuestra que, además, tiene una tendencia de participación popular espontánea y no expresamente dirigida. Buena prueba de ello es el símbolo de la Revolución: Celeste Caeiro, una modesta trabajadora de un restaurante lisboeta a la que ese 25 de abril uno de los militares que poblaban las calles capitalinas le pidió, cuando volvía a su casa, un cigarrillo. Dado que no tenía, le ofreció uno de los claveles que llevaba para una fiesta que se tenía que haber celebrado en el restaurante, al ser su primer año abierto. El militar lo aceptó y lo puso en su escopeta. Luego, otro militar hizo lo mismo y luego otro y otro, así hasta crear simbólicamente la Revolución de los Claveles.

El "25 de Abril" Portugal abrió la puerta a la democracia. Y acabó con instituciones tan odiadas de la dictadura como eran la tan temida PIDE, reconvertida por Marcello Caetano, en Dirección General de Seguridad, o la Legión Portuguesa. Esa fecha marcó el inicio de una nueva era para Portugal, pero también para toda Europa, porque la onda expansiva de la democracia llegó muy pronto a Grecia y solo un poco más tarde a España. La "anomalía" autoritaria del Sur de Europa desaparecía de forma definitiva.

La Revolución de los Claveles sigue teniendo una enorme fuerza simbólica, de ahí que haya creado un poderoso imaginario colectivo. Solo recordar la más famosa de las películas de la Revolución como fue *Capitanes de Abril* dirigida en 2000 por la excelente y versátil Maria de Medeiros. Pero hay muchas otras. En realidad, en estas cinco décadas ha habido una recreación permanente de la Revolución, porque después de ese medio siglo transcurrido sigue constituyendo un marco simbólico incuestionable del triunfo de la democracia sobre la dictadura.

Esta obra recoge un conjunto de aportaciones de reputados especialistas sobre el proceso revolucionario, su significación y su legado, así como sus formas de socialización a través de diversos medios. El lector encontrará diversas interpretaciones porque es evidente que un hecho tan trascendente suscitó, y sigue haciéndolo, un interesante debate historiográfico. Pero sí existe un consenso muy mayoritario en percibir la Revolución de los Claveles como un triunfo de la democracia frente a la autocracia; como un triunfo de la libertad frente al autoritarismo. Y eso ya es, evidentemente, mucho. Por eso la Revolución es patrimonio de todos los portugueses, porque todos ellos alimentaron, en una u otra medida, esos sueños de libertad y modernidad que la Revolución trajo consigo. La Revolución fue un factor extraordinario de cambio de un país y una sociedad que, en estos cincuenta años, y a pesar de todos los sinsabores económicos vividos, se ha convertido en una indudable referencia internacional.

En definitiva, este libro es un reconocimiento de la Revolución como proceso de transición a la democracia. Un camino difícil con muchas contradicciones, pero que, al final, fue decisivo para convertir a Portugal en la democracia y en el Estado de Derecho que actualmente es.

Juan Carlos Jiménez Redondo
Josefina Martínez Álvarez

PARTE PRIMERA

HISTORIA Y POLÍTICAS REVOLUCIONARIAS

LA REVOLUCIÓN PORTUGUESA DEL 25 DE ABRIL CINCUENTA AÑOS DESPUÉS: UNA REEVALUACIÓN CRÍTICA

Juan Carlos Jiménez Redondo
Universidad CEU-San Pablo,
CEU Universities. España
ORCID: 0000-0002-1554-4292

INTRODUCCIÓN

Portugal transitó a la democracia mediante un proceso de ruptura iniciado con la sublevación militar del 25 de abril de 1974. No se puede hablar, por tanto, de proceso pactista o consensuado, aunque bien es cierto que existió lo que se puede denominar un consenso negativo. Todos los actores de la Revolución podían discrepar acerca del camino que debía emprender el proceso revolucionario en curso, pero todos ellos partieron de la común convicción de que el régimen solo podría caer por la fuerza. De ahí que el golpe militar fuera visto de forma generalizada con indudable simpatía y que asumiera inmediata legitimidad social. La cara negativa fue que muchos actores pretendieron anteponer esa legitimidad revolucionaria a una verdadera legitimación democrática, lo que estuvo a punto de provocar un verdadero conflicto civil.

Fue una revolución liderada, protagonizada y desarrollada por los militares. No quiere decir que los ciudadanos portugueses, que los partidos políticos o que las organizaciones sociales quedaran al margen. Pero no se puede obviar que, ante todo y, sobre todo, fue un proceso llevado a cabo por los militares, que se convirtieron en actores esenciales de la Revolución. Hasta el punto de que hubo que esperar hasta 1986 para que el país recuperara a un civil como presidente de la República, el socialista Mário Soares.

Portugal consumó una ruptura radical con su pasado autoritario, sometiendo a la dictadura a un juicio de legalidad que conllevó depuraciones en diferentes cuerpos del Estado e instituciones sociales. El régimen había permeado tanto el Estado que parecieron conformar un todo indisoluble. De ahí la necesidad percibida por los nuevos líderes del país de proceder a una limpieza general de los principales cuerpos funcionariales. Aunque, bien es verdad, que los llamados "saneamientos" no se limitaron a la depuración de servidores públicos. También se extendió a otros ámbitos como, por ejemplo, las universidades, involucrando a diferentes actores políticos y sociales, lo que demostró el desbordamiento del "25 de abril" como proceso de transición en términos revolucionarios.

La Revolución no transformó radicalmente el sistema económico del país, pero sí impuso un concepto de socialismo de Estado que acabó constitucionalizándose. Incluso se cuestionó la democracia liberal, existiendo amplios sectores partidarios de una fórmula de socialismo vigilado por los militares revolucionarios, que también acabó constitucionalizándose. Del mismo modo, los nuevos gobernantes lusos aceptaron las bases esenciales del modelo de inserción internacional que había desarrollado la dictadura, aunque no faltaron voces relevantes que aspiraron a establecer nuevos marcos de inserción para el país. Especialmente, durante el llamado verano caliente de 1975, cuando el gobierno liderado por Vasco Gonçalves se planteó convertir a Portugal, miembro fundador de la OTAN, en un país no evidentemente inserto en el bloque del Este, pero sí en volcado, por lo menos en parte, hacia la órbita soviética. Por supuesto que existen otras muchas explicaciones de este "verano caliente", pero no puede obviarse que fue, ante todo, un intento de empujar a la Revolución hacia un modelo de carácter tendencialmente comunista. Solo así se explican dos cosas: primero, la aguda reacción del Portugal conservador contra el Partido Comunista y contra todas las organizaciones políticas y sociales de extrema izquierda. Y, segundo, que fuera el momento crucial para que los países occidentales, y muy especialmente Estados Unidos, asumieran la necesidad de retener a Portugal dentro del marco de las democracias liberales convirtiendo al Partido

Socialista en el centro de su estrategia de "descomunistización" del proceso de transición.

La Revolución no fue solo un proceso de cambio político, sino también de descolonización. Tras trece larguísimos años de guerra en los múltiples frentes africanos, Portugal se abrió a un rápido proceso de descolonización. Pero lo hizo desde una visión netamente ideológica que favoreció las alternativas nacionalistas africanas de carácter marxista. Por eso la descolonización no creó nuevos Estados independientes políticamente equilibrados y socialmente estables. Al contrario, la preferencia ideológica de los militares descolonizadores añadió un potencial conflicto ideológico a sociedades enormemente marcadas por sus condiciones de infradesarrollo. Valga el ejemplo de las dos mayores colonias africanas. En Mozambique la independencia, patrimonializada por el marxista Frente Nacional de Liberación Nacional (FRELIMO), con el apoyo de la Unión Soviética y Cuba, abrió paso a una casi eterna guerra civil que los enfrentó a la Resistencia Nacional Mozambiqueña (RENAMO), apoyado por Sudáfrica y Estados Unidos. En Angola, el conflicto civil fue más complejo, porque a la dimensión ideológica se unieron las diferencias étnicas y regionales. La independencia permitió la dictadura del marxista Movimiento para la Liberación de Angola (MPLA), pero en un escenario de guerra permanente contra la prooccidental Unión Nacional para la Liberación Total de Angola (UNITA), y con el Frente Nacional de Liberación de Angola (FNLA), afincado esencialmente en el norte del país y que recibió apoyo de Zaire y de China.

En definitiva, la Revolución de los Claveles fue una experiencia original y compleja de democratización. En realidad, fue algo más que eso, porque acabó recreando simbólicamente el país. Terminó definitivamente con uno de los grandes ejes constitutivos de la identidad nacional portuguesa como fue la idea de imperio y fue el punto de inflexión decisivo para construir el actual Portugal democrático, libre y abierto, netamente integrado en la dinámica europea.

REVOLUCIÓN Y CALIDAD DEMOCRÁTICA: ¿LA TRANSICIÓN POR RUPTURA GARANTIZA UNA MEJOR DEMOCRACIA?

Siempre se han contrapuesto los modelos de transición a la democracia en Portugal y en España, a pesar de considerar que ambos formaban parte de un mismo proceso estructural de cambio.[1] No solo en el ámbito ibérico, sino también dentro del contexto de la Europa semiperiférica[2] e, incluso, a nivel global, ya que la portuguesa dio inicio a esa ya manida tercera ola de democratización que desarrolló Samuel Huntington.[3] En realidad, la coincidencia temporal, con apenas un año de diferencia, tuvo que ver más con el agotamiento biológico de Franco que con otros elementos que, aunque coadyuvantes, fueron de significación menor. Porque, aunque esta afirmación parezca no decir nada, dice muchas cosas: España transitó a la democracia cuando murió Franco, aunque las condiciones estructurales de cambio fueran ya claramente visibles más de una década antes de la desaparición física del dictador. Portugal lo hizo tras el accidente vascular incapacitante y posterior muerte de Oliveira Salazar y tras el fracaso continuista, seguramente inevitable, representado por Marcello Caetano.

Precisamente aquí radica una de las diferencias más sustantivas entre ambos procesos. En España, la sucesión de Franco recayó en el entonces príncipe Juan Carlos, que fue perfectamente consciente de que no podía haber un franquismo sin Franco. Este convencimiento le permitió pilotar el cambio. Como sucesor nombrado por el propio Franco acabó representando un principio de legitimidad basado en la continuidad legal. Una legalidad cuestionable por provenir de un

[1] Los estudios comparados más clásicos son: Josep Sánchez Cervelló, *La revolución portuguesa y su influencia en la transición española (1961-1976)*, Madrid, Nerea, 1995; Juan Carlos Jiménez Redondo, *España y Portugal en transición: los caminos a la democracia en la Península Ibérica*. Madrid, Sílex, 2009. Gregorio Sabater Navarro, *Las transiciones ibéricas: influjos y convergencias en la democratización peninsular*. Madrid, UAM, 2019.

[2] Diego Palacios Cerezales y Víctor Fernández Soriano, “Close, yet different: the Southern European transitions of the 1970s revisited”, *Mélanges de la Casa de Velázquez*, 53-1, /2023): 181-206. Boaventura de Sousa Santos, *La difícil democracia. Una mirada desde la periferia europea*. Madrid, Akal, 2017.

[3] Samuel P. Huntington, *El choque de civilizaciones y la reconfiguración del orden mundial*. Buenos Aires, Paidós, 2001.

régimen dictatorial, pero que le garantizó la lealtad muy mayoritaria de los militares, único actor con capacidad real para impedir un cambio de régimen. Su disposición al cambio democrático le permitió asumir una legitimidad de ejercicio reconocida por todos los actores políticos y sociales, a excepción del nacionalismo terrorista vasco y de los estertores de la extrema derecha. Esta doble legitimidad, y la decidida apuesta del jefe del Estado por la democracia, concretó un proceso real de ruptura amortiguado por una aparente continuidad. Era la famosa expresión de cambio de la ley a la ley.

Esta forma de llevar a cabo el proceso de transición fue posible porque, a pesar de no ser un camino fácil, tampoco existieron grandes obstáculos a su desarrollo. Porque si bien es cierto que el terrorismo etarra fue malinterpretado durante cierto tiempo por una parte de la izquierda como una manifestación de lucha contra la dictadura, muy pronto se impuso la convicción generalizada de que no eran luchadores por la libertad. Eran terroristas que utilizaban el terror generalizado para imponer sus fines políticos: crear un Estado vasco independiente que adoptara un sistema político totalitario de base marxista. De igual modo, es cierto que siempre latió el temor de que el involucionismo anidara en las Fuerzas Armadas con tal fuerza que estallara en un intento de golpe. Pero, en realidad, ese involucionismo militar no alcanzó nunca verdadera capacidad para acabar con la recién estrenada democracia. El casi surrealista y absolutamente anacrónico asalto al Congreso protagonizado por un teniente coronel de la Guardia Civil, Antonio Tejero, demostró los verdaderos límites de esos sectores insurreccionales. Fue, en definitiva, un proceso solo en parte indeterminado y sujeto a potenciales riesgos. Porque, en realidad, fue mucho más previsible de lo que se ha querido reconocer, sobre todo si hacemos una lectura comparada de las transiciones y, muy especialmente, consideramos la portuguesa. De ahí que se pensara muy mayoritariamente que el consenso de la transición se iba a traducir en la rápida consolidación de una democracia fuerte, inclusiva y estable.

En resumen, en términos teóricos se puede aceptar la hipótesis de que un proceso de reforma política, aunque luego acabe generando una clara dinámica de ruptura, basado en un amplio consenso, parece, en principio, más estable y, en consecuencia, más favorable a la creación casi inmediata de una democracia de alta calidad. A contrario sensu, una transición por ruptura sería, por lo menos en sus inicios, más compleja y menos inclusiva, lo que se traduciría en un marco democrático inmediato más limitado y desequilibrado.

Aunque esto pueda ser cierto en los primeros momentos, en realidad, la forma en la que se hace la transición no determina la calidad democrática del sistema creado. Lo hace la práctica política y la capacidad de los principales actores políticos para mantener estructuras estables y consensuadas de convivencia democrática. De hecho, la calidad inicial de la democracia es un factor coyuntural y dinámico, pues cambia con el paso del tiempo. España transitó a la democracia mediante una fórmula de consenso que permitió una rápida edificación de la democracia, plasmada en la Constitución de 1978. Es decir, en menos de tres años se construyó un edificio democrático pleno, perfectamente homologable a cualquier democracia liberal occidental. Sin embargo, la democracia española se ha desarrollado de forma significativamente inestable e, incluso, ha creado espacios de democracia limitada (caso paradigmático de la comunidad autónoma del País Vasco) que han ido ensanchándose con el tiempo, a medida que han ido desapareciendo los iniciales marcos de convivencia e inclusión que caracterizaron el paso del autoritarismo a la democracia. No puede olvidarse que la violencia terrorista acabó expulsando del País Vasco a unas 180.000 personas, lo que ha alterado radicalmente la base social de la comunidad y sus preferencias de voto, ya que la inmensa mayoría de ellas pueden considerarse parte de la base de apoyo que tenían los grandes partidos constitucionalistas nacionales.

El caso portugués es muy distinto. El gran fracaso de la dictadura fue considerar que el Estado Novo había creado realmente un sistema político bien articulado constitucionalmente y, en consecuencia, con capacidad para perdurar en el tiempo. En otros términos, durante apenas seis años el Estado Novo vivió la ficción de su propia continuidad, cuando, en realidad, sin Salazar carecía de soportes de poder esenciales para asegurar esa permanencia. Por eso, el periodo marcellista no puede definirse más que como un fracaso. Porque a pesar de su sólida formación jurídica, y aun admitiendo la sinceridad de su apuesta reformista, siempre antepuso la continuidad del Estado Novo a crear un verdadero sistema democrático. Marcello Caetano siempre creyó que Salazar había limitado el potencial desarrollo del Estado Novo y que el régimen podía dar mucho más de sí. Pero la realidad es que ese desarrollo no podía desembocar en una verdadera democracia liberal. Lo que Caetano nunca aceptó es que los tiempos del reformismo autoritario o, si se quiere, del desarrollismo autoritario, habían pasado ya[4].

A mediados de los años setenta una enorme mayoría de portugueses no quería una fórmula liberalizadora que, además, e incluso considerando el enorme crecimiento experimentado en los primeros años de su mandato, seguía dando unos resultados materiales muy pobres cuando se comparaba con la evolución seguida por otros países. Porque a la altura de 1974 Portugal estaba, por supuesto, extraordinariamente lejos del nivel medio de vida francés o alemán. Pero también lo estaba si se comparaba con España o, incluso, con Turquía, dos de los países menos avanzados de la Europa occidental.

El ensayo de desarrollismo autoritario había sido en Portugal mucho menos exitoso que en España, lo que se tradujo en una sociedad más polarizada y fragmentada en relación con la definición de Portugal como una democracia occidental liberal basada en una economía libre de mercado. Por eso, la (re)ideologización global que trajeron consigo los años sesenta, incluyendo la nueva mística de la revolución que volvió a anidar en muchos sectores de la nueva izquierda europea y americana, impactó de forma tan significativa en el país. Para una parte considerable de portugueses de finales de los sesenta y principios de los setenta, la democracia liberal y la Europa comunitaria no representaban el ideal final que debía construirse tras la caída de la dictadura. Es más, en muchos sectores, el fin del autoritarismo debía abrir paso a una revolución permanente que llevara al país al socialismo.

---

[4] Hipólito de la Torre Gómez, "Marcelo Caetano: ultimas razones del Estado Novo", *Espacio, Tiempo y Forma. Historia Contemporánea,* 19 (2007): 75-101. DOI: https://doi.org/10.5944/etfv.19.2007.3153

Ese camino al socialismo, plasmado en el llamado Proceso Revolucionario en Curso (PREC), llevó al país a una creciente radicalización y polarización, que se tradujo en una fuerte inestabilidad expresada en la sucesión de gobiernos provisionales, lo que, a su vez, originó dos intentos de contragolpe: el del 28 de septiembre de 1974 y el del 11 de marzo de 1975. En realidad, esta radicalización fue consecuencia de la naturaleza rupturista del proceso. Porque el movimiento de las Fuerzas Armadas, y los nuevos actores políticos y sociales triunfantes, asumieron que la legitimidad revolucionaria les facultaba para imponer sin restricciones su propio proyecto político e ideológico. Pero legitimación revolucionaria nunca significó homogeneidad política o ideológica. El cambio político permitió aflorar una sociedad mucho más compleja y heterogénea de la que los militares revolucionarios, o los partidos de izquierda radical, estuvieron dispuestos a ver.

La radicalización del proceso tuvo dos elementos esenciales: los llamados saneamientos y, como se ha señalado, la pretensión de sobreponer la legitimidad revolucionaria a la legitimidad democrática. La puesta en marcha de los saneamientos tuvo una incidencia inicial importante porque, además de seguir las vías civiles y militares institucionalizadas, a veces fueron realizados por otros actores políticos, estudiantiles o sindicales como vía hacia lo que denominaron la revolución popular. El partido comunista, organizaciones estudiantiles y otras fuerzas de extrema izquierda procedieron de forma arbitraria a "sanear" empresas, la universidad o muchas administraciones locales. Unas 20.000 personas sufrieron estas prácticas depurativas, de las que unas 4.500 fueron funcionarios, incluyendo entre ellos a casi medio centenar de jueces[5]. Los saneamientos expresaban lo que se creyó incompatibilidad radical entre la creación de una "verdadera" democracia y la permanencia de residuos de lo que se denominó régimen fascista. En otros términos, la idea fuerza que movió a los revolucionarios portugueses fue que la transición por ruptura solo podía ser real si se edificaba sobre un solar libre de cualquier impureza

[5] António Costa Pinto, "Coping with the Double Legacy of Authoritarianism and Revolution in Portuguese Democracy", *South European Society and Politics*, 15-3 (2010): 395-412. DOI: 10.1080/13608746.2010.513601

autoritaria[6]. Pero esta idea se diluyó de forma relativamente rápida. El reflujo que experimentó el proceso a partir del verano de 1975 abrió paso a una idea más inclusiva de lo que debía ser la construcción de la democracia, lo que hizo que incluso los tribunales militares encargados de juzgar a antiguos miembros de la policía política se conformasen con resolver la situación con penas relativamente leves. Las penas finalmente impuestas a los asesinos del otrora candidato a la presidencia de la República, el general Delgado, y de su secretaria personal así lo atestigua[7].

La revolución, protagonizada y liderada por los militares, conllevó una dinámica compleja de exclusividad en su liderazgo y la necesidad de incorporar selectivamente a otros actores sociales y políticos que ampliaran la base de sustentación del Movimiento. Pero lo hicieron de forma condicionada a su propia lógica ideológica. Esto es, estaban convencidos de que la legitimidad revolucionaria les facultaba para excluir a todas aquellas fuerzas políticas que no se identificaran con lo que denominaban "democracia real"; esto es, con la revolución socialista. Sin embargo, esta inicial tensión de exclusión se vio superada por la libre expresión de la sociedad portuguesa. Las elecciones a la Asamblea Constituyente celebradas el 25 de abril de 1975, justo un año después del golpe militar, demostraron, con toda claridad, la existencia de una sociedad ideológicamente heterogénea y plural, claramente dividida entre el Norte conservador y un Sur mucho más inclinado hacia posiciones de izquierda. Pero, en todo caso, los comicios dejaron ver que la legitimidad democrática expresaba

[6] António Costa Pinto y Leonardo Morlino (ed.), *Dealing with the Legacy of Authoritarianism: The Politics of the Past in Southern European Democracies.* London, Routledge, 2013. Maria Inácia Rezola, "Punir ou perdoar? A difícil gestão do passado ditatorial no Portugal democrático. O caso dos saneamentos", *Estudos Ibero-Americanos*, 45-3, (2019): 24-38. DOI: 10.15448/1980-864X.2019.3.33736

[7] La sentencia final reconocía únicamente a Casemiro Monteiro autor material de los dos asesinatos, por lo que se le condenó a 19 años de cárcel. Los otros componentes de la brigada de la PIDE autora de los asesinatos fueron condenados a penas irrisorias por suplantación de identidad. Ninguno de ellos ingresó nunca en prisión. Juan Carlos Jiménez Redondo, *El caso Humberto Delgado. Sumario del proceso penal español.* Mérida, Editora Regional de Extremadura, 2001. Idem. *El otro caso Humberto Delgado. Archivos policiales y de información.* Mérida, Editora Regional de Extremadura, 2003.

una acusada convergencia hacia posiciones políticas e ideológicas templadas.

El vencedor de los comicios fue el Partido Socialista con casi el 38% de los votos, seguido del conservador Partido Popular Democrático con algo más del 26%. Es decir, ambos representaban al 65% del electorado, mientras que, por ejemplo, el Partido Comunista se quedó en un escaso 12,46% de los votos emitidos. Era obvio que la sociedad lusa se inclinaba por la construcción de una democracia liberal pluralista. La negativa de la parte más procomunista de los militares revolucionarios a aceptar los resultados desembocó el 25 de noviembre de 1975 en un fallido intento de golpe de Estado. Desde entonces, la revolución pasó a ser comandada por militares de filiación socialista que, con el apoyo de la derecha, lograron imponer un giro a la situación que llevó al país a una apuesta definitiva por una democracia liberal multipartidista, aunque con tendencias claramente socializantes y una fuerte vigilancia de esa misma democracia por parte de los militares. Las elecciones recondujeron la marcha de la Revolución, acercándola a un modelo de cambio por negociación y consenso, que es lo que, en el fondo, significó el segundo pacto del Movimiento de las Fuerzas Armadas (MFA) con los partidos políticos[8].

Un elemento que conviene resaltar es el papel de la jefatura del Estado. Y cabe, de nuevo, una pequeña comparación con España. Porque aquí la monarquía, imbricada en el marco institucional de la dictadura, fue un factor esencial de democratización. En Portugal, la jefatura del Estado tuvo un papel democratizador mucho más ambiguo. Américo Tomás, el presidente de la República que provenía de los tiempos de Oliveira Salazar, era un fiel del Estado Novo, por lo que fue destituido el 25 de abril, removido como Almirante y expulsado de la Marina. Fue trasladado a Madeira y de ahí marchó al exilio en Brasil. Su sucesor, el general Spínola, se vio rápidamente envuelto en un verdadero conflicto de poder con un Movimiento de las Fuerzas Armadas que pretendía dar carácter institucional estable a su predominio con la creación, en los primeros meses de 1975, del

[8] Maria Inácia Rezola, *The Portuguese Revolution of 1974-1975: An Unexpected Path to Democracy*, Liverpool, University Press, 2023.

Consejo de la Revolución. Esta tácita lucha de poder acabó rompiendo la estructura del poder del Estado, abriéndose un proceso de difusión de los centros de poder aprovechado por el MFA para extender su autoridad. El choque inevitable entre ambos se produjo cuando el I Gobierno Provisional liderado por Adelino de Palma Carlos pretendió un adelanto electoral que reforzase la legitimidad democrática y, por ende, la autoridad política del presidente de la República. El MFA lo consideró un golpe de Estado constitucional y obligó al gobierno a dimitir, arrastrando con él al propio presidente. Sin capacidad real para retomar el poder, el general Spínola acabó adoptando una línea conspirativa confusa e incongruente que le restó credibilidad y autoridad políticas.

La transición lusa culminó con la aprobación de la Constitución en abril de 1976, justo dos años después del golpe militar. Todavía hoy se mantiene vigente, aunque muy reformada, ya que era un texto claramente inscrito en el ambiente ideológico de la Revolución al establecer un modelo de democracia vigilada por los militares y finalista, pues hablaba de la obligación de "abrir el camino hacia una sociedad socialista". De ahí que incluyera aspectos tan iliberales como la no reversibilidad de las nacionalizaciones llevadas a cabo desde abril de 1974, la socialización de los medios de producción o la reforma agraria, entendida como consolidación de la apropiación de tierras ocurridas desde el estallido revolucionario.

El carácter ideológico de la Constitución motivó que la vida política del país se orientara a una reversión liberal de la Carta Magna. Pero, sorprendentemente, lo que podía haber sido un factor de crisis e inestabilidad permanente contó con un amplio consenso entre las fuerzas políticas mayoritarias. El anacrónico Consejo de la Revolución dio paso al Consejo de Estado y al Tribunal Constitucional. Se eliminaron las referencias a la sociedad socialista y la idea de socialización de los medios de producción. Igual que quedaron sin amparo constitucional la justificación de las nacionalizaciones o las expropiaciones forzosas sin indemnización. Por último, se atenuaron notablemente las funciones políticas del presidente de la República, remarcándose su responsabilidad ante el Tribunal Supremo por delitos que pudiera cometer en el ejercicio de sus funciones. Además, el gobierno pasó a ser políticamente responsable solo ante la Asamblea Nacional. Por tanto, desapareció la capacidad presidencial para, oído el Consejo de la Revolución, ejercitar el derecho de veto sobre los acuerdos legislativos de la Asamblea de la Republica.

Podría parecer que la inestabilidad del proceso revolucionario afectó a la consolidación de la democracia, al introducir significativos factores de inestabilidad. Por ejemplo, la difícil convergencia entre una presidencia de la República altamente intervencionista y una Asamblea de la República sin mayorías parlamentarias claras hasta los años ochenta. Pero esa aparente inestabilidad propició también elementos de consenso que, a medio y largo plazo, han sido importantes para la calidad democrática del sistema. En 1978 se puso en marcha un difícil gobierno de coalición entre el Partido Socialista y el Centro Democrático y Social que, aunque tuvo una corta existencia, demostró que el sistema estaba evolucionando hacia posiciones mucho más fluidas y consensuales. Tanto, que, desde entonces, ha permitido varias coaliciones de gobierno entre la derecha y la izquierda.

El segundo factor que desmiente esa aparente inestabilidad fue la muy temprana llegada de la derecha al poder. Las elecciones del 5 de octubre de 1980 concluyeron con la contundente victoria de la coalición Alianza Democrática, formada por el Partido Social Demócrata, el Centro Democrático y Social y el Partido Popular Monárquico. De esta forma, el carismático líder del PSD Francisco Sá Carneiro se convirtió en primer ministro con un programa de gobierno que suponía una amplia revisión de las posiciones izquierdistas mantenidas desde la Revolución. Tres años después, el socialista Mário Soares encabezó un nuevo gobierno de coalición, esta vez con el PSD que duró apenas dos años. Aunque el verdadero protagonista del proceso de consolidación democrática de Portugal fue el líder liberal-conservador Aníbal Cavaco Silva, primer ministro desde el 6 de noviembre de 1985 al 28 de octubre de 1995. No fue el único, porque los socialistas encabezados por Mário Soares también contribuyeron desde la presidencia de la República. En efecto, Soares llegó en 1986 a la primera magistratura del Estado. No solo puso fin a la preeminencia militar en este cargo, sino que abrió una inédita fase de cohabitación entre un presidente socialista y un primer ministro conservador que, a pesar de lógicas desavenencias, remarcó el carácter consensual y convivencial de la nueva democracia lusa.

En definitiva, se puede concluir que una transición por continuidad abre más rápidamente el periodo de consolidación democrática, y que la calidad inicial de esta democracia es más acusada, ya que no existen actores de interferencia que obliguen a aceptar elementos iliberales. La transición por ruptura, como ejemplifica el caso portugués, es más compleja y abierta a la influencia ideológica de sus actores protagonistas. En este caso, los militares, que orientaron el carácter ideológico de la Revolución y siempre asumieron una función de vigilancia que solo se atenuó varios años después del golpe militar.

En el primer caso, el de las transiciones por consenso, la legitimidad democrática no encuentra alternativa. En la transición por ruptura, la legitimación revolucionaria colisiona con la primera y pugna por prevalecer. Pero después de un cierto tiempo, las democracias surgidas son de igual calidad, porque, en realidad, ésta no depende más que en principio de la forma de transición. El verdadero elemento determinante es la práctica política que se desarrolla en democracia y tiene muy poco que ver con la forma en la que ésta se alcanzó. La idea de que una transición por continuidad es de menor calidad porque debe asumir personas, estamentos o arrastrar visiones propias del autoritarismo es un simple desiderátum ideológico. En modo alguno es un factor empíricamente demostrable.

REVOLUCIÓN Y BIENESTAR DE LOS CIUDADANOS

La Revolución permitió a Portugal comenzar a edificar su verdadero Estado del Bienestar bajo el amparo constitucional del reconocimiento de un completo catálogo de derechos civiles y políticos, de derechos económicos y sociales y de libertades fundamentales.

La Revolución se desarrolló en un contexto general de crisis económica, producto de la elevación radical del precio del petróleo por parte de la OPEP tras la guerra del Yom Kipur. Esta crisis no fue una crisis más, sino que tuvo profundas consecuencias políticas y económicas. En términos políticos se tradujo en un evidente y generalizado giro conservador en todo el mundo occidental que contrastaba enormemente con la radicalidad revolucionaria izquierdista del "25 de abril". Desde el punto de vista económico, supuso el declive del keynesianismo como doctrina básica del desarrollo del mundo occidental, lo que también contrastaba con el signo estatista e intervencionista, eminentemente antiliberal, del Portugal revolucionario. La Revolución se presentaba como un proceso claramente extemporáneo y alejado de las premisas ideológicas, políticas y económicas que comenzaban a generalizarse en el occidente desarrollado.

La crisis del 73 se caracterizó por el estancamiento económico combinado con altas tasas de inflación y un aumento acusado del paro, que se convirtió en un problema estructural en todas las economías desarrolladas. Por eso, la respuesta generalizada a la crisis fue luchar contra la inflación a través de la ortodoxia monetaria, el equilibrio macroeconómico, la racionalización del sector público y el freno al intervencionismo del Estado. Es decir, justo lo contrario de lo que significaba la Revolución. Porque ésta había abierto una fase maximalista de expectativas ciudadanas que no solo aludían a espacios de libertad, sino a mejoras reales de las condiciones materiales de vida, tan distantes de la del resto de países de Europa occidental. Este marco de expectativas no podía ser defraudado con políticas de austeridad y ajuste del gasto que, independientemente de su necesidad de acuerdo con una lógica estrictamente económica, siempre son poco comprendidas por la mayoría de la sociedad. Por eso, la política económica de los primeros años se basó en incrementos notables del gasto público y en una creciente intervención y regulación de la economía por parte del Estado. El resultado fue, como no podía ser de otro modo, un incremento del riesgo financiero del país y un creciente desequilibrio de sus variables macroeconómicas fundamentales.

La crisis global se combinó en el caso luso con la desaparición definitiva del espacio económico portugués que, a pesar de todas sus limitaciones, había creado un flujo de exportaciones de la metrópoli a las colonias que representaba en 1974 una cifra en el entorno del 15% del total. La descolonización no solo afectó a las exportaciones, sino que un país de emigración, que ajustaba en buena medida su balanza de pagos gracias a las remesas de emigrantes, se transformó en un país de retornados, que presionaron sobremanera las posibilidades de empleo que ofrecía una economía tan débil como la portuguesa. Aunque la otra cara de la moneda fue la liberación de la parte del presupuesto dedicado a la guerra, que había llegado a alcanzar casi la mitad del gasto total del país.

Como se ha señalado, los dos primeros años de la Revolución socavaron enormemente los equilibrios macroeconómicos de la economía portuguesa. El brusco descenso del producto interior bruto se combinó con altas tasas de inflación y con un aumento muy significativo del desempleo y del déficit público. La crisis económica impactó directamente en los ciudadanos que vieron como su poder adquisitivo disminuyó un alarmante 6%. La crisis podía convertirse en un factor deslegitimador de la Revolución, lo que obligó a profundizar más en las medidas de protección social que, en todo caso, formaban parte de la apuesta política de los nuevos gobernantes lusos. La Revolución permitió la introducción del salario mínimo interprofesional y del subsidio de desempleo, la extensión de la seguridad social a varias categorías de trabajadores no protegidos hasta entonces y un poderoso incremento de los presupuestos dedicados a sanidad, educación y protección social. No solo eso. La Revolución también avanzó en el reconocimiento de los derechos de los trabajadores: derecho de huelga, supresión de la estructura corporativa, libertad sindical, limitación de la jornada laboral o la flexibilización de los contratos de trabajo para conseguir un mercado de trabajo más moderno, flexible y productivo.

La eficacia de muchas de estas medidas se vio comprometida por la aspiración ideológica de construir una sociedad socialista. Y aunque no se puede obviar que gracias a la Revolución Portugal comenzó a construir el edificio de su Estado de Bienestar, lo cierto es que el desempeño económico de la primera década de democracia fue realmente mediocre. Portugal siguió siendo en 1985 el Estado menos desarrollado de Europa occidental, con una renta per cápita que solo alcanzaba los 2.000$, con un paro del 8,5%, una deuda externa que ya alcanzaba el 80% del Producto Interior Bruto, una inflación insostenible que llegó a rondar subidas del 20% anual y un nivel general de infraestructuras claramente alejado del existente en el resto de países europeos.

En un contexto así, la entrada del país en las Comunidades Europeas el 1 de enero de 1986 se convirtió en un verdadero reto que, o bien animaba un proceso de cambio y adaptación eficiente a ese nuevo entorno competitivo, o bien haría más visibles las profundas contradicciones e ineficiencias que arrastraba la economía portuguesa. De ahí el cambio de modelo que significó el gobierno de Cavaco Silva. Portugal se orientó hacia una economía mixta de mercado de fuerte tendencia liberal y reformista dirigida a terminar con las rigideces de un Estado hipertrofiado e ineficiente y con una economía permanentemente paralizada. Una política de liberalización y flexibilización del mercado de trabajo, un ajuste de los grandes desequilibrios macroeconómicos y una política de menor presión tributaria dirigida a liberar recursos y aumentar los niveles de consumo privado, el ahorro, y por tanto la inversión.

Con Cavaco terminó la vía socialista ensayada con la Revolución. Al tiempo que su ingreso en las Comunidades Europeas abrió una nueva etapa que ya solo miraba el "25 de abril" como un acto romántico que, a pesar de todos sus vaivenes, había llevado a Portugal a la democracia, a la libertad y a la modernidad europea.

REVOLUCIÓN E IDENTIDAD NACIONAL: EL PAPEL DEL NUEVO PORTUGAL EN EL MUNDO

La Revolución de los Claveles se inscribe en el contexto de la Guerra Fría, por lo que su irrupción y asentamiento fue inseparable de esa dinámica general de polarización. Sin embargo, el sustrato ideológico de la Revolución no solo tuvo un componente de enfrentamiento entre los intereses de las superpotencias y de sus respectivos aliados, sino que tuvo también un aire de enfrentamiento entre la cosmovisión del mundo demoliberal y sus formas políticas y económicas, con ese modelo referencial del comunismo soviético representado por el rígidamente ortodoxo Partido Comunista de un Álvaro Cunhal, que volvió a Portugal tras su prolongado exilio, y, además, con ese modelo de comunismo tercermundista de base maoísta, que es el que más había influenciado a multitud de grupúsculos de oposición surgidos por todo el país desde finales de los años sesenta.

En términos geopolíticos, "el 25 de abril" estalló en un momento de fuerte retraimiento del poder global de Estados Unidos. El desastre de Vietnam había minado considerablemente el prestigio interno e internacional del país como potencia internacional, lo que explica sus dudas a la hora de hacer frente al proceso revolucionario portugués. Algo absurdo, porque Portugal era miembro fundador de la OTAN y, como tal, su política interna formaba inevitablemente parte de los intereses nacionales de Estados Unidos. Por eso, la posición displicente y tibia liderada en el Departamento de Estado por Henry Kissinger acabó sustituyéndose por la política enunciada por el embajador norteamericano en Lisboa, Frank Carlucci, que recomendaba una implicación diplomática activa que evitara el triunfo de los comunistas. Su propuesta se basaba en convertir al socialismo luso en una verdadera opción de gobierno que pudiera imponerse de forma rápida a los comunistas[9]. No era un planteamiento original, pues los norteamericanos no hicieron más que asumir las posiciones europeas que abogaban por hacer exactamente lo mismo: imponer el socialismo como alternativa de izquierda moderada frente al comunismo[10].

La Revolución no representó solo un problema geopolítico y geoestratégico para Europa y los Estados Unidos, al poner en riesgo el equilibrio interno y la estabilidad de la Alianza Atlántica, sino que introdujo, también, un decisivo "factor africano" en el tablero global de la Guerra Fría. De hecho, el verdadero objetivo de la Unión Soviética no fue el Portugal continental, sino hacerse con el control de las colonias portuguesas a través de su influencia en los diferentes movimientos de liberación nacional de orientación

[9] Bernardino Gomes y Tiago Moreira de Sá, *Carlucci versus Kissinger. The US and the Portuguese Revolution.* Lahan/Boulder, Lexington Books, 2011.

[10] Carlos Sanz Díaz, "La República Federal de Alemania ante el fin de las dictaduras ibéricas (1974-1976): miradas entrecruzadas". *Hispania*, 72-242, (2012):755-788. https://doi.org/10.3989/hispania.2012.v72.i242.386

marxista, en especial en Angola y Mozambique. Su triunfo fue absoluto. El Movimiento de las Fuerzas Armadas entregó las colonias portuguesas a estos partidos marxistas, permitiendo a los soviéticos expandir enormemente su poder en esta parte del continente.

En términos estrictamente europeos, la Revolución representó un factor decisivo de potencial transformación democrática del Sur del continente. De ahí la poderosa implicación de las principales potencias europeas, guiadas por un idéntico objetivo: evitar que la Revolución se saldara con el triunfo de los comunistas. Además, Europa contaba con un instrumento de influencia decisivo como era aceptar la integración de esa Europa del Sur en las Comunidades Europeas siempre y cuando estos países asumieran un compromiso irrenunciable con la democracia liberal y con el Estado de Derecho. En otros términos, los países europeos no solo favorecieron la imposición de las fuerzas políticas moderadas sobre los comunistas, sino que también abrieron al país una vía de inserción internacional definitiva, lo que significaba una indudable garantía de estabilidad y orden a medio y largo plazo. Por eso se puede concluir con la idea de que el proceso de democratización fue también, e inseparablemente, un proceso de inserción definitiva de Portugal en su entorno europeo y occidental.

La Revolución acabó con el viejo Portugal y con los tópicos nacionalistas que hasta entonces habían definido los factores básicos de su identidad nacional. Un viejo nacionalismo que no solo se había manifestado durante la dictadura sino desde mucho antes, aunque durante el Estado Novo había adquirido claros tintes conservadores, católicos y antiliberales. Su principal exponente, aparte de un acendrado antiespañolismo, fue el discurso imperial.

Portugal hizo del Imperio una verdadera razón de ser nacional. Las ideas de nación y de identidad nacional eran socialmente entendidas como expresión del verdadero ser de Portugal, una nación creada por el océano y a través del océano. El mito de los Descubrimientos no era una mera apelación a una historia gloriosa, sino el ejemplo de un país construido por y para la expansión ultramarina. Por supuesto que esta sublimación de la dimensión imperial tenía como fin crear una conciencia nacional basada en la idea mesiánica de misión de civilización. Pero no se puede dejar de señalar que representaba, también, la necesidad de remarcar un antiespañolismo siempre latente. Porque, aunque Portugal había formado parte de esos reinos medievales peninsulares, evidentemente, su construcción nacional se había realizado a través de su singularización y especificidad dentro de ese espacio culturalmente afín. En realidad, Portugal se construyó nacionalmente en oposición a España, y el imperio representaba la afirmación positiva de que esa nación independiente tenía una misión de dimensión global.

El Estado Novo asumió por completo esta persistente retórica nacional-imperial y su corolario de rechazo de su identidad europea, que era lo mismo que decir su identidad ibérica. De ahí que asumiera el mantenimiento del imperio como un elemento esencial para la salvaguarda de la nación. Era una "herencia sagrada" que había que mantener a cualquier precio. Por eso constitucionalizó este designio imperial. El Acto Colonial de 1930 fue incorporado al texto constitucional y establecía que "los dominios ultramarinos de Portugal se denominan colonias y constituyen el Imperio Colonial Portugués" y añadía que "la esencia orgánica de la Nación Portuguesa es desempeñar la función histórica de poseer y colonizar dominios ultramarinos y de civilizar a las poblaciones que en ellos se encuentran, ejerciendo también la influencia moral que le está adscrita por el Mecenazgo de Oriente"[11].

La realidad política del siglo XX había roto este discurso. Porque los gobiernos republicamos habían decidido la participación militar del país en la Primera Guerra Mundial. En realidad, fue una intervención decidida, en parte, para garantizar que Gran Bretaña respetaría el Imperio. Pero también lo hizo para asentar la joven e internacionalmente poco querida República más que por verdaderas necesidades de interés nacional. En todo caso, la intervención demostró que esa narrativa imperial y de desinterés por el continente europeo era cada vez más irreal. El estallido de la guerra civil española lo confirmó plenamente. Portugal participó en el conflicto español

[11] Constitución de 11 de abril de 1933, Acto Colonial, art. 1 y 2. Disponible en https://www.parlamento.pt/Parlamento/Documents/CRP-1933.pdf

con todos los medios que tuvo a su alcance, salvo la participación directa. Y lo hizo porque Salazar siempre fue consciente de que la salvaguarda de su dictadura dependía del triunfo en España de los militares liderados por Franco. La Segunda Guerra Mundial y una posguerra rota por el enfrentamiento bipolar y abierta a la nueva dinámica integracionista del continente acabaron desvirtuando aún más este discurso nacionalista. Pero el inicio de las revueltas en Angola en 1961, la pérdida de Goa ese mismo año y la imposición del anticolonialismo como elemento estructural del nuevo derecho internacional volvieron a revitalizarlo. El régimen estaba pasando desde 1958 sus peores momentos que, incluso, hicieron pensar en su caída. Por lo que la respuesta militar a los sucesos de Angola fue una apelación a la unidad realizada desde la médula del nacionalismo portugués. Su éxito demostró que ese discurso nacional-imperial no era algo propio de la dictadura, sino un factor determinante de la idea nacional y de la conciencia nacional de los portugueses.

De nuevo volvió a popularizarse el eslogan de "Portugal no es un país pequeño" en alusión a la idea de nación-imperio como factor de poder no solo de una nación, sino de una expresión civilizacional propia y original: la lusofonía, un concepto más comprehensivo y complejo que el de "portugalidad". Concepto que, sin duda, encontró en la teoría del luso-tropicalismo del sociólogo brasileño Gilberto Freyre, su gran asiento teórico. Porque Freyre sostenía que los portugueses tenían una especial vocación para mezclarse armoniosamente con otros pueblos y crear una relación propia y consustancial a esa idiosincrasia lusa. Es lo que denominó luso-tropicalismo, en su opinión, una forma de ser propia, basada en un mestizaje cultural ausente de prejuicios raciales[12]. En todo caso, el luso-tropicalismo no fue más que un intento de reconstruir un discurso nacional-imperial absolutamente impugnado por el derecho internacional de la descolonización. Por eso, el esfuerzo militar emprendido por el país para mantener ese sueño imperial no pudo traducirse en otra cosa más que en un factor decisivo de ruptura interna de todos los soportes

[12] Claudia Castelo, *O modo português de estar no mundo: o luso-tropicalismo e a ideologia colonial portuguesa (1933-1961)* Porto, Afrontamento, 1999.

básicos que todavía mantenían la dictadura. No solo eso. África fue uno de los elementos decisivos de movilización revolucionaria de las Fuerzas Armadas, que muy pronto acabaron orientando sus problemas corporativos hacia una creciente politización canalizada hacia la necesidad de poner fin a la dictadura.

Dicho de otra forma, tras la Revolución, las ideas autonomistas o de federación que venían barajándose desde los tiempos de Marcello Caetano para poner fin de forma digna a la guerra comenzaron a perder sentido. Por eso la apuesta del general Spínola en favor de la autonomía fueron tan mal recibidas tanto por los africanos como por los propios miembros del Movimiento de las Fuerzas Armadas. Fin de la guerra y Revolución acabaron siendo hechos indisociables. Es decir, la mayor parte de los militares asumieron sin ambages la idea de que solamente se podría poner fin a la guerra si primero se terminaba con la dictadura. Por eso la Revolución significó el punto final de Portugal como potencia colonial y de todos esos discursos nacional-imperiales que habían construido hasta entonces la identidad nacional portuguesa.

Mucho más sencillo resultó el proceso de reconocimiento internacional de los nuevos gobiernos revolucionarios y de apertura diplomática. El MFA asumió una política exterior clásica basada en los principios de independencia e igualdad entre los Estados, no injerencia en asuntos internos de otros países y en la defensa de la paz. En general, asumió una orientación neutralista, pero con un límite explícito: el respeto de los compromisos internacionales asumidos por el país, lo que significaba que la Revolución no iba a impugnar la pertenencia de Portugal a la OTAN, ni esa inserción internacional atlántica y occidental mantenida históricamente. A ello se sumó la inserción definitiva en la Europa occidental y la creación de un nuevo discurso posimperial que abandonaba superados elementos de hegemonía para centrarse en la construcción de un nuevo espacio de relación entre Estados vinculados por una historia y, sobre todo, por una lengua común: el portugués.

La coincidencia democrática peninsular permitió un cambio notable en las relaciones de Portugal con España. Porque la acelerada europeización de ambos países se ha traducido en una inédita política de relación, tanto desde una perspectiva cuantitativa como cualitativa. Aunque sigue presente un cierto fantasma iberista, este carece ya de capacidad real para condicionar negativamente las relaciones entre los dos Estados. La razón es clara: en un espacio europeo integrado carece de sentido cualquier política llevada a cabo por un Estado que pudiera cuestionar la integridad territorial de otro. En otras palabras, el iberismo político es ya una construcción del pasado que no tiene posibilidad alguna de hacerse presente. No dejan de existir discursos iberistas, pero carecen de verdadera influencia política.

La democracia ha creado una dinámica de mundialización de los intereses nacionales del país. Portugal forma parte del nuevo espacio iberoamericano definido por las Cumbres de jefes de Estado y de Gobierno e institucionalizada en la Secretaría General Iberoamericana. También ha asumido un papel significativo en el marco de la política europea para el Mediterráneo y, por supuesto, en los procesos de paz de sus antiguas colonias africanas. Espacio que ha conseguido institucionalizar con la creación en 1996 de la Comunidad de Países de Lengua Portuguesa. Pero si en algo ha destacado Portugal en las últimas décadas es en el campo de la diplomacia pública. Una diplomacia de prestigio enormemente útil a la hora de compensar la debilidad real de la economía portuguesa. Primero, por su apuesta por un multilateralismo activo, especialmente en el ámbito de Naciones Unidas, organización que acabó eligiendo a un portugués como secretario general, y en el de la participación en varias misiones internacionales de paz.

Un aspecto poco estudiado de la política exterior lusa es el de instrumento para la creación de una opinión internacional positiva, basada en criterios de confianza y credibilidad. Azotado por una eterna crisis económica, el país ha sabido crear una imagen de lugar amable y atractivo, de sociedad tranquila abierta a la innovación y la modernidad. Un país estable de alto prestigio y reputación internacionales. Es decir, Portugal ha sabido diseñar un esquema de poder blando indudablemente exitoso, que le ha permitido ocupar una posición internacional mucho más importante que la que se desprende de su muy limitado poder duro.

LA HERENCIA DE LA REVOLUCIÓN

La Revolución acabó con las instituciones más oprobiosas de la dictadura como fueron la policía política o la Legión Portuguesa, y abrió el país a las libertades y derechos fundamentales reales. A pesar de todas las contradicciones del proceso, la Revolución abrió la puerta a la democracia y al Estado de Derecho, principios consagrados en la Constitución de 1976. Su aspecto negativo no hay que buscarlo en el territorio metropolitano sino en África, puesto que la preferencia demostrada por el Movimiento de las Fuerzas Armadas por los movimientos de liberación nacional de carácter comunista y filiación soviética hizo que la lógica de la Guerra Fría arruinara el futuro de estos países. Angola, Mozambique, Guinea o Cabo Verde sucumbieron al enfrentamiento civil y a la dictadura de los partidos que comandaron las independencias, lo que agravó aún más, si cabe, su precaria situación de infradesarrollo[13].

La evolución política y económica que el país ha experimentado desde entonces no es achacable a la Revolución, sino al desempeño de los gobiernos democráticos. Porque igual que la década conservadora fue un momento de estabilidad política y de significativo crecimiento económico, la inestabilidad posterior y los graves problemas económicos que ha atravesado el país también son achacables a la gestión del presente, no a la herencia de la Revolución. A no ser que se asuma una especie de frustración en algunos colectivos de extrema izquierda que siguen creyendo que la Revolución de los Claveles fue una revolución inacabada, que no pudo completar esa idealizada utopía de la sociedad socialista. Es un discurso falaz, que tiende a reaparecer en momentos de crisis frente a las políticas de ajuste y austeridad que pretenden equilibrar una economía siempre proclive a un desajuste presupuestario muy serio. Es un anacronismo intelectual que pretende ocultar la responsabilidad de quienes han forzado la implementación de políticas exageradamente expansivas y de incremento del déficit público, que han terminado llevado al

[13] Para todo este apartado, Juan Carlos Jiménez Redondo, "España y Portugal hoy, (1975-2019)" en Hipólito de la Torre y Juan Carlos Jiménez, *Historia de una diferencia. Portugal y España ayer y hoy (1807-2019)*, Madrid, Sílex, 2019, pp. 329-479.

país a recurrentes crisis financieras, viéndose obligados a solicitar el auxilio de los organismos financieros internacionales. Por tanto, nada posible de achacar a la Revolución, que continúa teniendo en el imaginario colectivo de los portugueses un grado muy notable de aceptación.

Por supuesto que el Portugal democrático presenta un desempeño decepcionante. Pero en términos relativos el salto de desarrollo llevado a cabo por la democracia es extraordinario. En términos brutos, el PIB del país era en 1974 de 2.473 millones de euros, con un PIB per cápita tan limitado que solo alcanzaba 266 euros. Veinte años después, en 1994, se elevaba a 75.759 millones de euros, y el per cápita llegaba a 7.595 euros. Otras dos décadas después, en 2014, marcaba la cifra de 173.079 millones de euros, mientras que el PIB per cápita estaba ya en 16.600 euros. Los datos de 2018 arrojan un PIB total anual de 201.606 millones de euros, con una tasa de crecimiento del 2,1% anual, y un PIB per cápita de 19.600 euros.

Es evidente que estas cifras expresan un salto cuantitativo y cualitativo absolutamente extraordinario. Solo por comparar, el PIB del país en 1968 había sido de 955 millones de euros, con un PIB per cápita de apenas 108 euros. Mientras que en 1960 el PIB había alcanzado los 468 millones de euros y el PIB per cápita marcaba la cifra de 53 euros. En consecuencia, se mire por donde se mire, el desempeño económico de la democracia ha sido infinitamente mejor que el de la dictadura. Ello no obsta para que esas cifras de crecimiento no hayan podido acabar con los discursos victimistas y pesimistas propios de sociedades relativamente empobrecidas. La desaparición de la dictadura permitió la creación de un salario mínimo que quedó fijado en 3.300 escudos, un cambio de 16,50 euros actuales. Veinte años después de la Revolución de los Claveles, en 1994, el salario mínimo se elevaba a los 259,0 euros, mientas que en 2014 alcanzaba los 565,8 euros, para pasar en 2019 a 700 euros.

El problema de este "pesimismo de la democracia" reside en la falsa idea de que el cambio político iba a ser por sí y en sí mismo un factor de desarrollo. Por supuesto que este es innegable, pero la democracia debe gestionarse. Y debe hacerse de forma eficiente y sostenible. El problema del desarrollo portugués ha sido su carácter cíclico, y su limitado dinamismo. En realidad, las miradas a la oportunidad perdida de la transición lusa no son más que miradas apesadumbradas sobre el presente del país. Porque es evidente que la economía lusa lleva dando señales de enorme debilidad prácticamente desde comienzos del siglo XXI. Tanta que ha obligado a su rescate financiero, lo que ha expandido la idea de economía vigilada y tutelada por las grandes economías e instituciones financieras del capitalismo global, y a tener que adoptar programas duros de ajuste. Portugal se ha transformado, pero sigue sin resolver, después de cincuenta años de democracia, su histórico déficit de desarrollo.

Estos problemas de desarrollo coinciden con una dinámica radical de cambio social y de valores. Portugal es plenamente una sociedad posmoderna, inserta en el marco de la globalización y de los problemas propios de ella. Es decir, está creando una nueva cosmovisión que impacta cada vez más en los diferentes espacios públicos. Una forma de ver y comprender el mundo que por la propia naturaleza del espacio virtual tiende a desvalorizar todavía más esas tradicionales divisiones de frontera y criterios identitarios derivados de la conciencia de nacionalidad.

En conclusión. La democracia ha sido exitosa, pero genera una especie de fatiga y frustración pues no ha resuelto todos los problemas del país. Sin embargo, conviene no mirar tanto al pasado como excusa, sino a la gestión del presente como explicación. Y definir, de forma colectiva qué políticas han resultado beneficiosas para la mayor parte de los ciudadanos del país y cuales han generado un riesgo sistémico que esos mismos ciudadanos han tenido que pagar, en ocasiones, muy caro.

REFERENCIAS BIBLIOGRÁFICAS

Castelo, Claudia, *O modo português de estar no mundo: o luso-tropicalismo e a ideologia colonial portuguesa (1933-1961)* Porto, Afrontamento, 1999.

Gomes, Bernardino y Sá, Tiago Moreira de Sá, *Carlucci versus Kissinger. The US and the Portuguese Revolution.* Lahan/Boulder, Lexington Books, 2011.

Huntington, Samuel P. Huntington, *El choque de civilizaciones y la reconfiguración del orden mundial.* Buenos Aires, Paidós, 2001.

Jiménez Redondo, Juan Carlos, *España y Portugal en transición: los caminos a la democracia en la Península Ibérica.* Madrid, Sílex, 2009.

—, "España y Portugal hoy, (1975-2019)" en Hipólito de la Torre y Juan Carlos Jiménez, *Historia de una diferencia. Portugal y España ayer y hoy (1807-2019),* Madrid, Sílex, 2019, pp. 329-479.

Palacios Cerezales, Diego y Fernández Soriano, Víctor, "Close, yet different: the Southern European transitions of the 1970s revisited", *Mélanges de la Casa de Velázquez,* 53-1, /2023): 181-206.

Pinto, António Costa, "Coping with the Double Legacy of Authoritarianism and Revolution in Portuguese Democracy", *South European Society and Politics,* 15-3 (2010): 395-412. DOI: 10.1080/13608746.2010.513601

—, y Morlino, Leonardo (ed.), *Dealing with the Legacy of Authoritarianism: The Politics of the Past in Southern European Democracies.* London, Routledge, 2013.

Rezola, Maria Inácia, "Punir ou perdoar? A difícil gestão do passado ditatorial no Portugal democrático. O caso dos saneamentos", *Estudos Ibero-Americanos,* 45-3, (2019): 24-38. DOI: 10.15448/1980-864X.2019.3.33736

—, *The Portuguese Revolution of 1974-1975: An Unexpected Path to Democracy,* Liverpool, University Press, 2023.

Sánchez Cervelló, *Josep, La revolución portuguesa y su influencia en la transición española (1961-1976),* Madrid, Nerea, 1995.

Santos, Boaventura de Sousa, *La difícil democracia. Una mirada desde la periferia europea.* Madrid, Akal, 2017.

Sanz Díaz, Carlos, "La República Federal de Alemania ante el fin de las dictaduras ibéricas (1974-1976): miradas entrecruzadas". *Hispania,* 72-242, (2012):755-788. https://doi.org/10.3989/hispania.2012.v72.i242.386

Savater Navarro, Gregorio, *Las transiciones ibéricas: influjos y convergencias en la democratización peninsular.* Madrid, UAM, 2019.

Torre Gómez, Hipólito de la, "Marcelo Caetano: ultimas razones del Estado Novo", *Espacio, Tiempo y Forma. Historia Contemporánea,* 19 (2007): 75-101. DOI: https://doi.org/10.5944/etfv.19.2007.3153

GEOPOLÍTICA DEL 25 DE ABRIL: UNA REVOLUCIÓN EN LA SEMIPERIFERIA

Heriberto Cairo Carou
Universidad Complutense de Madrid. España
ORCID: 0000-0002-1083-731X

Nuestra perspectiva era llevar la voz de la revolución a todos los pueblos del mundo. Dos meses después del 25 de abril, cayó en Grecia la Dictadura de los Coroneles, que ya llevaba 7 años en vigor. Durante la etapa del PREC (Proceso Revolucionario en Curso), recibí a dirigentes sandinistas de Nicaragua que luchaban contra Anastasio Somoza, militantes de la izquierda salvadoreña, que vinieron a mi casa a estudiar la revolución portuguesa y analizar cómo derrotar a las dictaduras de Centroamérica. Esta última gran revolución en Europa iba a tener una influencia en el futuro. Incluso la caída del Muro de Berlín y el desmembramiento de la Unión Soviética tuvieron algunas raíces en el abril portugués. Recordemos que durante el PREC estuvo representando al PCUS en Portugal, invitado por el PCP, Mikhail Gorbachev. En cualquier caso, nuestra influencia fue enorme sobre los pueblos, especialmente sobre los pueblos de Europa, pero no sobre los gobiernos que nos dejarían solos si avanzábamos en las transformaciones revolucionarias.

Otelo Saraiva de Carvalho, 2009[1]

INTRODUCCIÓN

El 25 de abril de 1974 se produjo un golpe de Estado militar en Portugal que terminó convirtiéndose en una revolución fuertemente influenciada por una miríada de organizaciones políticas y sociales

[1] Xoán Carlos Garrido Couceiro y Duarte Correa Piñeiro, "A 'Revolução' 35 anos despois. Entrevista a Otelo Saraiva de Carvalho", *Terra e Tempo. Revista Galega de Pensamento Nacionalista*, 149-150-151-152, 2009, pp. 9-11. (Traducción propia).

de izquierda radical. La dictadura que había regido el país desde 1933, tras la sustitución al frente de la misma de Oliveira Salazar por Marcelo Caetano, que tuvo un corto inicio aperturista, "a partir de septiembre de 1968 entra en una especie de callejón sin salida [...] que, desde el inicio de la década de 1970, implica la propia capacidad de supervivencia de una dictadura agotada, contradictoria y sin soluciones de alternativa a sí misma"[2]. Los sucesos de ese día de abril van a abrir un proceso revolucionario que no se cierra hasta el 25 de noviembre de 1975, cuando se produce el golpe militar contrarrevolucionario y el Partido Comunista Portugués (PCP) negocia con los líderes de ese golpe, "o grupo dos nove", una "contención pactada del proceso revolucionario[3], o, si se quiere, hasta 1976 cuando se promulga la constitución y se asienta un régimen democrático basado en elecciones competitivas.

Pero, para entender el proceso de reestructuración geopolítica de Portugal, que está asociado al 25 de abril, hay que remontarse a 1961, cuando Salazar comenzó la guerra colonial con el objetivo de mantener el Imperio, y extenderse hasta 1986, cuando el país entró en la entonces Comunidad Económica Europea; es decir, hay que estudiar qué pasa desde el comienzo de la huida hacia adelante de la dictadura hasta la consolidación definitiva de una democracia representativa homologada por Europa.

Y resulta extraño no encontrar en España apenas textos que se ocupen específicamente de la geopolítica de la Revolución de los claveles o, al menos, de su contexto internacional, quizás con la salvedad de los textos de Josep Sánchez Cervelló[4] o de Juan Carlos Jiménez Redondo[5]. Para los conservadores es un hecho que conviene olvidar,

---

[2] Fernando Rosas, *Ensaios de Abril*, Lisboa, Tinta China, 2023, p. 67. (Traducción propia).

[3] Ibídem, p. 144. (Traducción propia).

[4] Josep Sánchez Cervelló, *Portugal, del imperio a las repúblicas: tres aproximaciones a su historia contemporánea*, Tarragona, Publicacions Universitat Rovira i Virgili, 2023; *El último imperio occidental: la descolonización portuguesa (1974-1975)*, Mérida, UNED (Centro Regional de Extremadura), 1998; *La revolución portuguesa y su influencia en la transición española (1961-1976)*, Donostia-San Sebastián, Nerea, 1995.

[5] Juan Carlos Jiménez Redondo, *España y Portugal en el ámbito de poder del mundo atlántico anglosajón, 1945-2021*, Granada, Comares, 2021; *España y Portugal en los siglos XX y XXI: geopolítica de una vecindad conflictiva*, Granada, Comares, 2019; *Franco y*

para los progresistas la lectura puramente geopolítica se diluye en interpretaciones sociológicas, históricas o politológicas más amplias. Intentaremos ayudar a cubrir, por lo menos en parte, esta ausencia.

En este capítulo vamos primero a ocuparnos de caracterizar la situación de Portugal en el sistema-mundo en esos años, para después analizar el contexto geopolítico de la Revolución de los Claveles y su impacto en los conjuntos espaciales más significativos para el país:

1) el Sur Global, donde se encontraba el Imperio colonial.

2) el "mundo Atlántico anglosajón"[6], que es el escenario de la relación de Portugal con las potencias hegemónicas sucesivas en el sistema internacional, Gran Bretaña desde 1815 hasta 1875, al menos, y Estados Unidos desde 1945 hasta 1989, siquiera; y, finalmente,

3) Europa, donde se integrará en 1986. Posiblemente el rol de Portugal en cada uno de estos conjuntos espaciales no se pueda entender bien sin analizar y describir también el de España, el otro país de la península Ibérica, en el que las consecuencias del 25 de abril fueron innegables, que procuraremos hacer en la medida de lo posible.

PORTUGAL: UNA SEMIPERIFERIA DEL SISTEMA-MUNDO

Habitualmente en los análisis geopolíticos clásicos Portugal se suele presentar como un "caso particular": "Objetivamente y en términos geopolíticos, Portugal es un área situada en la periferia de Europa, a la cual se encuentra ligado umbilicalmente en términos geográficos, históricos, culturales, políticos y económicos.

Por otro lado, es un área que creó interdependencias orgánicas con la faja costera del Atlántico, lo que resultó no sólo de la proximidad material, geográfica, sino también por la conciencia

---

Salazar. La respuesta dictatorial a los desafíos de un mundo en cambio, 1936-1968, Madrid, Sílex Universidad, 2019.

[6] Utilizamos la acertada expresión de Jiménez Redondo para referirse al conjunto geohistórico que forman Gran Bretaña y Estados Unidos y Canadá en el Atlántico Norte. Ver Juan Carlos Jiménez Redondo: *op. cit.*, 2021.

de compartir una herencia común e impar que fue y es la que dio fuerza a Occidente desde la Baja Edad Media. Por otro lado, aún, Portugal comparte, por contacto y afinidades geográficas, un área que es común a Estados de matriz cultural, religiosa y geográfica diferentes, como en el caso del Noroeste Africano, en una zona que podríamos convencionalmente designarse como 'Mediterráneo Atlántico'.

Finalmente, es una nación inquieta, osada, que peregrinó por el mundo y mantiene lazos de afinidad con áreas más apartadas, incluso aunque esos lazos puedan, ocasionalmente, parecer irrelevantes o, hasta, negativos"[7].

En resumen, Portugal es caracterizado en la geopolítica clásica como un país europeo, atlántico, que comparte una zona contigua al Mediterráneo y tiene afinidades e intereses con los países que fueron en diferentes épocas parte de su Imperio. En otras palabras, Portugal sería una potencia imperialista europea, volcada hacia el Atlántico, que, prácticamente, abre y cierra el periodo de expansión colonial de los europeos. Pero esta caracterización, en buena medida geodeterminista, obvia, entre otras cosas, las diferencias entre las potencias, España y Portugal, que lideraron la primera modernidad, y las de la segunda, Países Bajos, Francia e Inglaterra, que subyugaron progresivamente las potencias ibéricas de modo que a finales del siglo XIX difícilmente podía considerarse a ambas como parte del centro del sistema-mundo[8], aunque siguiesen desempeñando un papel más (Portugal) o menos (España) importante como imperios detentadores de colonias durante varias décadas, poniendo de manifiesto que el sistema-mundo moderno era también colonial, por definición[9].

Pero es posible entender a Portugal de otra manera, siguiendo lógicas teóricas diferentes. Boaventura de Sousa Santos consideraba que Portugal

[7] Polibio F. A. Valente de Almeida, *Do poder do pequeno estado: enquadramento geopolítico da hierarquia das potên*cias, Lisboa, Instituto de Relações Internacionais – Instituto Superior de Ciencias Sociais e Políticas, 1990, pp. 359-360. (Traducción propia).

[8] Véase Walter D. Mignolo, *Local Histories /Global Designs: Coloniality, Subaltern Knowledges, and Border Thinking*, Princeton NJ, Princeton University Press, 2000.

[9] Ibídem.

constituía una semiperiferia[10] en el sistema-mundo durante los siglos XIX y XX, hasta 1974 cuando se produce la Revolución de Abril. Es importante recordar que Santos subrayaba que el concepto de semiperiferia se asociaba a una situación intermedia y a una cierta capacidad de intermediación, y mencionaba el caso de Portugal como intermediario entre las grandes potencias (centro) y la esfera colonial (periferia).

Tabla 1. Relación intermediaria histórica de Portugal hasta 1974 (semiperiferia)		
	Relación colonial	
División del trabajo	Inglaterra, Alemania Francia...	
	Portugal	Angola, Cabo Verde, Mozambique...
Fuente: Elaboración propia.		

La categoría de semiperiferia había sido acuñada por Wallerstein: "siempre ha habido una serie de países que se sitúan entre [los países centrales y los países periféricos] y de una forma muy concreta, y desempeñan roles diferentes. Las actividades productivas de estos países semiperiféricos están divididas más uniformemente. En parte actúan como zona periférica de los países centrales y en parte como país central de algunas áreas periféricas"[11].

Pero hay que entender que en el caso de la semiperiferia "no hay procesos semiperiféricos; más bien, el término [...] se aplica directamente a las zonas, regiones o Estados en los que no predominan ni los procesos de centro ni los de periferia. Esto significa que las relaciones sociales generales que se producen en estas zonas suponen la explotación de zonas periféricas, a la vez que la misma semiperiferia sufre la explotación del centro"[12].

---

[10] Boaventura de Sousa Santos, "Estado e sociedade na semiperiferia do sistema mundial: o caso portugués", *Análise Social*, XXI (87-88-89), 1985, pp.869-901.

[11] Immanuel Wallerstein, "Semi-Peripheral Countries and the Contemporary World Crisis", Theory and Society, 3-4, (1976), pp. 462-463.

[12] Peter J. Taylor y Colin Flint, *Geografía política: Economía-mundo, Estado-Nación y Localidad* (trad. de la 4ª edición en inglés), Madrid, Trama editorial, 2002, p. 22.

En todo caso, aunque Santos hablaba de semiperiferias, creo que podríamos entender el papel de Portugal mejor como un semicentro; es decir, un agente de países centrales en la periferia (Tabla 1). En otro lugar definíamos con precisión esta categoría: "los semicentros son Estados geopolíticamente fuertes, que están particularmente integrados con los centrales, de forma que, a diferencia de los de la semiperiferia, no pueden ser obligados a 'reformar' sus estructuras económicas por instituciones externas, como, por ejemplo, el FMI[13]. Pero ni compiten por la hegemonía en el sistema-mundo ni se pueden considerar grandes potencias o potencias principales del sistema, aunque pueden desarrollar un papel regional importante, incluso lejos de su localización"[14].

Una de las geoestrategias políticas de los semicentros, entonces, implica la subordinación al centro –en particular a la potencia hegemónica–, por un lado, y la cooptación de la periferia, a través de inversiones directas y utilizando las alianzas políticas con Estados semiperiféricos. La alianza luso-británica en el siglo XIX y principios del XX, que en la práctica suponía la subordinación casi completa de Portugal a los designios globales de Inglaterra, hacía que la relación de un país soberano con la potencia hegemónica no fuera muy diferente a la de Escocia, parte integrante del Reino Unido.

Más tarde, para mantener el carácter intermediario era necesario que mantuviese las colonias y siguiese en la órbita de la potencia hegemónica, Estados Unidos, como muestra su presencia en 1949 en la fundación de la Organización del Tratado del Atlántico Norte (OTAN), uno de los instrumentos militares de la hegemonía norteamericana durante la Guerra Fría. Esto no quiere decir, que su aliado histórico, la Gran Bretaña, deje de serlo, pero como ya se había demostrado en la guerra civil griega la capacidad del duopolio Estados Unidos-Reino Unido era bastante restringida.

---

[13] Immanuel Wallerstein, *La decadencia del poder estadounidense: Estados Unidos en un mundo caótico*, Montevideo y Santiago de Chile, Trilce & Lom, 2005, p. 243.

[14] Heriberto Cairo, "Geo-politizando los espacios intermedios del sistema-mundo: semicentros y semiperiferias, geoestrategias de subordinación y de autonomía en América Latina y Europa Meridional tras la Guerra Fría", *DADOS. Revista de Ciencias Sociais*, 66-4, (2023), e20220009.

En tanto que Estado semiperiférico, o semicentral –precisar ahora esta cuestión es secundario–, su contexto geopolítico abarca necesariamente los dos campos que intermedia: su Imperio y el centro del sistema-mundo. Vamos, en primer lugar, a ocuparnos del campo imperial.

LA INDEPENDENCIA DEL IMPERIO PORTUGUÉS Y EL FIN DE LA SEGUNDA OLA DE DESCOLONIZACIÓN

La Segunda Guerra Mundial alumbró otro mundo también en las colonias europeas. Tras la India, en 1947 se fue desarrollando un imparable proceso de independencia en los territorios de los imperios británico, francés, holandés y, finalmente, portugués. Las posesiones coloniales españolas en el noroeste de África también se desligaron de la metrópolis en ese periodo.

Al igual que la colonización del mundo se había producido en dos grandes ondas, la descolonización también se produce en dos grandes periodos que tienen sus picos en 1800-1825 y 1950-1975 (Figura 1). Esto supone, en términos generales, que la descolonización se produce en fases de crecimiento de la economía-mundo (las fases A del primer y del cuarto ciclo de Kondratieff), y al principio del establecimiento de órdenes geopolíticos (el orden geopolítico británico del siglo XIX y el orden geopolítico de la Guerra Fría con Estados Unidos como hegemón)[15].

Pero no existe una correlación automática entre estos hechos, es decir, hay más fases de expansión económica en las que no se producen descolonizaciones de forma tan clara, y hay más órdenes geopolíticos (al menos uno, el de la rivalidad interimperial, entre 1875 y 1945) que no van a coincidir con ondas de descolonización. Aunque sí parece que puede existir una relación entre el establecimiento de una posición hegemónica por parte de algún Estado en el sistema interestatal y el desencadenamiento de procesos de descolonización,

[15] Ver Peter J. Taylor y Colin Flint, *op. cit.*, pp.115-159.

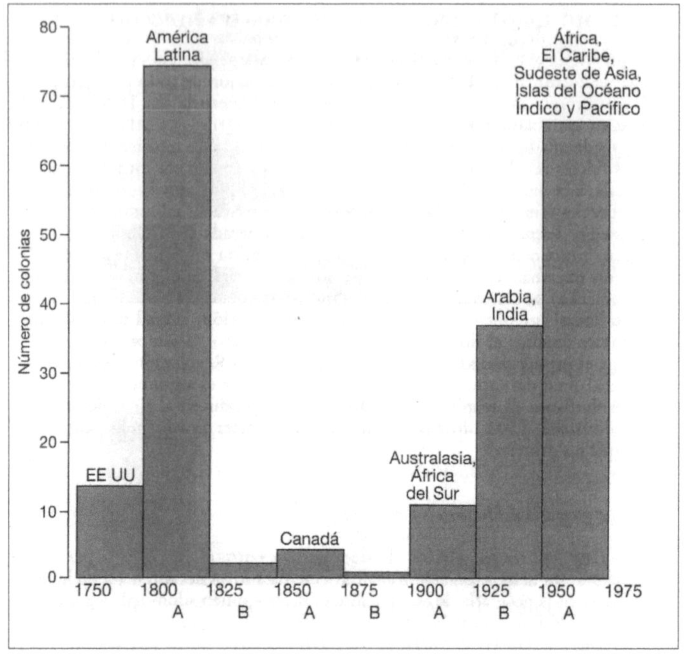

lo que nos sugiere que el nuevo hegemón desea "limpiar", en la medida de lo posible, el tablero.

Este fue el caso de Estados Unidos durante el orden geopolítico de la Guerra Fría, y constituyó desde casi el principio una fuente constante de desencuentros con el gobierno portugués, como veremos en el siguiente apartado, porque para el régimen salazarista el Imperio tenía una importancia mayor que para otros Estados imperiales, y así lo manifestaba en el discurso jurídico y político[16].

Desde el principio el nuevo régimen intentó delinear una nueva relación entre la metrópoli y las colonias, de tal manera que Nación e Imperio no son términos diferenciados en el discurso político del régimen. El Estado Novo intentaba imaginar a la Nación como un Imperio, y a partir del *Acto Colonial* de 1930 intentó subrayar su unidad e indivisibilidad. El Imperio sería el logro natural del destino

[16] Véase Heriberto Cairo, "«Portugal is not a Small Country»: Maps and Propaganda in the Salazar Regime", *Geopolitics*, 11-3, (2006), pp.367-395.

de la Nación. De hecho, el artículo 2 del *Acto Colonial* sancionaba que: "Es parte de la esencia orgánica de la Nación Portuguesa llevar a cabo la función histórica de colonizar y poseer dominios de ultramar y civilizar a las poblaciones indígenas que en ellos se encuentren"[17].

El Imperio sería el destino natural de los portugueses, y esto hacía de Portugal una nación única, porque era un "Imperio Nacional". Más tarde, en la década de 1950, el tema del carácter único se asociaría con la supuesta capacidad particular de los portugueses para mezclarse con las poblaciones colonizadas, lo que el sociólogo brasileño Gilberto Freyre denomina "lusotropicalismo"[18]. Esto presuntamente haría que la empresa colonial portuguesa fuera completamente diferente a las de los demás Estados europeos.

Estos cambios en el discurso colonial, y algunos cambios en la legislación, muestran que ha habido diferentes etapas en la política colonial del régimen de Salazar: la primera, desde 1930 hasta 1947 (cuando la independencia de la India fue el comienzo de una ola de reveses), caracterizado por una fuerte afirmación imperial de la metrópoli; el segundo, que comenzaría formalmente con la revisión constitucional de 1951 que derogó el *Acto Colonial*, favoreció una política de integración y asimilación de cada parte del Imperio; y el último, de 1961, cuando el régimen especial de los nativos fue derogado (un hecho que obviamente estaba relacionado con el comienzo de la guerra colonial), y cada habitante del Imperio se convirtió formalmente en ciudadano portugués. Incluso sería posible vislumbrar una última etapa a partir de 1971, cuando una nueva revisión constitucional abrió el camino para un último intento de preservar el Imperio mediante una solución autonomista.

Sin embargo, la mayoría de los cambios fueron estratagemas del gobierno portugués para evitar la presión para la descolonización proveniente de la ONU, y muchos autores subrayan la continuidad

---

[17] Ministério das Colónias, "Decreto n.º 18:570", *Diário do Govêrno*, n.º 156, 8 de julio de 1930, p. 1309. (Traducción propia).

[18] Véase Cláudia Castelo, *"O Modo Português de Estar no Mundo". O Luso-tropicalismo e a Ideologia Colonial Portuguesa (1933-1961)*, Porto, Edições Afrontamento, 1998, o Armelle Enders, "Le Lusotropicalisme, Théorie d'Exportation. Gilberto Freyre en son Pays", *Lusotopie*, 1997, pp. 201-210.

de la política colonial, afirmando que los cambios jurídicos y discursivos fueron más cosméticos que sustanciales[19].

En cualquier caso, la definición espacial de la nación permaneció básicamente sin cambios durante todo el periodo del Estado Novo. El artículo 1 de la Constitución de 1933 describía el territorio de Portugal como posesión de la nación, no del Estado: "El territorio de Portugal es el que actualmente pertenece a la nación portuguesa, y comprende: 1º. En Europa: el Continente y los archipiélagos de Madeira y de las Azores; 2º. En África occidental: el archipiélago de Cabo Verde, Guinea, Santo Tomé y Príncipe y sus dependencias, San Juan Bautista de Ajuda, Cabinda y Angola; 3º. En África oriental: Mozambique; 4º. En Asia: El estado de la India, Macao y Timor y sus dependencias. La nación no renuncia a los derechos que tenga actualmente o que pueda llegar a tener sobre cualquier otro territorio"[20].

En el texto se enumeraba la metrópoli y las colonias sin ninguna diferenciación (incluidas posesiones ya perdidas en ese momento, como el fuerte de San Juan el Bautista de Ajuda en África occidental), ordenados simplemente según la parte del mundo en el que se encontraban. Ciertamente esta no es una estrategia textual particular del Estado Novo, ya que las anteriores constituciones monárquicas de 1822 y 1838 contenían disposiciones similares, y en otros países también era usual[21].

Sin embargo, modificó la formulación de la constitución republicana de 1911, que en su artículo 2 establecía simplemente que "El territorio de la Nación Portuguesa es el que existe en la fecha de la proclamación de la República"[22]. Esta enmienda fue muy significativa porque los argumentos críticos más duros con esa redacción

---

[19] Véase, por ejemplo, Valentim Alexandre, "El Imperio Colonial", en António Costa Pinto (ed.), *Portugal Contemporáneo* (trad. del original portugués), Madrid, Sequitur, 2000, pp. 37-56.

[20] Presidência do Ministério, "Constituïção Política da República Portuguesa. Decreto n.º 22:241", *Diário do Govêrno*, n.º 43, 22 de febrero de 1933, p. 227. (Traducción propia).

[21] Por ejemplo, las constituciones españolas del siglo XIX enumeraban Cuba o las Filipinas como cualquier otra provincia del Estado.

[22] Constituição de 21 de agosto de 1911, https://www.parlamento.pt/Parlamento/Documents/CRP-1911.pdf

republicana fueron de origen nacionalista e imperialista: "La nación portuguesa debe su autonomía al territorio bajo su soberanía; sin sus dominios geográficos sería un quinto de la península Hispánica y sin los descubrimientos de la India, primero, y América, posteriormente, Portugal quedaría reducida a una provincia castellana... Es necesario, por tanto, enumerar nuestros territorios. El propósito no es enseñar un capítulo de geografía, sino simplemente contar al Mundo que esa quinta parte de la península Hispánica... tiene una razón de ser como factor internacional, porque es una de las grandes potencias coloniales"[23].

Pero, tras el mencionado inicio de la segunda descolonización, en los territorios coloniales surgieron resistencias a esta representación del espacio y las prácticas espaciales imperiales que la acompañaban. Y, de este modo, la guerra colonial estalló en 1961, en Angola en primer lugar, para luego extenderse a Mozambique, Guinea-Bisáu, Santo Tomé y Príncipe y Timor Oriental. Goa fue anexionado por la India también en ese año.

En el contexto del orden geopolítico de la Guerra Fría, las guerrillas tenían el apoyo de la Unión Soviética, China y otros países del campo socialista, pero Portugal no tenía un apoyo explícito de Estados Unidos y sus aliados de la OTAN, que no compartían su empeño colonialista, sus apoyos venían más bien de Estados vecinos con regímenes racistas, como Sudáfrica y Rodesia, o de la otra dictadura de la península Ibérica, España.

La acción bélica insurgente se desarrolló fundamentalmente en las zonas rurales más alejadas de las grandes ciudades, pero fue aumentando su intensidad y extensión, lo que drenó crecientes recursos económicos y, sobre todo, militares en la metrópoli para hacer frente a la misma. El envío de conscriptos a la guerra colonial provocó la numerosa migración irregular y clandestina de los jóvenes en edad de ser llamados a filas, pero también se manifestó en el crecientemente escaso número de oficiales disponibles para enviar a las zonas en conflicto. Y este fue una de las causas directas del levantamiento

[23] Teófilo Braga, citado en José Gonçalo Santa Rita, "A Enumeração Geográfica do Território na Nova Constituïção da República", *Boletim da Sociedade de Geografia de Lisboa*, 51 (1-4), 1933, p. 10. (Traducción propia).

militar del 25 de abril, como señala certeramente Fernando Rosas, fue "el más inmediatamente decisivo, el nudo gordiano del régimen, era naturalmente el de la guerra colonial, que se prologaba desde 1961 sin una salida a la vista, más allá del agotamiento financiero y de la dificultad de reclutar oficiales intermedios, un inocultable y sordo cansancio social largamente difuso, evidenciado por el creciente malestar y la agitación sociopolítica, a la que no escapaba la propia oficialidad intermedia"[24].

Los oficiales intermedios, sobrepasados y hartos de una guerra en la que la tropa y ellos eran quienes más arriesgaban terminaron por organizarse en el Movimiento de las Fuerzas Armadas (MFA) y enterraron la continuación marcelista de la dictadura salazarista el 25 de abril de 1974. En 1975 las colonias alcanzaron la independencia tras la retirada desordenada de las tropas portuguesas –aunque Timor fue inmediatamente ocupado por la vecina Indonesia–, salvo en Macao, que fue devuelto a China en 1999.

Las consecuencias de la independencia de las colonias portuguesas en el África subsahariana fueron visibles a medio plazo: los regímenes racistas blancos que habían apoyado a Portugal en su guerra van cayendo un tras otro: Rodesia se convierte en Zimbabue en 1980, con un gobierno de la mayoría negra, en 1990 Namibia alcanza su independencia y en 1994 el African National Council (ANC), que lideró la lucha *antiapartheid*, alcanza la victoria en las elecciones generales en la República Sudafricana.

También en la última colonia que le quedaba a España se acelera el proceso de independencia: en mayo de 1974 Franco aprueba un estatuto de autonomía para Río de Oro y en agosto de 1975 se anuncia un referéndum para ese mismo año, que nunca llegó a celebrarse debido a la invasión del territorio por fuerzas civiles y militares de Marruecos en noviembre de ese año, mientras agonizaba el dictador. Era la que se conoció como "Marcha Verde", apoyada por Francia y los Estados Unidos, que preferían un Sahara marroquí antes que vinculado a Argelia. Pero el impacto de la Revolución de los Claveles fue innegable, como señala Sánchez Cervelló: "Las autoridades de

[24] Fernando Rosas, *op. cit.*, pp. 67-8. (Traducción propia).

Madrid, viendo que el golpe portugués tenía como causa inmediata el problema colonial, comprendieron rápidamente la potencialidad de conflicto que acarreaba el Sahara y, a remolque de los acontecimientos de Lisboa, iniciaron un viraje en la orientación administrativa"[25].

LA REVOLUCIÓN DE LOS CLAVELES EN LA PRIMERA CRISIS GLOBAL DE HEGEMONÍA DEL ORDEN GEOPOLÍTICO DE LA GUERRA FRÍA

En términos económicos la crisis del petróleo en 1973 suele ser interpretada como el inicio del declive de Estados Unidos como la potencia hegemónica en el orden geopolítico de la Guerra Fría, aunque, como señala Wallerstein, "fue solamente el símbolo más visible de una enorme reorganización económica que estaba en proceso [...] El compromiso social del New Deal ya no era económicamente viable"[26].

Pero también fueron numerosas las indicaciones políticas de que la crisis sistémica era profunda: la revolución portuguesa en abril de 1974 fue una de las principales, junto con el colapso del sistema de Bretton Woods en agosto de 1971, la dimisión de Nixon en agosto de 1974, la derrota de Estados Unidos en Vietnam en mayo de 1975, o la revolución iraní de 1978-1979. Parecía que los Estados Unidos no eran capaces de mantener el funcionamiento ni de la economía, ni las estructuras jurídicas y políticas que se habían solidificado tras el final de la Segunda Guerra Mundial en el orden geopolítico de la Guerra Fría.

El gobierno de Estados Unidos vio, obviamente, con mucha preocupación el golpe del 25 de abril y la Revolución de los Claveles. Pero las diferencias de Estados Unidos con Portugal no empiezan ni mucho menos ahí. En el contexto de la Guerra Fría, la potencia hegemónica adoptó una nueva política de apoyo a la autodeterminación y la independencia para intentar evitar la expansión soviética

[25] Josep Sánchez Cervelló, *A Revolução Portuguesa e a sua influência em Espanha (1961-1976)*, Lisboa, Assirio & Alvim, 1993, p. 402. (Traducción propia).

[26] Immanuel Wallerstein, *The politics of the world-economy: The states, the movements and the civilizations*, Nueva York, Cambridge University Press, 1984, pp. 74-75.

en la zona. En 1961, ante la decisión de la dictadura salazarista de iniciar la guerra colonial, la administración de John F. Kennedy ejerció presión sobre Portugal recomendando la adopción urgente de reformas en las colonias a cambio de una ayuda económica sustancial, indicando que no podían seguir contando con su apoyo a la política colonial en la ONU.

El gobierno de Salazar rechazó radicalmente las sugerencias y criticó a Kennedy por no entender los hechos como "parte del asalto comunista a la posición portuguesa, no solo en las Provincias de Ultramar sino también en la Península Ibérica, con el con el objetivo de debilitar la posición occidental y provocar una situación que podría ser propicia para la intervención de las fuerzas del comunismo internacional"[27].

Cuando el designado sucesor de Salazar, en 1968, Marcelo Caetano, continuó la guerra colonial y se hizo obvio que incluso Estados Unidos, la potencia hegemónica, estaba cerca de la derrota en Vietnam, aumentó el sentimiento en el ejército en favor de un acuerdo negociado con los insurgentes. Así lo expresó de la manera más abierta el general António de Spínola, segundo al mando del ejército, en su popular libro[28] publicado antes de la Revolución de los Claveles. Pidió a la presidencia una transición gradual a un régimen ordenado y disciplinado y al cultivo de una élite negra moderada en las colonias opuestas a los movimientos de liberación y preparadas para negociar algún tipo de federación en la línea de la Mancomunidad de Naciones británicas.

Pero nada de esto se llevó a cabo y se produjo la sublevación militar del 25 de abril que desató la posterior Revolución portuguesa, como hemos visto, que trajo consigo el auge de numerosas organizaciones políticas de las diferentes sensibilidades comunistas que tenían una gran influencia en el gobierno provisional del MFA.

La preocupación en Estados Unidos era creciente. El entonces secretario de Estado, Henry Kissinger, reunió en Londres a

[27] Citado en Luís Nuno Rodrigues, "About-Face: The United States and Portuguese Colonialism in 1961", *e-Journal of Portuguese History*, 2-1 (2004), p. 3. Brown Digital Repository, Brown University Library. https://doi.org/10.26300/yjt2-vj37

[28] António de Spínola, *Portugal e o futuro*, Lisboa, Livraria Castro e Silva, 1974.

mediados de diciembre de 1974 a 28 embajadores norteamericanos; allí pronunció un discurso en el que, según el resumen hecho por el *New York Times*, se auguraba el fin de la OTAN si los comunistas seguían avanzando en Europa occidental. En particular se mostró preocupado por la situación en España, respecto a la que manifestó que debía tener una evolución hacia la democracia e instituciones más adecuadas, "sin erosionar las fuerzas del país y provocar otro Portugal", advirtió Kissinger[29].

Para Kissinger, Portugal importaba en sí mismo, pero importaba aún más dado el contexto internacional de la época, es decir, lo que parecía ser el avance del comunismo en todo el sur de Europa, con el peligro de que partidos comunistas llegaran al poder en Francia con el programa común con los socialistas de François Mitterrand, en Italia con el compromiso histórico entre los democristianos de Aldo Moro y el PCI, en la propia Grecia se sabía que históricamente los comunistas habían tenido mucha influencia en el país, e incluso en España se sabía que Franco estaba enfermo y que tarde o temprano moriría y podría haber un proceso de transición.

En todo caso la tesis de Kissinger era que un Portugal revolucionario, inestable y fracasado podría ser una vacuna para el resto de países del flanco sur de la OTAN, por lo que era conveniente dejar pudrirse la situación. El embajador estadounidense de ese tiempo en Lisboa, Frank Carlucci, no compartía esa idea, antes bien, pensaba que había que favorecer a las fuerzas democráticas moderadas para superar los peligros revolucionarios[30].

Y esto último es lo que ocurrió. Carlucci argumentaba que lo más normal era que ganaran las fuerzas democráticas, siempre y cuando Estados Unidos entendiera lo siguiente: la revolución portuguesa fue una revolución de izquierda, muy de izquierda, tras una dictadura de derecha de casi 50 años. Por tanto, según él, lo que Estados Unidos debía hacer era apoyar a las fuerzas de izquierda no comunistas. A

---

[29] Noticia de EFE. Archivo Juan Linz, en https://www.march.es/es/coleccion/archivo-linz-transicion-espanola/ficha/kissinger-evolucion-espana-sin-provocar-otro-portugal--linz.R-13265

[30] Bernardino Gomes e Tiago Moreira de Sá, *Carlucci vs. Kissinger - Os EUA e a Revolução Portuguesa*, Lisboa, Dom Quixote, 2008.

similares conclusiones también llegó la socialdemocracia alemana, que canalizó todo el apoyo político y, muy especialmente, financiero hacia el Partido Socialista (PS) de Mário Soares –y más tarde, durante la transición española, al Partido Socialista Obrero Español (PSOE) de Felipe González–. Jiménez Redondo acertadamente concluye que "ese apoyo masivo fue esencial para el futuro político de ambos países, [...] [el PS y el PSOE] dejaron de ser estructuras débiles para pasar a contar con los medios necesarios para desarrollar una estructura organizativa y una presencia pública muy por encima de lo que hubieran podido realizar sin esas ayudas"[31].

Con relación al Reino Unido, la "vieja alianza" de seiscientos años había sufrido las mismas diferencias que desde 1961 incomodaron las relaciones de Portugal con Estados Unidos. La retirada portuguesa de las colonias y su estabilización democrática fueron positivas para la alianza, pero, paradójicamente, "esos dos desarrollos vinieron también a vaciar de mucho de su significado a la conexión Londres-Lisboa"[32]. El papel de intermediario que un Estado semiperiférico desempeñaba se vio cuestionado.

Lo que amenazaba en un principio con convertirse en el inicio de una crisis sin solución en el flanco meridional de la OTAN fue reconducido a una transición de régimen político perfectamente admisible para las potencias del centro. Portugal, después de esa transición, siguió teniendo una orientación atlantista –aunque ahora maridada con un europeísmo del que nos ocuparemos en el siguiente epígrafe[33]–. Y la crisis político-militar de la hegemonía estadounidense en los años 1970 fue superada por los gobiernos "fuertes" de orientación ultraconservadora de Margaret Thatcher en el Reino Unido y Ronald Reagan en Estados Unidos.

---

[31] Juan Carlos Jiménez Redondo, *España y Portugal en los siglos XX y XXI...*, *op. cit.*, 2019, p. 113,

[32] Pedro Aires Oliveira, *Os despojos da aliança: A Grã-Bretanha e a questão colonial portuguesa 1945-1975*, Lisboa, Tinta-da-China, 2007, p. 488.

[33] Juan Carlos Jiménez Redondo, *op. cit.*, 2021, pp. 79 y ss. Ver también Nuno Severiano Teixeira: "Breve ensaio sobre a política externa portuguesa", *Relações Internacionais*, 28, (2010), pp. 51-60.

EL FIN DE LAS DICTADURAS DE LA EUROPA MERIDIONAL Y LA INTEGRACIÓN EN EUROPA

La "opción europea" será la gran novedad de la política exterior del régimen democrático portugués tras 1976, tras superar las diferentes resistencias antieuropeas: en primer lugar, la de la opción africana de la dictadura, y, después, la tentación tercermundista del régimen revolucionario resultado del 25 de abril. Pero, "ahora ya no con una perspectiva estrictamente económica y pragmático, como en el Estado Novo, sino como opción estratégica y proyecto político"[34].

El proceso de integración se sucede con bastante rapidez: en 1976, Portugal ingresa en el Consejo de Europa; en 1977 solicitó formalmente unirse a la CE; en 1985 firmó el Tratado de Adhesión, y, a partir del 1 de enero de 1986, Portugal se convirtió en miembro de pleno derecho de la entonces CE.

Este proceso se produce prácticamente de la mano con el de España, cuya incorporación definitiva se producirá en la misma fecha. Durante "las negociaciones [...] los dos países se vieron en la obligación de estrechar sus contactos, dado que Bruselas los había situado en un mismo nivel"[35], pero la integración plena provocó un salto cuantitativo en cuanto a las relaciones bilaterales: se intensificaron las cumbres binacionales, aunque no se les haya sacado todo el partido que se les podía sacar; desaparecieron los contenciosos; pero, sobre todo, desde 1986 se estableció "un nuevo escenario de liberalización de la actividad económica y de intercambio comercial preferente [...] [que provocaron] una verdadera revolución"[36].

Pero, la incorporación de Portugal al proyecto europeo hay que analizarla en un contexto más amplio que la península Ibérica: el de las transformaciones que sufren las comunidades políticas de Europa meridional en la segunda mitad del siglo XX: el proceso de rápida industrialización, la construcción de grandes infraestructuras

---

[34] Nuno Severiano Teixeira: *op. cit.*, p. 54.

[35] Rafael García Pérez, "España y Portugal en la UE: de la convivencia a la integración", en Teresa Ferreira Rodrigues y Rafael García Pérez (coords.), *Portugal e Espanha: Crise e convergencia na União Europeia*, Parede, Tribuna, 2011, p. 165.

[36] Juan Carlos Jiménez Redondo, *España y Portugal... op. cit.*, p. 125.

y la intensificación de la intervención del Estado construyen ciertos espacios económicos nacionales integrados. Los gobiernos conservadores y/o autoritarios de Portugal (1933-1974), España (1939-1975), el anticomunista de Grecia tras la guerra civil, que terminó en una dictadura militar (1967-1974), y el derechista de la Democracia Cristiana en Italia (1946-1994) se orientaron desde los años 1960 al "desarrollismo", que terminó con el papel dominante de la burguesía terrateniente, en parte también porque la industrialización no se realizó en los lugares tradicionales, rompiéndose en alguna medida la lógica de "nortes" industriales y "sures" agrícolas. Italia fue uno de los Estados fundadores de la Comunidad Económica Europea en 1958, pero los otros países de la Europa meridional estaban ya preparados para negociar la incorporación en los 1970, y se incorporaron de manera efectiva en 1981 (Grecia) y 1986 (España y Portugal).

Cada ampliación de la entonces Comunidad Europea se asoció a un discurso geopolítico diferente. Por ejemplo, la primera ampliación (la del Reino Unido, Irlanda y Dinamarca) se presentó como un paso fundamental para responder a los retos de un mundo cambiante y al *desarrollo* de las entonces Comunidades y de su *papel en el mundo.* Mientras que la ampliación de la que nos ocupamos –en términos estrictos fueron dos, la segunda y la tercera, pero se puede considerar como una dividida en dos momentos– la tarea era emprendida, sobre todo, para asegurar la *democracia* en el sur de Europa. El *desarrollo*, o la *paz* y la *estabilidad* fueron los elementos centrales de los discursos geopolíticos que hicieron inteligibles para la población ampliaciones posteriores[37].

Lo que es cierto es que la incorporación portuguesa (y del resto de las antiguas dictaduras corporativas y fascistas del sur de Europa) ha permitido estabilizar estos países como democracias representativas, pero no ha garantizado una unión supranacional homogénea estructuralmente. Poco tiempo después de la entrada, la mayor parte de los estudiosos dejaron de considerarlos como semiperiferia y fueron contemplados como parte del centro del sistema-mundo,

[37] Véase Heriberto Cairo, "La ampliación oriental de la Unión Europea: identidades y discursos geopolíticos", *Revista Universitaria Europea*, 3, 2002, pp. 33-44.

aunque en el caso de Grecia y Portugal a menudo con reticencias. Pero ninguno de estos países desempeñó en la UE ni en el mundo un papel similar a Alemania o incluso Holanda, como se vio con bastante claridad a partir, especialmente, de la Gran Recesión que comienza en 2008 y los problemas de déficit y balanza de pagos que afloraron con claridad en todos ellos.

El acrónimo PIGS (Portugal-Italy-Greece-Spain), con un sentido claramente peyorativo en inglés, sirvió para designar en círculos políticos, financieros y periodísticos anglosajones y del norte de Europa a los países del sur de la UE. Incluso se llegó a incluir a Irlanda, que tenía problemas similares conformando el acrónimo PIIGS.

PARA TERMINAR

Las imágenes del 25 de abril en Portugal, especialmente en Lisboa, invitan a pensar que en ese momento se produce la Revolución, pero ese día no es más que el punto más simbólico del inicio de un proceso que durará, al menos, hasta noviembre de 1975, cuando las fuerzas de la extrema izquierda civil y militar son definitivamente apartadas del "Proceso Revolucionario En Curso" (PREC).

En esos dieciocho meses la Revolución de los claveles no fue simplemente un momento de la disputa entre la Unión Soviética y Estados Unidos durante la Guerra Fría, sino que fue una de las concreciones de la revolución sistémica de 1968 de la que hablaba Wallerstein –que caracterizaba, entre otras cosas como "una protesta en contra de la hegemonía de Estados Unidos en el sistema-mundo (y la aquiescencia soviética con esa hegemonía)"[38]–, porque, como muy acertadamente señala Rosas: "En realidad, una de las singularidades de la revolución portuguesa, que el preconcepto ideológico de buena parte de la historiografía sobre este periodo tiende a ocultar, es que la extrema izquierda, incluso pulverizada y en guerra interna, tuvo la fuerza social y política suficiente para disputar la hegemonía

[38] Immanuel Wallerstein, *Geopolitics and geoculture: Essays on the changing world-system*, Cambridge, Cambridge University Press, 1991, p. 65. (Traducción propia).

ideológico-política del PCP en el proceso, aunque no logró imponer un camino alternativo y, ni mucho menos, algún tipo de plataforma de entendimiento común"[39].

En términos geopolíticos globales, la Revolución de los Claveles fue en primera instancia producto de las tensiones que la segunda ola de descolonización y el apoyo a la misma de la potencia hegemónica provocaron en un país semiperiférico –o semicentral– cuya élite política se negaba a adaptarse a los nuevos tiempos y seguía viviendo el sueño imperial.

Y las consecuencias en diferentes espacios fueron muy relevantes. En África, sus antiguas colonias pasaron a situarse casi en su totalidad al campo soviético, y sus aliados más cercanos, los regímenes racistas blancos, vieron cómo comenzaba el principio del fin. A su vez, en Europa se iniciaba el camino hacia la integración en la entonces Comunidad Europea, de la mano del Partido Socialista dirigido por Mário Soares. Y en 1986 se alcanzó el acceso definitivo, junto con España.

Queda pendiente una pregunta: ¿continúa Portugal siendo semiperiférico? A juicio de Santos (1985) la condición histórica de Portugal de país semiperiférico se mantenía aún después de terminar la soberanía formal de Portugal sobre los territorios coloniales[40]. La incorporación de Portugal a la Unión Europea en 1986 no habría hecho más que reforzar este papel de semicentro, que, en alguna medida, recordaría ahora más al de la Escocia y Noruega de Andersen, ya que Portugal estaría integrado en esa unidad política supranacional. Y la creación en 1996 de una organización al estilo de la Commonwealth británica con sus colonias, la Comunidad de Países de Lengua Portuguesa (*Comunidade dos Países de Língua Portuguesa*, CPLP) permitió articular mejor esta relación intermediaria de Portugal, ya miembro de la UE con los países de América, África, Asia y Oceanía cuya lengua es el idioma portugués.

---

[39] Fernando Rosas: *op. cit.*, p. 148. (Traducción propia).

[40] Boaventura de Sousa Santos, "Estado e sociedade na semiperiferia do sistema mundial: o caso português". Análise Social, XXI/87-88-89, (1985), pp. 869-901.

Tabla 2. Relación intermediaria de Portugal en la UE, 1986-2024 (*centro ê semicentro ê periferias lejanas*)		
	Relación de dominación geoeconómica y geocultural	
División del trabajo	Alemania. Holanda, Francia...	
	Portugal	Angola, Mozambique, Cabo Verde...
Fuente: Elaboración propia		

Aunque sea para ocupar una posición geopolítica estructural similar, en Portugal se completó una transición política radical y una reestructuración geopolítica trascendental, cuyo pivote temporal se sitúa en el 25 de abril de 1974. Las esperanzas de unos y los miedos de otros en aquellos días, cincuenta años después tienen otro alcance, pero continúan teniendo significado en esta parte del mundo.

REFERENCIAS BIBLIOGRÁFICAS

Alexandre, Valentim, "El Imperio Colonial", en Pinto, António Costa (ed.), *Portugal Contemporáneo* (trad. del original portugués), Madrid, Sequitur, 2000, pp. 37-56.

Cairo, Heriberto, "Geo-politizando los espacios intermedios del sistema-mundo: semicentros y semiperiferias, geoestrategias de subordinación y de autonomía en América Latina y Europa Meridional tras la Guerra Fría", *DADOS. Revista de Ciencias Sociais*, 66-4, (2023), e20220009.

—, "«Portugal is not a Small Country»: Maps and Propaganda in the Salazar Regime", *Geopolitics*, 11-3 (2006), pp. 367-395.

—, "La ampliación oriental de la Unión Europea: identidades y discursos geopolíticos", *Revista Universitaria Europea*, 3, (2002), pp. 33-44.

Castelo, Cláudia, *"O Modo Português de Estar no Mundo". O Luso-tropicalismo e a Ideología Colonial Portuguesa (1933-1961)*, Porto, Edições Afrontamento, 1998.

Enders, Armelle, "Le Lusotropicalisme, Théorie d'Exportation. Gilberto Freyre en son Pays", *Lusotopie*, (1997), pp. 201-209.

García Pérez, Rafael, "España y Portugal en la UE: de la convivencia a la integración", en Rodrigues, Teresa Ferreira y García Pérez, Rafael (coords.), *Portugal e Espanha: Crise e convergencia na União Europeia*, Parede, Tribuna, 2011, pp. 163-192.

Garrido Couceiro, Xoán Carlos, y Correa Piñeiro, Duarte, "A 'Revolução' 35 anos despois. Entrevista a Otelo Saraiva de Carvalho", *Terra e Tempo. Revista Galega de Pensamento Nacionalista*, 149-150-151-152, (2009), pp. 6-17.

Gomes, Bernardino, y Sá, Tiago Moreira de, *Carlucci vs. Kissinger - Os EUA e a Revolução Portuguesa*, Lisboa, Dom Quixote, 2008.

Jiménez Redondo, Juan Carlos, *España y Portugal en el ámbito de poder del mundo atlántico anglosajón, 1945-2021*, Granada, Comares, 2021.

—, *España y Portugal en los siglos XX y XXI: geopolítica de una vecindad conflictiva*, Granada, Comares, 2019.

—, *Franco y Salazar. La respuesta dictatorial a los desafíos de un mundo en cambio, 1936-1968*, Madrid, Sílex Universidad, 2019.

Mignolo, Walter D., *Local Histories /Global Designs: Coloniality, Subaltern Knowledges, and Border Thinking*, Princeton NJ, Princeton University Press, 2000.

Oliveira, Pedro Aires, *Os despojos da aliança: A Grã-Bretanha e a questão colonial portuguesa 1945-1975*, Lisboa, Tinta-da-China, 2007.

Rodrigues, Luís Nuno, "About-Face: The United States and Portuguese Colonialism in 1961", *e-Journal of Portuguese History*, 2-1, (2004). Brown Digital Repository. Brown University Library. https://doi.org/10.26300/yjt2-vj37

Rosas, Fernando, *Ensaios de Abril*, Lisboa, Tinta China, 2023.

Sánchez Cervelló, Josep, *Portugal, del imperio a las repúblicas: tres aproximaciones a su historia contemporánea*, Tarragona, Publicacions Universitat Rovira i Virgili, 2023.

—, *El último imperio occidental: la descolonización portuguesa (1974-1975)*, Mérida, UNED (Centro Regional de Extremadura), 1998.

—, *La revolución portuguesa y su influencia en la transición española (1961-1976)*, Donostia-San Sebastián, Nerea, 1995 (Primera edición en portugués *A Revolução Portuguesa e a sua influência em Espanha (1961-1976)*, Lisboa, Assirio & Alvim, 1993).

Santos, Boaventura de Sousa, "Estado e sociedade na semiperiferia do sistema mundial: o caso portugués", *Análise Social*, XXI/87-88-89, (1985), pp. 869-901.

Santa Rita, José Gonçalo, "A Enumeração Geográfica do Território na Nova Constituïção da República", *Boletim da Sociedade de Geografia de Lisboa*, 51/1-4, (1933).

Spínola, Antonio de, *Portugal e o futuro*, Lisboa, Livraria Castro e Silva, 1974.

Taylor, Peter J., y Flint, Colin, *Geografía política: Economía-mundo, Estado-Nación y Localidad* (trad. de la 4ª edición en inglés), Madrid, Trama editorial, 2002.

Teixeira, Nuno Severiano, "Breve ensaio sobre a política externa portuguesa", *Relações Internacionais*, 28, (2010), pp. 51-60.

Valente de Almeida, Polibio F. A., *Do poder do pequeno estado: enquadramento geopolítico da hierarquia das potências*, Lisboa, Instituto de Relações Internacionais–Instituto Superior de Ciencias Sociais e Políticas, 1990.

Wallerstein, Immanuel, *La decadencia del poder estadounidense: Estados Unidos en un mundo caótico*, Montevideo y Santiago de Chile, Trilce & Lom, 2005.

—, *Geopolitics and geoculture: Essays on the changing world-system*, Cambridge, Cambridge University Press, 1991.

—, *The politics of the world-economy: The states, the movements and the civilizations*, Nueva York, Cambridge University Press, 1984.

—, "Semi-Peripheral Countries and the Contemporary World Crisis", *Theory and Society*, ¾, (1976), pp. 461-483.

MILITARES Y POLÍTICA: LA DEFINICIÓN DEL PODER POLÍTICO DEMOCRÁTICO EN PORTUGAL (1974-1975)

Maria Inácia Rezola
Escuela Superior de Comunicación Social (ESCS-IPL)
Instituto de Historia Contemporánea (IHC-NOVA). Portugal
ORCID: 0000-0002-2102-0479

INTRODUCCIÓN

El 24 de abril de 1974 el régimen fundado por Oliveira Salazar a principios de los años 30 parecía firmemente consolidado. Cuarenta y ocho horas después se probó lo contrario y el mundo observó incrédulo su colapso y el comienzo de una revolución que se parecía a un laboratorio de experimentación política. La transición hacia la democracia en Portugal acabará revelándose original pero agitada. Mientras en otros países, como España, el cambio político se hizo de forma gradual y pactada, en Portugal se asistió a una abrupta ruptura del sistema y al desencadenamiento de un proceso revolucionario que duró cerca de 18 meses. La definición del nuevo régimen tuvo lugar en medio de tensiones y constantes luchas que condujeron al país al borde de una guerra civil. En el proceso, los militares tuvieron un papel determinante y protagonista, no sólo en el derrocamiento de la dictadura, sino también en el desencadenamiento de la descolonización y en la disputa política que conduciría a la institucionalización del orden democrático.

¿UNA TRANSICIÓN PIONERA O UNA REVOLUCIÓN REZAGADA?

La comunidad académica se divide en la interpretación de los sucesos que rodearon la transición portuguesa a la democracia. Mientras autores como António Costa Pinto subrayan su carácter pionero[1], otros, como José Medeiros Ferreira o Herminio Martins enfatizan su retraso[2]. Adoptando la expresión acuñada por Samuel Huntington, la primera línea de interpretación considera que el "25 de Abril" inauguró la ola de democratizaciones del último tercio del siglo XX. Anticipándose al fin de la dictadura militar griega, a la transición en España y a las transiciones en Sudamérica y Europa del Este, la experiencia portuguesa abrió nuevos ángulos de análisis de los procesos de democratización. Desde entonces, las experiencias portuguesa y española se han convertido en protagonistas de la tipología más común de las transiciones democráticas, presentándose como modelos de "ruptura" y "negociación". En el caso portugués, se produjo el colapso repentino de la dictadura y el desencadenamiento de una revolución caracterizada por una fuerte crisis del Estado, la politización de las fuerzas armadas y la radicalización de los movimientos sociales. En el caso español, que se benefició del efecto de difusión o contagio de la experiencia portuguesa, se produjo una negociación progresiva entre las élites autoritarias y las élites democráticas[3].

El análisis de la transición portuguesa, sin embargo, dio lugar a una línea de interpretación diametralmente opuesta que, en lugar de destacar su carácter pionero, enfatizó su atraso. Situando el "25 de Abril" en la serie de transformaciones inauguradas con la derrota militar de los regímenes autoritarios conservadores durante la Segunda Guerra Mundial, Medeiros Ferreira lo presenta como la última revolución europea[4]. De igual modo, Hermínio Martins interpreta el "25 de Abril" como "un 1945" (la caída de las dictaduras) "renovado con ingredientes de 1968", fechas perdidas en Portugal en sus ediciones

---

[1] António Costa Pinto, "Authoritarian Legacies, Transitional Justice and State Crisis in Portugal's Democratization", *Democratization*, 13/2, (April 2006): 173-204.

[2] José Medeiros Ferreira, *Ensaio Histórico sobre a Revolução do 25 de Abril: O período pré-constitucional*, Lisboa, INCM, 1983; Hermínio Martins, *Reflexões sobre as mudanças de regime em Portugal no século XX: Um estudo transcronológico e transnacional, Lisboa,* ICS, 2018.

[3] Juan Carlos Jiménez Redondo, *España y Portugal en Transición: Los caminos a la democracia en la Península Ibérica*, Madrid, Sílex, 2009.

[4] José Medeiros Ferreira, *Portugal em Transe, História de Portugal* vol. VIII, Lisboa, Circulo de Leitores, 1993.

originales y que se comprimirán en un periodo de 18 meses, "vivido por muchos con extraordinaria intensidad"[5].

El debate sobre la naturaleza del "25 de Abril" está superado y es casi universalmente aceptado que fue un golpe militar que el pueblo en las calles transformó en revolución. Del mismo modo, no hay diferencias fundamentales en cuanto al ritmo y el calendario del proceso, que casi todos los autores consideran que se divide en tres etapas. La primera, correspondiente a los meses de mayo a septiembre de 1974, se abre bajo el signo de las libertades conquistadas y de una explosión reivindicativa sin precedentes. Se presenta dominada por el enfrentamiento entre el presidente de la República, António de Spínola, y la Coordinadora del Movimiento de las Fuerzas Armadas (MFA) en torno a la cuestión colonial y al proceso de democratización. La destitución del primero (30 de septiembre de 1974) creó expectativas sobre la apertura de una nueva fase. Una vez decidida la descolonización, otras cuestiones dominaron el debate político, destacando la institucionalización del MFA y la celebración de elecciones. Tras el intento fallido de golpe de Estado de Spínola (11 de marzo de 1975), la revolución se precipita. El poder militar se institucionaliza mediante la creación del Consejo de la Revolución (CR), se decreta la nacionalización de bancos y compañías de seguros y se dan los primeros pasos hacia la reforma agraria. Fue durante esta fase cuando todas las posiciones se radicalizaron y la revolución alcanzó su punto culminante, en un contexto de tenso enfrentamiento entre legitimidad revolucionaria y legitimidad electoral.

La drástica ruptura con la dictadura y la naturaleza de la intervención militar en el decurso del cambio político fueron características que llamaron la atención de académicos y estudiosos desde un primer momento, considerando la actuación política de los militares como una de las originalidades de la transición portuguesa. Según José Medeiros Ferreira, pionero de los estudios sobre la Revolución, fueron las Fuerzas Armadas quienes "pilotaron el tránsito" entre el golpe de Estado (abril de 1974) y la aprobación de la nueva Constitución (abril

[5] Hermínio Martins, *Reflexões sobre as mudanças de regime em Portugal no século XX: Um estudo transcronológico e transnacional*, Lisboa, ICS, 2018, p. 112.

de 1976)[6]. A pesar de subrayar la preocupación de los militares por mantener el apoyo de la población y de reconocer la importancia de los partidos políticos en el proceso, Medeiros Ferreira pone el énfasis en que el pensamiento estratégico de la revolución perteneció a la institución militar. La idea del MFA como protagonista y propulsor del cambio es compartida por Sánchez Cervelló, para quién el proceso revolucionario "abrió las puertas a la hegemonía militar" en la sociedad portuguesa. En su opinión, "las fuerzas políticas apenas actuaron como referentes, a menudo sin capacidad de modificar el sentido y el ritmo de las alteraciones que los responsables castrenses deseaban"[7].

Posición distinta es la de los que, sin negar la importancia de los militares o de las fuerzas sociales, ponen el énfasis en el papel de las élites políticas y, en concreto, de los partidos políticos. António Reis, por ejemplo, otorga especial relieve al momento en que, realizadas las elecciones a la Asamblea Constituyente (25 de abril de 1975), los partidos políticos asumen "un nuevo protagonismo en la escena política, que llevará a cuestionar el 'liderazgo militar' hasta entonces en ascenso"[8].

Por último, una tercera línea de interpretación subraya el papel de las masas populares, sus manifestaciones callejeras y acciones colectivas. Según el sociólogo Sousa Santos, precursor de esta corriente interpretativa, "el movimiento popular creado o desencadenado después del 25 de Abril constituyó una de las características más específicas de la revolución portuguesa" y, aun teniendo en cuenta todas las diferencias relevantes, "la riqueza del movimiento popular no puede ser reducida a estrategias partidistas o, incluso, a la decisión del MFA, en un momento dado, de promover o aceptar los términos de la 'alianza Pueblo-MFA'"[9]. Además, añade este académico, debe

[6] José Medeiros Ferreira, *Ensaio histórico sobre a revolução do 25 de Abril. O período pré-constitucional*. Lisboa, INCM, 1983, p. 212.

[7] Josep Sánchez Cervelló, *A Revolução Portuguesa e a sua influência na transição espanhola (1961-1976)*. Lisboa, Assírio & Alvim, 1993, pp. 430-431.

[8] António Reis, "A Revolução de 25 de Abril de 1974, o MFA e o processo de democratização" en *Portugal Contemporâneo*, vol. 6, Lisboa, Publicações Alfa, 1992, pp. 13-62.

[9] Boaventura de Sousa Santos, "A crise do Estado e a aliança Povo/MFA em 1974-1975" en *Seminário 25 de Abril 10 anos depois*, Lisboa, Associação 25 de Abril, 1984, p. 46.

tenerse en cuenta que la relación entre fuerzas armadas y sociedad "es una relación revolucionaria: las clases populares participan colectivamente en la mejora de sus condiciones de vida, y al hacerlo al lado de las fuerzas político-militares actúan contra las antiguas clases dominantes"[10].

Las obras de estos autores inauguraron tres corrientes historiográficas ampliamente consideradas y seguidas. El debate que comenzaron nos permite concluir que, independiente de la tesis adoptada, cualquier lectura de la revolución portuguesa debe tener en cuenta todas las partes interesadas y, en especial, la forma en que interactúan a lo largo de las diferentes etapas de la revolución. Porque si la emergencia de un nuevo sistema de partidos y la revitalización de la sociedad civil fueron aspectos importantes de la revolución portuguesa, su intervención no puede disociarse de la aparición del Movimiento de las Fuerzas Armadas como actor político. El estudio que hemos desarrollado sobre el Consejo de la Revolución[11], nos ha permitido introducir nuevos datos en esta polémica. Lo que nos proponemos es presentar sintéticamente las principales etapas y características de la revolución portuguesa, señalando no apenas el papel de los militares sino también sus complejas relaciones con los demás protagonistas del proceso.

DEL GOLPE DE ESTADO A LA REVOLUCIÓN

Está hoy día consensualmente reconocido que el 25 de abril de 1974 se produjo un movimiento estrictamente militar, de oficiales de grado medio (capitanes), organizados en torno al Movimiento de las Fuerza Armadas (MFA), sin la interferencia de los partidos u organizaciones

---

[10] Boaventura de Sousa Santos, *O Estado e a Sociedade em Portugal (1974-1988).* Porto, Ed. Afrontamento, 1998 (3ª ed.), p. 64.

[11] Organización política militar, creada a raíz del 11 de marzo de 1975, que refleja la institucionalización del Movimiento de las Fuerzas Armadas (MFA). Durante un año (abril 1975-abril 1976) fue el órgano de máximo de la estructura de poder. Véase Maria Inácia Rezola, *Os militares na Revolução de Abril. O Conselho da Revolução e a transição para a democracia em Portugal (1974-1976)*, Lisboa, Campo da Comunicação, 2006.

políticas. El proceso de formación y desarrollo del MFA es uno de los aspectos más conocidos de la historia de la Revolución Portuguesa. Designado, en aquel momento, como *Movimento dos Capitães*, nace formalmente el 9 de setiembre de 1973, en Alcáçovas (Évora), en un mitin que tenía por objetivo preparar la respuesta a dos decretos que introducían cambios considerables en la progresión en la carrera militar en beneficio de los oficiales del cuadro de complemento (Decretos 353, del 13 de julio de 1973, y Decreto 409, del 20 de agosto de 1973). Al publicarlos el ministro del ejército se proponía suplir la escasez de candidatos a la academia militar y solucionar el problema de la falta de oficiales en la Guerra Colonial. Sin embargo, en la práctica, supuso el inicio de la conspiración contra el régimen. Iniciada en Angola en 1961, la Guerra Colonial, que se había extendido rápidamente a otros frentes (Guinea, 1963 y Mozambique, 1964), generó un profundo descontento que ahora afectaba peligrosamente a las propias Fuerzas Armadas.

El complot, que involucró a cerca de 300 oficiales, se desarrolló en menos de un año y traspasó varias etapas. La corporativa fue muy breve y pronto se avanzó hacia una organización con motivaciones políticas. Si fueron generales como Francisco da Costa Gomes[12] o António de Spínola[13] los primeros en darse cuenta de que la guerra no tenía solución militar serían los capitanes los primeros en concluir

[12] Oficial del ejército portugués, Francisco Costa Gomes (1915-2001) tiene una brillante carrera militar. Estuvo destinado en el Cuartel General del Comando Supremo Aliado del Atlántico Norte (SACLANT) en 1945-1946 y participó en reuniones internacionales que llevaron a la formación de la OTAN, organización con la que mantiene contactos profesionales a lo largo de la década de 1950. Nombrado subsecretario del Ejército en 1958, es dimitido a raíz de su participación en la *Abrilada* de 1961 (intento de golpe de estado patrocinado por el ministro de Defensa, general Julio Botelho Moniz). Segundo comandante (1965-(1967) y comandante (1967-(1969) de la Región Militar de Mozambique, asciende al comando supremo de las Fuerzas Armadas en septiembre de 1972. El hecho de que permitiera la publicación del libro de Spínola, *Portugal y el Futuro*, dió lugar a su renuncia el 14 de marzo de 1974.

[13] António Sebastião Ribeiro de Spínola (1910-1996), oficial del ejército portugués. Cuenta con una brillante carrera militar, sirviendo en diversas unidades del Ejército y en la *Guarda Nacional Republicana* (GNR). En 1961, poco después del estallido de la Guerra Colonial, hace un turno de servicio en el norte de Angola (1961-1963), donde se distinguió por su valentía física. En 1968 fue nombrado comandante en jefe y gobernador de Guinea, una posición que lo catapulta en términos políticos. Regresó a la metrópolis en el verano de 1973 y fue reincorporado como vicejefe del Estado Mayor General de las Fuerzas Armadas (enero 1974). A finales de febrero de 1974 publica el

que era necesario derrocar al gobierno de Caetano para poder dar una solución política de esa guerra.

Es importante tener en cuenta que, a pesar de los avances del complot, el movimiento tenía muy poco de ideológico, traduciendo, sobre todo, una revuelta de protesta contra el descrédito de las Fuerzas Armadas y la continuación de una guerra que parecía no temer solución militar. No era su objetivo convertirse en un agente político o asumir cualquier protagonismo después del derrumbe de la dictadura. De hecho, desde principios de 1974 se hace evidente que el objetivo de los capitanes es terminar con la dictadura y, retirándose de la escena política, garantizar un período de transición que permitiese crear las condiciones para la descolonización y la democratización. La necesidad de afianzar la realización de estos objetivos les lleva a dotarse de un programa político mínimo (*Programa do MFA)*. Junto con el desmantelamiento de los órganos e instituciones del anterior régimen, en él se estipula la amnistía para los presos políticos, la restauración de las libertades básicas, el "derecho de los pueblos a la libre determinación" y la convocación de una Asamblea Nacional Constituyente, elegida por sufragio universal, directo y secreto, en un plazo máximo de doce meses. En el esquema constitucional provisional propuesto por el programa, es patente la idea de una rápida normalización democrática, ya que, a pesar de la presencia de una tutela militar (ejercida por una junta nombrada por el MFA, cuyo presidente habían previamente elegido) se aboga por el establecimiento inmediato de un gobierno provisional civil. Ningún cargo o posición es asignado al MFA[14].

Cualquier cambio de régimen implica, sin embargo, riesgos para sus promotores. A pesar de todas las medidas adoptadas, el MFA no logra crear las condiciones para asegurar una transición sin problemas, en particular debido a una sucesión de factores imprevistos que alteran drásticamente su plan original. Entre estos se destaca la

---

libro *Portugal y el Futuro* en que repudia la política colonial del régimen y critica la ausencia de una solución militar para la guerra colonial.

[14] El Programa del MFA establecía que hasta la entrada en vigor de la nueva Constitución el poder político estaría repartido entre el presidente de la República, la Junta de Salvación Nacional, el Consejo de Estado, el Gobierno Provisional y los tribunales.

dimensión inesperada de la movilización social observada el mismo día 25 de abril, la ruptura de la cadena tradicional de mando de las Fuerzas Armadas y, por último, la posición adoptada por António de Spínola. Efectivamente, quien aparece en las pantallas de televisión para presentar a la Junta de Salvación Nacional, la noche del 25 de abril, es António de Spínola y no Francisco da Costa Gomes como los capitanes habían previsto por ser bastante más próximo a sus ideas y proyectos. Las diferencias entre Spínola y el Movimiento son evidentes en el debate que, a continuación, se establece en torno al programa MFA. Este hecho es crucial a la hora de que el Movimiento decidiera organizarse como agente político, en lugar de regresar a los cuarteles como había planeado.

Así, la primera fase de la revolución (mayo-septiembre de 1974) está dominada por un constante pulso entre António de Spínola y los autores del golpe de Estado. En juego estaban diferentes perspectivas sobre las colonias y la transición. Partidario de una solución federal vía referéndum para el problema colonial, y de una transición política "musculada", de cuño presidencialista, Spínola pretendió adueñarse de la situación y aniquilar al Movimiento. Su posición era inicialmente muy cómoda puesto que era el presidente de la Junta de Salvación Nacional (JSN), organismo al que competía vigilar por el cumplimiento del Programa del MFA y de las leyes constitucionales. Como consecuencia de su cargo en la JSN, Spínola tomó posesión como presidente de la República el 15 de mayo. Cuando se formó el I Gobierno Provisional (un gobierno pluripartidista que integraba representantes de las principales fuerzas políticas que por entonces comenzaban a salir de la clandestinidad, o a constituirse), Spínola logra además hacer nombrar primer ministro a un hombre de su confianza, Adelino da Palma Carlos. La ventaja obtenida en los primeros momentos convence a Spínola de que había conseguido los objetivos que se había propuesto. Sin embargo, a partir de finales de junio, la correlación de fuerzas empieza a invertirse a favor del MFA, que impone a Spínola la Ley n.° 7/74, que reconoce el derecho de los pueblos a la autodeterminación e independencia. Progresivamente aislado en el aparato militar y de Estado, Spínola hace llamamientos desesperados a la movilización de los sectores de la derecha radical (*mayoría silenciosa*). Fracasados sus intentos, dimite.

En todo este proceso, que culmina el complot del 28 de Setiembre[15], cabe señalar que la creación de centros de poder militar después del "25 de Abril" no siguió una estrategia previamente madurada sino que es el resultado de la práctica política cotidiana.

LA NUEVA ESTRUCTURA DEL PODER

La estructura constitucional provisional avanzada en el programa del MFA es consagrada por la Ley 3/74 de 14 de mayo. Según esta ley, hasta la aprobación de la nueva constitución, además de la Asamblea Constituyente y de los tribunales, deberían existir otros cuatro órganos de soberanía: la Junta de Salvación Nacional[16], el presidente de la República, el Consejo de Estado y el Gobierno Provisional. El gran ausente era el MFA, a quien sólo se garantiza una presencia en el Consejo de Estado, constituido por los miembros de la JSN, siete representantes de las Fuerzas Armadas y siete personalidades escogidas por el presidente de la República. Conscientes de sus diferencias con Spínola, los *capitanes* refuerzan su organización y hacen reaparecer a la Comisión Coordinadora del Programa del MFA, con el pretexto de velar por el cumplimiento de su Programa. Esta Coordinadora de pronto se transforma en un contrapoder oponiéndose al avance de Spínola.

Con el apoyo del primer ministro Palma Carlos, Spínola ambiciona alterar la situación y subordinar al MFA. Con el pretexto del "clima de indisciplina social, el riesgo de una degradación a corto plazo de

[15] Intento fracasado de algunos sectores conservadores y de extrema derecha, reunidos en torno a António de Spínola, de organizar en Lisboa una marcha de la "Mayoría silenciosa" para demonstrar su apoyo al general y su descontentamiento frente al primer ministro Vasco Gonçalves y a la Coordinadora del MFA cuya disolución pedían.

[16] Competía a esta Junta (1) velar por el cumplimiento del Programa del MFA y de las leyes constitucionales; (2) elegir de entre sus miembros al presidente de la República, al jefe y a los vicejefes del Estado Mayor General de las Fuerzas Armadas, al jefe del Estado Mayor de la Armada, del Ejército y de las Fuerzas Aéreas; (3) designar, en caso de impedimento del presidente de la República, quién desempeñaria interinamente sus funciones.

la vida económica", exige un refuerzo de los poderes presidenciales y del ejecutivo, así como una consulta electoral para la Presidencia de la República.

Fracasado este ensayo de golpe de Estado constitucional, Palma Carlos renuncia (9 de julio de 1974). La entrada en funciones del II Gobierno Provisional, bajo la responsabilidad de un militar de la Coordinadora del MFA –Vasco Gonçalves–, acentúa la ya obvia proliferación de centros de poder. A partir del verano de 1974, la atomización de los centros de poder militar es, de hecho, evidente. A la par de los órganos de soberanía definidos por ley y de la Coordinadora del MFA, se debe de considerar el Comando Operativo del Continente (COPCON)[17], un cuerpo militar ejecutivo, concebido como el brazo armado del MFA, con amplios poderes de movilización (de unidades del Ejército y de las fuerzas especiales de la Marina y Fuerza Aérea) para asegurar el orden público. Aunque estaba formalmente bajo la dependencia del jefe de Estado Mayor General de las Fuerzas Armadas, actuará con gran autonomía, fuera de las varas, extrapolando las funciones que en un principio le habían sido asignados. Dirigido por Otelo Saraiva de Carvalho, en el verano de 1975 participa en varias de las iniciativas de la legitimidad revolucionaria, creando estrechos vínculos con organizaciones políticas partidistas de poder popular.

Tampoco es posible ignorar el papel de la Quinta División de Estado Mayor de las Fuerzas Armadas (5ª División) creada en el mismo día en que toma posesión el II Gobierno Provisional (18 de julio de 1974), en respuesta a la necesidad sentida por la Coordinadora para llevar a cabo una "campaña de sensibilización militar" para difundir y hacer propaganda de las ideas del MFA. Conquistando mucha visibilidad después de la renuncia de Spínola, la acción de la 5ª División se desarrolla principalmente a través de su periódico (*Movimento-Boletim do MFA)* y de las campañas de promoción cultural (*Campanhas de Dinamização Cultural).* Finalmente, una referencia al jefe de Estado Mayor General de las Fuerzas Armadas,

---

[17] El COPCON se crea el 8 de julio de 1974, por el decreto ley nº 310/74, al hacerse necesario crear las condiciones necesarias para que las Fuerzas Armadas puedieran garantizar el cumplimiento de los objetivos de su Programa.

Francisco da Costa Gomes, que dispone de un poder que, en rigor, trasciende el ámbito militar. De momento, aún podría haber dudas en cuanto a su posición. Sin embargo, la cobertura que da a diversas iniciativas del MFA hace que, a consecuencia de los incidentes de 28 de Setiembre, sea elegido para reemplazar a Spínola. Acumulando el cargo de presidente de la República y la jefatura suprema de las Fuerzas Armadas, Costa Gomes se convierte entonces en uno de los más importantes centros de poder político-militar. Aunque su papel no está completamente aclarado, es ampliamente considerado como un elemento central en el complejo equilibrio de poder de los años de la revolución

Con la renuncia de Spínola, algunos de los oficiales de su confianza abandonaron sus funciones en el gobierno, en la JSN y en la estructura militar. La revolución inició en aquel entonces una nueva etapa en la cual, superada la cuestión de la descolonización, otros problemas tuvieron prioridad. Desde luego la definición de un nuevo modelo económico y social, tarea que se delegó a un equipo de trabajo dirigido por uno de los más destacados miembros de MFA –Ernesto Melo Antunes. Después se habían de crear las condiciones para que se celebrasen las elecciones (preparar la ley electoral, actualizar el censo electoral, etc.). Estas y otras cuestiones – como el establecimiento por ley de una única central sindical – generaron intensas polémicas que nos permiten vislumbrar la constitución de los diferentes bloques que, en breve, especialmente en la tercera etapa de la revolución (marzo-noviembre de 1975), contenderán y actuarán como catalizadores de profundas luchas partidistas y sociales.

En esos momentos, una de las prioridades del Movimiento fue la de garantizar su posición en el aparato de estado. El enfrentamiento con António de Spínola, pero también la evidente fragilidad de las fuerzas políticas civiles había puesto en claro su urgencia. Es en este contexto en el que nace el Consejo de los Veinte, un órgano de coordinación y máxima supervisión de las actividades del MFA que reunía todos los militares con responsabilidades políticas (miembros de la JSN, los miembros de la Coordinadora del MFA, los cincos ministros militares que pertenecían al MFA y el comandante-adjunto del COPCON). Este Consejo estuvo, desde el principio, dominado por la Coordinadora y preestablecía una tendencia hacia el ejercicio colegial del poder militar. Esta predisposición fue reforzada con la creación de la Asamblea de delegados del MFA –o Asamblea de los Doscientos–, un órgano de carácter consultivo donde estaban representados las tres ramas de las Fuerzas Armadas.

Además de contribuir a vaciar la figura del presidente de la República, el Consejo de los Veinte también devaluó la componente civil del poder ejecutivo al integrar a ministros que pertenecían al Movimiento. La creación del Consejo de los Veinte apuntaba hacia la institucionalización del poder del MFA, pero todavía estaba por definirse tanto su forma como la amplitud de sus poderes en el futuro marco constitucional. El debate sobre estas cuestiones envolvió a militares y civiles y tuvo particular relieve a partir de octubre-noviembre de 1974. Como consecuencia, en febrero de 1975, se iniciaron las conversaciones MFA-partidos con vistas a concluir un pacto preconstitucional que garantizase el poder militar y su institucionalización.

EL CONSEJO DE LA REVOLUCIÓN Y LA INSTITUCIONALIZACIÓN DEL PODER MILITAR

La intentona de Spínola en el 11 de marzo de 1975 precipita la ya prevista institucionalización del MFA. Durante la noche de ese día, en la que sería conocida como la "Asamblea Salvaje", se toman importantes resoluciones como la nacionalización de la banca y de los seguros, el comienzo de la reforma agraria y, sobre todo, la creación de un nuevo organismo político-militar: el Consejo de la Revolución.

En el momento de su fundación, el Consejo de la Revolución (CR) se asume como el órgano supremo de la revolución, que consagra el poder militar, su liderazgo y la subordinación del poder civil. Heredero reforzado de Consejo de los Veinte, ocupa la preeminencia en la estructura del aparato del Estado y detenta amplísimos poderes (ejecutivos, militares y de supervisión), algunos de los cuales hereda de la Junta de Salvación Nacional y del Consejo de Estado, órganos que desaparecen en aquel momento. La presencia del CR en la vida nacional y sus poderes se reconocen en la Plataforma de Acuerdo Constitucional firmado entre el MFA y los partidos[18] el 11 de abril de 1975. Esa plataforma representaba la vitoria de los que pretendían garantizar que la futura Constitución no anularía las políticas revolucionarias y el poder militar (o sea, que garantizaría la Asamblea de MFA y el Consejo de la Revolución como órganos de soberanía durante un periodo de transición, de tres a cinco años). Según este pacto, durante la transición, el presidente da la República sería designado por un colegio electoral (con elementos de la asamblea del MFA y de la futura asamblea legislativa). La asamblea del MFA figuraba entre los órganos de soberanía (con 240 miembros, en representación de las tres ramas de las Fuerzas Armadas), siendo el máximo órgano de poder el Consejo de la Revolución. El mismo pacto reafirmaba la garantía de que se realizarían elecciones para la Asamblea Constituyente, pero dejaba claro que esas elecciones apenas tenían ese objetivo y que eventuales modificaciones a la composición del gobierno competirían solamente al presidente de la República. Esta era la formula encontrada por el MFA para mantener el control del gobierno preconstitucional evitando la inmediata devaluación política de las elecciones.

La idea fundamental de esta nueva etapa de la revolución es la de un régimen militar diferente - no para establecer una dictadura militar, sino para que los militares tomen parte activa, como protagonistas y agentes del cambio-, buscando traducir la unificación de los centros de poder militar, al tiempo que el Consejo de la Revolución asumía la misión de vanguardia del proceso político.

Definido el papel del CR como un motor de la revolución, era urgente aclarar su proyecto político. El Programa del MFA representó un pacto político con la JSN y con el pueblo portugués. Sin embargo, se trata de un proyecto de mínimos, que sólo establecía los límites del proceso. El progreso de la revolución requiere más aclaraciones y definiciones concretas sobre el camino a seguir. Las

[18] El pacto fue firmado por el Partido Socialista (PS), Partido Popular Democrático (PPD), Centro Democrático Social (CDS), Partido Comunista Português (PCP), Movimento Democrático Português/Comissão Democrática Eleitoral (MDP/CDE) y el Frente Socialista Popular (FSP).

nacionalizaciones y la reforma agraria apuntaban hacia una "vía de transición al socialismo". ¿Pero cuáles eran los parámetros de esa vía? ¿Cuál el papel de los partidos políticos y de los civiles en el proceso? ¿Que era la vía socialista portuguesa? Si las propuestas en el ámbito civil se multiplicaron, en el ámbito militar tampoco hubo consenso.

En junio de 1975, el Consejo de la Revolución elabora un Programa de Acción Política (PAP) con el objetivo que sustituyera el programa del MFA. Aunque era una propuesta lo suficientemente amplia para poder abarcar todas las tendencias que se manifestaban en el Movimiento, el acuerdo era frágil y no solucionaba los problemas de la definición de las competencias y áreas de responsabilidad de los distintos agentes de la transición (MFA, partidos, movimientos sociales). Por eso, el Programa de Acción Política fue sobrepasado enseguida dando lugar a una verdadera "epidemia" de proyectos que reflejaba las divisiones del MFA e las alianzas que sus facciones establecieron con los distintos partidos políticos y con las organizaciones populares.

Por un lado, encontramos a los defensores del modelo inspirado en el socialismo de tipo soviético, que veían en la existencia de una vanguardia militar una oportunidad única para concretar sus objetivos. Hasta mayo de 1975, este grupo, dominado por el primer ministro Vasco Gonçalves y con fuertes lazos con el PCP, detiene importantes posiciones (línea *gonçalvista*). Por otro, estaban los que pretendían instituir un régimen democrático y pluralista, a través de la realización de elecciones a la Asamblea Constituyente (*grupo dos Nove*[19] también designados de *moderados*). Liderado por militares como Melo Antunes y Vítor Alves, este grupo será considerado como cercano al PS. Otelo Saraiva de Carvalho, comandante del COPCON, encabezará un tercer grupo, con un perfil ideológico más difuso, formado por unidades militares revolucionarias con un

[19] La designación es fruto del hecho de que el grupo se constituyera formalmente en torno a un documento, publicado el 7 de agosto de 1975, firmado por nueve consejeros de la revolución: Vasco Lourenço, Franco Charais, Pedro Pezarat Correia, Rodrigo Sousa e Castro, Melo Antunes, Vítor Alves, Vítor Crespo, Costa Neves y Canto e Castro. En él se aboga un proyecto de transición gradual al socialismo, acompañado de una democracia política pluralista, alejándose de los modelos socialistas del Este de Europa.

gran poder bélico, que pretendían hacer la revolución socialista y autogestionaria, apoyándose en diversas organizaciones de extrema izquierda (línea *Otelista* o *copconista*).

El enfrentamiento entre estas tres facciones dominó el verano de 1975 y representa un claro deterioro del poder militar. Esta compleja trama acabaría, a inicios de septiembre, con la victoria del grupo *moderado* sobre los otros concurrentes. Sin embargo, este éxito no puede separarse de lo que estaba sucediendo en el ámbito civil.

LEGITIMIDAD ELECTORAL *VS.* LEGITIMIDAD REVOLUCIONARIA: EL PODER DE LOS PARTIDOS

Las elecciones para la Asamblea Constituyente abren nuevas perspectivas a los apologistas de la vía electoral y de la democracia pluralista[20]. Representado un momento único de movilización en la historia portuguesa (acudieron a las urnas 91,2% de los electores), las elecciones proporcionan un cambio en el comportamiento de los partidos políticos, causando la disipación progresiva de la imagen de una subordinación al poder militar que había marcado los primeros meses de la revolución. Cada vez más, partidos como el *Partido Socialista* (PS) o *Partido Popular Democrata* (PPD), que fueron indiscutiblemente los vencedores de estas elecciones, acentúan su individualidad y demandan un lugar activo en la vida política.

Los primeros indicios de este cambio de conducta se producen en torno a los incidentes de las celebraciones del 1.º de mayo de 1975 en Lisboa o a la crisis del periódico *República* (caso *República*), que se inicia días después[21]. Durante todo el verano de 1975 la tendencia

[20] Resultado de las elecciones de 25 de abril de 1975: PS, 37,87%; PPD, 26,39%; PCP, 12,46%; CDS, 7,61%; MDP/CDE, 4,14%; UDP, 0,79%.

[21] Fundado en 1911, el periódico *República* asume, desde el principio, y sobre todo durante la dictadura de Salazar, una orientación de la izquierda moderada. La crisis del *República* se inicia el 19 de mayo 1975 cuando los tipógrafos acusan el director del periódico (el socialista Raúl Rego) de falta de imparcialidad y nombran a un nuevo director de su confianza. La ocupación del periódico por elementos de la extrema izquierda, ante la tolerancia del Consejo de la Revolución, provoca fuertes reacciones en el Partido Socialista. Acusando al PCP de connivencia con la acción en curso, los ministros socialistas suspenden su participación en el Consejo de Ministros. La

se acentúa en incidentes cada vez más conflictivos que casi llevan a una guerra civil en que se enfrentan los defensores de la vía electoral y los de la legitimidad revolucionaria. El país se agita en manifestaciones y protestas, pautadas la mayoría de las veces por la violencia. En ese momento, la posición de los partidos políticos es fortalecida considerablemente a consecuencia de las divisiones que, como hemos analizado, se operan en el ámbito militar a consecuencia de las tentativas de redefinir su proyecto político.

De hecho, no es posible descuidar la intervención de los socialistas después de las elecciones a la Asamblea Constituyente o ignorar el papel del frente civil que, dirigido por ellos, llenan las calles y exigen un mayor respeto por la legitimidad electoral y la democracia pluralista. Aunque sus contornos no siempre son claros, también es posible divisar, en pleno verano caliente de 1975, la formación de un fuerte movimiento anticomunista que protagoniza una serie de ataques a sedes del PCP y partidos de extrema-izquierda Los episodios de violencia se suceden, en un ambiente de radicalización.

La presión de la calle, asociada con el creciente descontento de algunos sectores del MFA, fue decisiva para el desplome de Vasco Gonçalves. Data de esos momentos la constitución de una alianza informal entre los oficiales moderados del CR y los socialistas, que dura hasta el final de la revolución y que, en última instancia, condiciona su término.

El apartamiento del polémico primer ministro Vasco Gonçalves y la victoria de los consejeros moderados (*Grupo dos Nove)*, en setiembre de 1975, fue un momento importante para aclarar la situación. Su triunfo representa una vitoria de los que pretendían un régimen parlamentario de tipo occidental, de los partidarios de la vía electoral y de una concepción del MFA como árbitro, y no como motor, de la revolución. Dominado por este grupo, el CR asume un nuevo carácter, presentándose como moderador del proceso político y, en respuesta a las demandas socialistas, y aunque el Pacto MFA-Partidos

---

reapertura posterior del periódico por el COPCON sin la presencia de la administración servirá de pretexto para que los socialistas abandonen el IV Gobierno Provisional (10 de julio). El caso rápidamente alcanza grandes proporciones y trasciende las fronteras nacionales.

no lo obligara, posibilita que el VI Gobierno Provisional refleje el resultado de las elecciones[22]. El problema fue que la vitoria de la línea moderada fue solamente parcial: los militares moderados del MFA logran dominar el Consejo de la Revolución, los principales centros de poder político y militar. Disponen del apoyo civil de los dos partidos vencedores de las elecciones y de sus líderes: el socialista Mário Soares e el popular demócrata Sá Carneiro. Sin embargo, no logran dominar ni los cuarteles ni las calles, escenarios escogidos por la izquierda comunista y radical para actuar. Los meses de septiembre, octubre y noviembre de 1975 fueron un constante pulso y provocaciones. Se vive un clima de preguerra civil, en el que la trama de relaciones entre militares y civiles se hace cada vez más compleja hasta el enfrentamiento final.

EPÍLOGO DE UNA REVOLUCIÓN

Con el fracaso del golpe del 25 de noviembre de 1975 se inicia una nueva fase del proceso que va a posibilitar la creación de las condiciones para el control del poder por los civiles. La dicotomía y enfrentamiento entre la vía electoral y la vía revolucionaria, entre el papel del MFA como árbitro o motor de la revolución, entre la defensa de la democracia parlamentaria o de otras formas de democracia avanzada basista o dirigida, termina. Aunque sus contornos aún no están claros, el "25 de Noviembre" significó la neutralización de los sectores radicales y fue la señal pública del triunfo de los militares que aceptaban los resultados de las elecciones como fundadores del nuevo régimen. Además, se opera un completo cambio de la correlación de fuerzas, civiles y militares, proporcionando la progresiva supremacía civil. El proceso no es pacífico. Los sectores militares moderados que ganan el enfrentamiento se proponen terminar con los radicalismos, desmontar las estructuras revolucionarias y proporcionar el regreso de los militares a sus funciones tradicionales. Sin embargo, siguen

[22] En el VI Gobierno Provisional cada partido recibe el número de ministerios correspondiente a su resultado electoral.

abogando por que se conserve el Consejo de la Revolución y que se implemente un "proyecto viable de izquierda" que garantice una presencia de las Fuerzas Armadas en la vida política. La idea presentada por Melo Antunes es discutida y rechazada incluso por aquellos que, como los socialistas, habían apoyado los militares moderados en la lucha contra las tendencias radicales.

Las negociaciones de la revisión de la Plataforma de Acuerdo Constitucional son duras y dejan patente la fuerza de la que los partidos disfrutan en esos momentos. Cada vez más empoderados y conscientes de su legitimidad electoral, el Partido Socialista (PS), el Partido Popular Demócrata (PPD) y el Centro Democrático Social (CDS) cuestionan abiertamente la compatibilidad entre democracia política y poder militar. Los militares aún tratan de resistir. En vano. El 26 de febrero de 1976 se firma La Segunda Plataforma de Acuerdo Constitucional (segundo *Pacto MFA-Partidos*[23]) que introduce cambios significativos en la organización del poder político. La Asamblea del MFA es eliminada del conjunto de órganos de soberanía. El Consejo de la Revolución logra sobrevivir y detentar un razonable conjunto de poderes, aunque menores de los consignados en el primer pacto: es el consejo del presidente de la República; asegura el cumplimiento de la Constitución y de la fidelidad al espíritu del 25 de abril; es el órgano político y legislativo en materia militar. Sin embargo, muchas de sus exigencias son rechazadas por los partidos políticos, sobre todo en términos de poderes constituyentes. La correlación de fuerzas se invierte. La capacidad de intervención política de las Fuerzas Armadas se reduce considerablemente y la organización del poder político es atribuida a los partidos casi en exclusivo. Sin embargo, hay un último e importante aspecto a considerar: las funciones y poderes consignados al presidente de la República.

El nuevo acuerdo introduce el método de elección directa, por escrutinio secreto y universal, para el cargo de presidente da la República, aspecto que reforzó la componente democrática y la disipación de la influencia militar en la vida política. Sin embargo, el

[23] Véase Maria Inácia Rezola, *25 de Abril, Mitos de Uma Revolução*, Lisboa, Esfera dos Livros, 2007, pp. 288 y ss.

presidente funcionaría en estrecha vinculación con el Consejo de la Revolución – desde luego porque era su presidente; después porque el ejercicio de sus poderes más importantes dependía de consulta u opinión favorable del Consejo. El compromiso entonces asumido tiene implícita la idea que el primer presidente sería un militar. De hecho, no fue una casualidad que ese presidente sea el General Ramalho Eanes, el candidato a presidente elegido por el Consejo de la Revolución y aceptado por los principales partidos políticos.

El camino para la normalización democrática quedaba abierto una vez que, aunque el Consejo de la Revolución solo se extinguiese en 1982, la organización del poder político quedaba en manos de los partidos. El proceso se consolida con la adopción de una nueva Constitución (2 de abril de 1976), las elecciones generales (25 de abril de 1976) y presidenciales (27 de junio de 1976). La fase de incertidumbre en cuanto a la naturaleza del régimen político terminó en un momento en que en España se daban los primeros pasos hacia el nuevo orden democrático.

REFERENCIAS BIBLIOGRÁFICAS

Bermeo, Nancy G., *The Revolution within the Revolution: Workers' control in rural Portugal*, Princeton, Princeton University Press, 1986.

Carvalho, Otelo Saraiva, *Alvorada em Abril*, 2 vols., Lisboa, Publicações Alfa, 1991.

Correia, Pedro Pezarat, *Questionar Abril*, Lisboa, Caminho, 1994.

Durán-Muñoz, Rafael, *Acciones colectivas y transiciones a la democracia. España y Portugal, 1974-1977*, Madrid, Instituto Juan March de Estudios e Investigaciones, 1997.

Fernandes, Jorge M.; Magalhães, Pedro C.; Pinto, António Costa (dir.), *The Oxford Handbook of Portuguese Politics*, Oxford, Oxford University Press, 2022.

Ferreira, José Medeiros, *Ensaio Histórico sobre a Revolução do 25 de Abril: O período pré-constitucional*, Lisboa, INCM, 1983.

—, Portugal em transe en Mattoso, José (dir.), *História de Portugal*, vol. 8, Lisboa, Círculos de Leitores, 1993.

Gomes, Bernardino; Sá, Tiago Moreira de, *Carlucci vs Kissinger: Os EUA e a revolução portuguesa*, Lisboa, D. Quixote, 2008.

Hammond, John L., *Building Popular Power. Workers' and neighborhood movements in the Portuguese revolution*, Nova Iorque, Monthly Review Press, 1988.

Jiménez Redondo, Juan Carlos, *España y Portugal en Transición: Los caminos a la democracia en la Península Ibérica*, Madrid, Sílex, 2009.

Linz, Juan José; Stepan, Alfred, *Problems of Democratic Transition and Consolidation. Southern Europe, South America and Post-Comunist Europe*, Baltimore, The Johns Hopkins University Press, 1996.

Martins, Hermínio, *Reflexões sobre as mudanças de regime em Portugal no século XX: Um estudo transcronológico e transnacional*, Lisboa, ICS, 2018.

Pinto, António Costa, "Authoritarian Legacies, Transitional Justice and State Crisis in Portugal's Democratization", *Democratization*, vol. 13, n. 2, April 2006, pp. 173-204.

Pinto, António Costa; Morlino, Leonardo (ed.), *Dealing with the Legacy of Authoritarianism: The «politics of the past» in Southern European democracies*, Londres, Routledge, 2013.

Reis, António, "A Revolução de 25 de Abril de 1974, o MFA e o processo de democratização" en *Portugal Contemporâneo*, vol. 6, Lisboa, Publicações Alfa, 1993, pp. 13-62.

—, "A dialéctica entre as componentes militar e civil no processo revolucionário do 25 de Abril", *Revista de História das Ideias*, vol. 17, 1995, pp. 561-573.

Rezola, Maria Inácia, *Os Militares na Revolução de Abril. O Conselho da Revolução e a transição para a democracia em Portugal (1974-1976)*, Lisboa, Campo da Comunicação, 2006.

—, *25 de Abril, Mitos de Uma Revolução*, Lisboa, Esfera dos Livros, 2007.

Sánchez Cervelló, Josep, *A Revolução Portuguesa e a sua influência na Transição Espanhola (1961-1976)*, Lisboa, Assírio & Alvim, 1993.

Santos, Boaventura de Sousa, "A crise do Estado e a aliança Povo/MFA em 1974-1975" en *Seminário 25 de Abril 10 Anos Depois*, Lisboa, Associação 25 de Abril, 1984, pp. 45-53.

—, *O Estado e a Sociedade em Portugal (1974-1988)*, Porto, Ed. Afrontamento, 1998 (3ª ed.).

LA DEMOCRATIZACIÓN PORTUGUESA Y SU LEGADO

António Costa Pinto
Universidade Lusófona. Portugal
ORCID: 0000-0002-3478-1795
André Paris
Instituto de Ciências Sociais (ICS-UL) Portugal
ORCID: 0000-0002-0917-0888

INTRODUCCIÓN

El 25 de abril de 1974 un golpe militar puso fin a Casi cinco décadas de dictadura en Portugal (1926-1974) Sin presión internacional en favor de la democracia y enmarcado en plena guerra fría, el golpe tuvo como resultado una grave crisis de Estado, agudizada por la superposición de los procesos de transición a la democracia y de descolonización del último imperio colonial europeo. Algunas de las características de la transición portuguesa a la democracia –particularmente el papel de los militares, la crisis del Estado y la dinámica de los movimientos sociales– han sido, sin embargo, difíciles de integrar en el estudio comparado de los procesos de democratización de la tercera ola[1]. Como han señalado Juan Linz y Alfred Stepan "con demasiada frecuencia tendemos a encuadrar a Portugal en el marco definido por procesos de transición posteriores", olvidando el mayor grado de incertidumbre y el camino de conflicto extremo de un cambio de régimen que, según algunos autores "no fue un camino consciente hacia la democracia"[2].

[1] Guillermo O'Donnell, Philippe Schmitter y Laurence Whitehead (eds.). *Transitions from Authoritarian Rule*. Baltimore, Johns Hopkins University Press, 1986. Juan Linz y Alfred Stepan, *Problems of Democratic Transition and Consolidation: Southern Europe, South America, and Post-Communist Europe*. Baltimore, Johns Hopkins University Press, 1996.

[2] Juan Linz y Alfred Stepan, *Problems...*, p. 117. Katherine Hite y Leonardo Morlino, "Problematizing the Links Between Authoritarian Legacies and "Good" Democracy", en Katherine Hite y Paola Cesarini (coords.) *Authoritarian Legacies and Democracy in Latin America and Southern Europe*, Notre Dame, University of Notre Dame Press, 2004, p. 47

Esta inicial literatura comparada sobre la "tercera ola", consideró el caso de Portugal como peculiar, al centrar los análisis, casi siempre, en el difícil camino recorrido hasta alcanzar la consolidación de la democracia. Dado que la mayoría de los procesos democratizadores de la tercera ola se habían basado en un modelo de transición pactada entre las elites, Portugal fue considerado un caso negativo. Una importante parte de la literatura de ciencia política lo consideró una prueba de que "la participación directa y esencial de las masas en la transición podía, tal y como indicaba la experiencia portuguesa, hacer inviable la democratización y reducir las posibilidades de consolidación[3].

En comparación con otras democracias del sur de Europa, la característica más evidente de la democratización portuguesa durante los años setenta fue su decisión de ruptura con el régimen autoritario anterior, asociado a una crisis de Estado. La transición lusa se caracteriza por constituir un intento radical, aunque incierto, de eliminación total de la herencia del autoritarismo, lo que ya de por sí constituye un importante legado para la consolidación de la democracia. Y ello a pesar de que el proceso de cambio de régimen desencadenó una grave crisis del Estado tras el golpe militar de 1974. El hecho de que los procesos de democratización y de descolonización se desarrollaran de forma simultánea constituyó el aspecto más importante de esa crisis. Porque la descolonización supuso el principal factor de conflicto que estalló después del colapso del régimen entre algunos generales conservadores y el Movimiento de las Fuerzas Armadas (MFA), que había planeado y ejecutado el golpe. Ese conflicto marcó radicalmente la intervención de los militares en la vida política portuguesa después de la caída de la dictadura[4].

Una de las mayores limitaciones presente en algunos estudios sobre la transición portuguesa a la democracia es su naturaleza teleológica, basada en la posterior consolidación de la democracia liberal. Esta

---

[3] Nikiforos P. Diamandouros, "Southern Europe. A Third Way Success Story", en Larry Diamond, Marc F. Plattner, Yu-han Chu y Hung-mao Tien (coords.), *Consolidating Third Wave Democracies*, Baltimore, Johns Hopkins University Press, 1997. p. 15.

[4] Nancy Bermeo, "War and Democratization: Lessons from the Portuguese Experience". *Democratization*, 14-3 (2007): 388-406.

suposición subestima el impacto tanto de la crisis del Estado como de la fase prerrevolucionaria en cuanto "coyunturas críticas" de las fases iniciales de la transición. El autor de uno de los mejores estudios sobre movilización política y acción colectiva en Portugal durante la década de los setenta resaltó las dificultades metodológicas que conllevaba "asimilar a priori esa crisis de Estado con la transición a la democracia". Pero es precisamente esa asimilación lo que representa el principal desafío en el análisis de la democratización portuguesa[5].

Una mirada general a los estudios sobre la democratización lusa pone de manifiesto que constituyó un modelo más complejo que otros de la tercera ola. Hasta el punto de que esas características específicas han acabado por abrir un campo de investigación más amplio e interdisciplinar[6]. En abril de 1974 los modelos disponibles de emulación por parte de los principales actores políticos nacionales eran los de los procesos de democratización de la "segunda ola", ocurridas después de 1945, cuando las "transiciones pactadas" o "transiciones por transacción" todavía no se habían llevado a cabo. Lo que sucedió en Portugal en 1974 fue una "transición por ruptura" tutelada por los militares, que no fue solamente una ruptura política e institucional con el régimen autoritario, sino también, y sobre todo a partir de 1975, el intento por implantar un modelo económico y social alternativo al capitalismo.

La combinación, o superposición, de todos estos factores (democratización, descolonización, cambios radicales en la estructura económica y social) aumentó la incertidumbre sobre el resultado del proceso de transición. En consecuencia, los estudios teóricos y empíricos tuvieron que ir mucho más de la "transitología" de la ciencia política y, dada su característica inicial de crisis prerrevolucionaria, asumir una mayor diversidad analítica y multidisciplinar. La verdadera "mini explosión" de análisis sobre la "revolución" o la "liberación por golpe" en Portugal[7] fue protagonizada inicialmente

---

[5] Diego Palacios Cerezales, *O Poder Caiu Na Rua: Crise de Estado e Acções Colectivas na Revolução Portuguesa, 1974-1975*. Lisboa, Imprensa de Ciências Sociais, 2003.

[6] Hermínio Martins, *As Mudanças de Regime em Portugal no Século XX*. Lisboa, Imprensa de Ciências Sociais, 2018.

[7] Philippe C. Schmitter, "Liberation by *Golpe*. Retrospective Thoughts on the Demise of Authoritarian Rule in Portugal". *Armed Forces and Society*, 2-1 (1975): 5-33.

por politólogos latinoamericanistas como P. Schmitter, H. Wiarda, T. Bruneau ou L. Graham[8]. En sus obras incidieron, especialmente, en el papel desempeñado por los militares en los cambios de régimen y revoluciones, seguido por un gran número de estudios de diferentes áreas de las ciencias sociales sobre movimientos sociales y ocupaciones en las zonas rurales y urbanas[9]. A esa primera hornada de estudiosos hay que sumar una infinidad de estudios contemporáneos de intelectuales y académicos de izquierda, que estaban ideológicamente comprometidos con las primeras "crisis revolucionarias occidentales" de después de 1968[10]. Los investigadores marxistas también proporcionaron aportaciones importantes en esa primera oleada de estudios[11].

En la segunda oleada de estudios sobre las transiciones y consolidaciones democráticas en la Europa del Sur[12], Portugal siguió siendo considerado una especie de camino negativo y complejo en su tránsito hacia la consolidación de la democracia. Como escribió Philippe C. Schmitter, "(...) no se puede decir que Portugal ofreciera un modelo para experiencias posteriores, excepto en el sentido negativo de haber constituido un ejemplo de lo que las transiciones

[8] Para todos, Philippe C. Schmitter, *Interest Conflict and Political Change in Brazil.* Stanford: Stanford University Press, 1971

[9] Rona Macia Fields, *The Portuguese Revolution and the Armed Forces Movement.* New York, Praeger Publishers, 1975. Douglas Porch, *The Portuguese Armed Forces and the Revolution.* Palo Alto, The Hoover Institution Press, 1977. Clide Magarelli, *Crisis of Convergence: Military Professionalism and Working-Class Struggle, Portuguese Case Study, March 16, 1974-November 25, 1975.* Washington DC, University Press of America, 1981. Nancy Bermeo, *The Revolution Within the Revolution.* Princeton, Princeton University Press, 1986. John L. Hammond, *Building Popular Power: Workers' and Neighborhood Movements in the Portuguese Revolution.* New York, Monthly Review Press, 1988. Charles Downs, *Revolution at the Grassroots: Community Organizations in the Portuguese Revolution.* New York, State University of New York Press, 1989. Rafael Durán Muñoz, *Contención y Transgresión: Las Movilizaciones Sociales Y el Estado en las Transiciones Española y Portuguesa.* Madrid, Centro de Estudios Políticos y Constitucionales, 2000.

[10] Paul Sweezy, "Class Struggles in Portugal". *Monthly Review,* 27 (Setembro, 1975): 1-26.

[11] Para todos, Ronald H. Chilcote, *The Portuguese Revolution: State and Class in the Transition to Democracy.* Lanham MD, Rowman & Littlefield, 2010.

[12] Richard Gunther, P. Nikiforos Diamandouros y Hans Jüngen Puhle, *The Politics of Democratic Consolidation: Southern Europe in Comparative Perspective.* Baltimore, Johns Hopkins University Press, 1995. P. Nikiforos Diamandouros y Richard Gunter, *Parties, Politics and Democracy in the New Southern Europe.* Baltimore, Johns Hopkins University Press, 2001

a la democracia posteriores procuraron evitar"[13]. Posteriormente, la tendencia que se mantuvo inalterable fue considerar los legados institucionales y socioeconómicos de la ruptura revolucionaria como "defectos de nacimiento" de la democracia portuguesa que tuvieron que ser gradualmente transformados o revertidos[14].

Sin embargo, más recientemente, como resultado del peculiar camino del país rumbo a la democracia, otros investigadores han enfatizado los legados positivos y duraderos del proceso de democratización luso. Para estos investigadores, "la revolución social democrática" que caracterizó la revolución portuguesa hizo aflorar una forma inclusiva de práctica democrática y una sociedad civil más inclusiva y pluralista, promoviendo de esta forma elevados niveles de "profundidad democrática"[15]. Aportando conclusiones claramente diferentes a las de sus antecesores sobre el significado de la transición portuguesa, Robert Fishman afirmó que Portugal destacaba como "un extraordinario ejemplo de éxito democrático"[16], siendo "muy importante para los estudiantes de democracia comprender los ingredientes de políticas democráticas exitosas"[17].

Este capítulo se organiza de la siguiente forma. En la primera parte se abordan las principales dimensiones y el transcurso incierto

[13] Philippe C. Schmitter, "The Democratization of Portugal in Its Comparative Perspective", en Fernando Rosas (coord.) *Portugal e a Transição para a Democracia (1974-1976)*, Lisboa, Colibri/Fundação Mário Soares, 1999, p. 338.

[14] Thomas Bruneau, Nikiforos Diamandouros, Richard Gunther, Arend Lijphart, Leonardo Morlino y Rakim Brooks, R., "Democracy, Southern European Style", en Nikiforos Diamandouros y Richard Gunther (coords), *Parties, Politics, and Democracy in the New Southern Europe*, Baltimore, Johns Hopkins University Press, 2001, p. 37. Richard Gunther, "Southern Europe", en Christian Haerpfer, Patrick Bernhagen, Ronald Inglehart y Christian Welzel (coords.) *Democratization*, Oxford, Oxford University Press, 2009

[15] Tiago Fernandes y Rui Branco, "Long-Term Effects: Social Revolution and Civil Society in Portugal, 1974–2010". *Comparative Politics* 49-3 (2017): 411-430. Robert M. Fishman, *Democratic Practice: Origins of the Iberian Divide in Political Inclusion*. Oxford, Oxford University Press, 2019.

[16] Robert M. Fishman, "A Democracia Excecional de Portugal: Como a Revolução dos Cravos Conduziu a Vantagens Políticas Duradouras", en Rui Branco y Tiago Fernandez (coords.), *45 Anos de Democracia em Portugal*, Lisboa, Edições Assembleia da República, 2020, p. 33.

[17] Robert M. Fishman, "Acerca das Constituições e para Além Destas: Legados de Democratização em Espanha e em Portugal Contemporâneos", en Marina Costa Lobo (coord.) *A Constituição Portuguesa em Fluxo: Uma Perspetiva Comparada, 1976-2016*, Lisboa, Edições Assembleia da República, 2017, p. 100.

de la transición, defendiendo que su naturaleza y la subsiguiente crisis del Estado crearon una "ventana de oportunidad", en la cual la "reacción frente al pasado" fue mucho más fuerte en Portugal que en otras transiciones de la Europa del Sur, y que su tensa dinámica (de crisis de Estado y movimientos sociales) sirvió para transmitir un indudable legado para la consolidación de la propia democracia. En la segunda parte, se analizan los principales legados institucionales de la transición y del proceso de consolidación democrática, especialmente las relaciones cívico-militares, el carácter socialista de la constitución y el sistema de gobierno semipresidencialista. De igual modo, se analizarán los principales trazos de la dinámica de consolidación democrática en Portugal: un ejemplo de consolidación a través de los partidos políticos, ausente en un proceso de revisión gradual y negociado de los legados institucionales y de las transformaciones económicas y sociales más radicales que ocurrieron durante la transición.

UNA TRANSICIÓN POR RUPTURA Y DEMOCRATIZACIÓN

La naturaleza de la dictadura portuguesa dice poco sobre el tipo de transición a la democracia. El salazarismo se aproximaba al modelo ideal de régimen autoritario definido por Juan Linz: un régimen que había sobrevivido a la "era fascista" y que no era muy diferente a la fase final del régimen de Franco de la vecina España, a pesar de que su partido único era más débil y de que su pluralismo limitado era mayor[18]. Las guerras coloniales, bloqueadas en tres frentes por la Dictadura en Angola, Mozambique y Guinea Bissau, junto a la incapacidad del sucesor de Salazar, Marcello Caetano, para solucionar algunos de los principales dilemas relacionados con la guerra, llevaron al golpe de Estado en abril de 1974. Fue un golpe militar "no jerárquico", con un programa político que promovía la democratización y la descolonización.

[18] Juan Linz, *Totalitarian and Authoritarian Regimes*. Boulder CO, Lynne Rienner. 2010

La existencia previa de una oposición semilegal y clandestina al salazarismo, aunque desvinculada de los militares que lideraron el golpe, alcanzó crucial importancia, pues después de la caída del régimen quedaron plenamente legitimados por esa lucha contra la dictadura. La sustitución de Salazar por Marcello Caetano en 1968 dio origen a un proceso de "liberalización" de dos años que, a pesar de su brevedad, permitió la consolidación de un "ala liberal" de disidentes que se oponían a la dictadura[19]. Por tanto, a pesar de la acción sorpresiva de los militares había elites alternativas que mantenían relaciones estrechas con diversos sectores de la sociedad civil y que estaban dispuestas a desempeñar un papel de liderazgo político durante el proceso de democratización.

Al contrario de la ruptura pactada de España, Portugal vivió una transición sin negociación ni pactos entre la elite dictatorial y las fuerzas de la oposición. Sin embargo, no hay un nexo causal directo entre esta señalada discontinuidad y la subsiguiente radicalización: otras transiciones por ruptura, como la griega de 1975, no dieron lugar a crisis de Estado comparables a la lusa. Como veremos, la simultaneidad entre los procesos de democratización y de descolonización constituyó uno de los principales factores que contribuyó a dicha crisis, al ser causa esencial del conflicto ocurrido tras el colapso del régimen entre algunos generales conservadores y el Movimiento de las Fuerzas Armadas (MFA) que planeó y ejecutó el golpe. Este conflicto estuvo en la raíz de la intervención generalizada de los militares en la vida política tras la caída de la dictadura.

La movilización de varias fuerzas contrarias a la dictadura fue crucial en los primeros días después del golpe de 1975 y fue especialmente decisiva en la disolución inmediata de las instituciones más represivas del Estado Novo, así como para la ocupación liderada por diferentes sindicatos, organizaciones corporativas y municipios. La institucionalización del MFA le transformó en la fuerza dominante en los gobiernos provisionales. La influencia del MFA en el aparato del Estado y su emergencia como una especie de autoridad reguladora

[19] Tiago Fernandes, "Authoritarian Regimes and Pro-Democracy Semi-Oppositions: The End of Portuguese Dictatorship (1968–1974) in Comparative Perspective". *Democratization* 14-4 (2007): 686-705.

de los conflictos sociales, sustituyó, disipó y paralizó los mecanismos clásicos de represión estatal legítima, al tiempo que impidió "la recomposición del aparato estatal"[20]. Esta fue la principal razón que explica, en el caso portugués, la disolución de las instituciones y que las purgas se convirtieran en un componente más de los movimientos sociales transgresores.

En los dos años que siguieron al golpe, el proceso de justicia transicional afectó a las instituciones, a la elite y al funcionariado público, extendiéndose además al sector privado[21]. Muchas de las medidas adoptadas durante ese periodo se basaron en una "legitimidad revolucionaria" en la que no rigieron los procedimientos legales normales y democráticos. La mayoría de las medidas punitivas que apuntaron a los colaboradores más visibles y conocidos de la dictadura se desarrollaron antes del establecimiento de las instituciones democráticas, y el sistema penal tuvo también un papel secundario en esa tesitura. Esas medidas incluyeron purgas "salvajes" y dimisiones de ejecutivos de empresas privadas que ejemplifican esa poderosa ola anticapitalista presente en esos momentos. Todo el proceso representó un marco de activismo de la sociedad civil y contó con la participación de sindicatos y comisiones de trabajadores, pequeños partidos políticos de diversa ideología de izquierda y de extrema izquierda y ciertos segmentos del MFA.

El periodo revolucionario de 1974-75 fue la fase más compleja de la transición, si consideramos ésta como un "periodo fluido e incierto en el que las estructuras democráticas están en proceso de surgimiento", pero en el que todavía no está claro el tipo de régimen que se va a establecer[22]. Durante estos dos años surgieron fuertes tensiones en la sociedad portuguesa que solo comenzaron a disiparse en 1976 con la aprobación de la nueva Constitución y la realización de elecciones legislativas y presidenciales. Las divergencias en torno a la naturaleza de la descolonización, que ya estuvo en el origen

[20] Diego Palacios Cerezales, *O Poder...*

[21] António Costa Pinto, "Coping with the Double Legacy of Authoritarianism and Revolution in Portuguese Democracy". *South European Society and Politics* 15-3 (2010): 395-412.

[22] Leonardo Morlino, *Democracy Between Consolidation and Crisis: Parties, Groups and Citizens in Southern Europe.* Oxford, Oxford University Press, 1998, p. 19.

del conflicto entre los capitanes que lideraron el golpe y el general Spínola y otros generales conservadores, llevaron al surgimiento del MFA como fuerza política. Y esto, a su vez, facilitó la movilización social y política que exacerbó la crisis del Estado. Más aun, puede que fuera también, tal vez, la razón de que las elites moderadas fueran incapaces de dirigir una rápida institucionalización de la democracia. Muchos análisis sobre transiciones enfatizan, con razón, la fuerte "revitalización de la sociedad civil" como un factor coadyuvante del proceso de radicalización. Como pone de manifiesto Philippe Schmitter, "Portugal vivió una de las experiencias de movilización más intensas y generalizadas de todas las neo democracias"[23]. Es importante resaltar, sin embargo, que esa movilización se desarrolló bajo la cobertura protectora del MFA, siendo difícil imaginar que hubiera podido ocurrir de otra forma[24].

Otra característica del intento de ruptura radical con el pasado llevado a cabo durante la democratización portuguesa -que está visiblemente asociado a la radicalización de los movimientos sociales-, fue la fuerte inclinación anticapitalista registrada en 1975[25] . La elite económica también fue duramente alcanzada por el proceso de nacionalizaciones y de intervencionismo estatal, así como por la fuga de directivos y empresarios del país. Los procesos de nacionalización, ocupación de casas y tierras y las purgas realizadas en las empresas privadas fueron muchas veces legitimados por un discurso político que subrayaba la necesidad de erradicar el legado del poder económico y social de las elites asociadas al régimen anterior, lo que convirtió a Portugal, tal vez, en el único ejemplo de justicia transicional "redistributiva" de la Europa del Sur.

Como en otras transiciones, muchos partidos políticos se formaron o fueron legalizados después del "25 de Abril". Sin embargo, la mayoría de los partidos de izquierda existían ya de forma clandestina o semilegal durante los años finales del Estado Novo. Era el caso del

[23] Philippe C. Schmitter, "The Democratization of Portugal..., p. 360.

[24] Rafael Durán Muñoz, *Acciones Colectivas y Transiciones a la Democracia: España y Portugal, 1974-77*. Madrid, Centro de Estúdios Avanzados em Cie ncias Sociales, 1997.

[25] Pedro Ramos Pinto, *Lisbon Rising: Urban Social Movements in the Portuguese Revolution, 1974-75*. Manchester, Manchester University Press, 2013.

Partido Socialista (PS) fundado por Mário Soares en abril de 1973 en el exilio. Era también el caso del Partido Comunista Portugués (PCP), el partido más longevo, aunque había vivido todo el periodo de la dictadura en la clandestinidad[26]. Más compleja y, en muchos aspectos, más difícil, fue la creación de partidos de derecha. El Partido Popular Democrático (PPD) se creó por el impacto del "25 de Abril", participando de inmediato en los gobiernos provisionales. Sin embargo, para el Centro Democrático y Social (CSD) la integración fue mucho más difícil[27]. Porque después de la ilegalización de varios grupos de derecha y de extrema derecha se aprobó una legislación electoral que prohibía a los dirigentes de instituciones políticas de la dictadura participar como electores o candidatos, por lo que estos partidos se vieron obligados a excluir de sus listas a personas asociadas al Estado Novo, teniendo que decantarse por nuevos dirigentes con plena legitimidad democrática. Dada esta coyuntura política, y al contrario que la mayoría de países de esta tercera ola, la democratización portuguesa no conllevó la aparición o consolidación de un "partido sucesor autoritario"[28].

Entre el 25 de abril de 1974 y el 25 de abril de 1976, Portugal fue dirigido por gobiernos provisionales que reflejaban la dinámica de crisis y el creciente dominio de las Fuerzas Armadas y de varias facciones del MFA, lo que tuvo como consecuencia varias escisiones fundamentales. La esencial fue el conflicto entre António de Spínola y el MFA, basado, sobre todo, en la cuestión colonial. Tras el inicio de la transición, el jefe del primer gobierno provisional, Palma Carlos, intentó la rápida legitimación del nuevo régimen, proponiendo que las elecciones presidenciales se realizasen en octubre de 1974 de

[26] Carlos Jalali, *Partidos e Democracia em Portugal: 1974-2005: Da Revolução ao Bipartidarismo*. Lisboa, Imprensa de Ciências Sociais, 2007. Marco Lisi, *Party Change, Recent Democracies and Portugal: Comparative Perspectives*. Lanham, Lexington Books, 2015.

[27] André Paris, Riccardo Marchi y Filipa Raimundo, *Breve História do CDS-Partido Popular*. Lisboa, 100 Folhas/Público, 2019.

[28] James Loxton y Scott Mainwaring, *Life after Dictatorship: Authoritarian Successor Parties Worldwide*. Cambridge, Cambridge University Press, 2018. André Paris y Pedro Silveira, "Um Legado em Forma de Assim: A Gestão do Passado Autoritário na Ausência de Um Partido Sucessor", en Filipa Raimundo y João Cancela (coords.), *As Eleições de 1975 – Eleições Fundadoras da Democracia Portuguesa*, Lisboa, Edições Assembleia da República, 2021.

forma conjunta con la aprobación de una constitución provisional. Las elecciones para la Asamblea Constituyente quedaron fijadas para finales de 1976, casi un año y medio después de las elecciones presidenciales. Como observó el líder del CDS, "el MFA sería disuelto, la autoridad personal de Spínola quedaría ampliamente reforzada y el régimen se definiría en la práctica como un cuasipresidencialismo de tipo gaullista"[29]. Apoyado en los partidos de izquierda, pero en gran medida por su propia iniciativa, el MFA se distanció de Spínola debido tanto a sus intentos por convertirse en el líder efectivo del proceso de institucionalización de la democracia como, sobre todo, por su política colonial.

Con el nombramiento de un segundo gobierno provisional, el MFA inició su organización autónoma, y fue bajo su iniciativa que Spínola tuvo que promulgar la Ley 7/74, que reconocía el derecho a la independencia de las colonias, determinaba el cuadro jurídico que debía permitir la descolonización y definía los órganos que debían desarrollar ese proceso. En el verano de 1974, Spínola insistió en la defensa de un referéndum de autonomía como alternativa a los movimientos de liberación nacional y para alimentar las esperanzas de las poblaciones blancas de las colonias, especialmente en Angola y Mozambique. Pero era una idea que chocaba ampliamente con la posición dominante del nuevo sistema de partidos y del MFA, que apostaban por una rápida transición hacia la independencia. La victoria del MFA en relación con la cuestión de la descolonización se saldó en septiembre de 1974 con la renuncia de Spínola.

La derrota de las fuerzas spinolistas y su exilio tras el fallido intento golpista del 11 de marzo de 1975, así como el giro a la izquierda del MFA con la introducción de la reforma agraria y la nacionalización de los principales grupos económicos portugueses, simbolizaban la acentuada crisis del Estado que, a su vez, alimentó poderosos movimientos sociales. El MFA creó el Consejo de la Revolución (CR) y firmó varios acuerdos con los partidos políticos, garantizándose así una posición dominante. La decisión del MFA de respetar el

---

[29] Diogo Freitas do Amaral, *O Antigo Regime e a Revolução – Memórias Políticas (1941-1975)*. Lisboa, Bertrand, 1996, p. 212.

calendario electoral fue un factor crucial para conferir legitimidad fundacional al régimen democrático. Las elecciones del 25 de abril de 1975 dieron una poderosa influencia a los partidos moderados. La decisión de optar por un sistema de representación proporcional bajo la fórmula D'Hondt expresaba, en el fondo, un compromiso dirigido a garantizar la representación del mayor número posible de partidos, con un bonus para los partidos más votados[30].

LAS PRIMERAS ELECCIONES "LIBRES Y JUSTAS"

La inmediata realización de unas elecciones libres para una Asamblea Constituyente fue una exigencia general en casi todos los procesos de democratización de la tercera ola[31]. Sin embargo, tanto la naturaleza de la transición como la diversa correlación de fuerzas políticas en presencia condicionaron sustancialmente el cumplimiento de esa exigencia. Incluso antes del 11 de marzo de 1975, el MFA había ya iniciado negociaciones para un pacto constitucional con los partidos políticos. Su principal objetivo era garantizar su propia supervivencia política e institucional. Los partidos políticos, especialmente el PS, manifestaron desde muy pronto su preferencia por elecciones para una Asamblea Constituyente, algo que también fue propuesto y reafirmado por el MFA. En su primer congreso realizado en diciembre de 1974, el PS aprobó una moción en la que afirmaba que la Asamblea Constituyente debería ser el resultado de "una expresión de la voluntad del pueblo portugués". A pesar de las tensiones evidentes con el PCP y con el MFA, el Partido Socialista aceptó el primer pacto MFA/partidos políticos al convencerse de que su eventual victoria electoral constituiría una garantía de su propia legitimidad política. El PS se mostró dispuesto a aceptar las exigencias de institucionalización del MFA, aunque recelaba

[30] João Cancela, "Uma Questão de Método: O Impacto do Sistema Eleitoral nas Eleições para a Assembleia Constituinte de 1975, en Filipa Raimundo y João Cancela (coords.), *As Eleições de 1975 – Eleições Fundadoras da Democracia Portuguesa*, Lisboa, Edições Assembleia da República, 2021.

[31] Braulio Gómez Fortes, *O Controlo Político dos Processos Constituintes: Os Casos de Espanha e Portugal.* Lisboa, Imprensa de Ciências Sociais. 2009

de que esta se volviese en contra de los partidos. Por su parte, el PCP fue el principal defensor de la limitación de poderes de la Asamblea Constituyente. Los partidos moderados firmaron la primera plataforma de acuerdo constitucional "exclusivamente para que hubiera elecciones"[32]. Una parte del acuerdo firmado por los partidos el 11 de abril de 1975 ya había sido negociado antes del 11 de marzo, habiendo sido trabajada por destacados constitucionalistas, incluyendo las dimensiones más ideológicas de implantación del socialismo y lo referente a los órganos de soberanía. El poder de veto del CR era amplio: "elaborada y aprobada por la Asamblea Constituyente, la nueva Constitución tenía que ser promulgada por el presidente de la República y aprobada por el Consejo de la Revolución"[33]. Por otra parte, la actuación de la Asamblea Constituyente se limitaría a la elaboración de la Constitución: no poseería iniciativa legislativa.

Mientras que los partidos políticos pedían la elección directa de un presidente, el pacto firmado entre el MFA y los partidos proponía un colegio electoral compuesto por el futuro Parlamento y por la Asamblea del MFA[34]. De esta forma, el MFA exigía que los partidos participaran en una "plataforma de acuerdo constitucional" a cambio de la realización de elecciones para la Asamblea Constituyente. Para garantizar que sus intereses quedarían protegidos en la nueva Constitución, el MFA se reservó para sí dos de los órganos de soberanía: el CR y la Asamblea de las Fuerzas Armadas. El CR gozaba de amplios poderes políticos, incluyendo el control de constitucionalidad de las leyes y el monopolio sobre toda la legislación que afectase a los militares. El pacto garantizaba que, independientemente del resultado de las elecciones a la Asamblea Constituyente, el CR mantendría su liderazgo durante todo el proceso de transición y quedaría consagrado como órgano de soberanía en la futura constitución. La celebración del Acuerdo Constitucional entre el MFA y los partidos políticos del 11 de abril de 1975 dio al

[32] Ibídem, p. 180.

[33] Maria Inácia Rezola, *25 de Abril: Mitos de uma Revolução*. Lisboa, Esfera dos Livros, 2007, p. 158.

[34] Ibídem,

CR las garantías necesarias de que la Asamblea Constituyente no infringiría los principios recogidos en el programa del MFA y de que respetaría todas las "conquistas revolucionarias" ya conseguidas.

Las primeras elecciones democráticas de la historia portuguesa dieron la victoria a los partidos moderados. El PS se consagró como el principal partido político del país, seguido por el PPD.

Resultados electorales para la Asamblea Constituyente (25 de Abril de 1975)

Partido	Escaños	%
Partido Socialista (PS)	116	37,87
Partido Popular Democrático (PPD)	81	26,39
Partido Comunista Português (PCP)	30	12,46
Centro Democrático Social (CDS)	16	7,61
Movimento Democrático Português (MDP)	5	4,14
Frente Socialista Popular (FSP)	0	1,16
Movimento Esquerda Socialista (MES)	0	1,02
União Democrática Popular (UDP)	1	0,79
Frente Eleitoral dos Comunistas (FEC)	0	0,58
Partido Popular Monárquico (PPM)	0	0,57
Partido de Unidade Popular (PUP)	0	0,23
Liga Comunista Internacionalista (LCI)	0	0,19
Associação para a Defesa dos Interesses de Macau (ADIM)	1	0,03
Centro Democrático de Macau (CDM)	0	0,02
Votos Nulos/Brancos		6,95
Total	250	100%

Fuente: Comissão Nacional de Eleições

La Asamblea Constituyente que salió de las elecciones del 25 de abril de 1975 no iba a poder ser controlada fácilmente por el MFA debido a los malos resultados alcanzados por los partidos más próximos al mismo. Después del 11 de marzo de 1975, algunos miembros del MFA no escondieron su apoyo, hasta entonces discreto, al PCP y a sus aliados del MDP. En todo caso, era evidente que el 12% de los votos obtenidos por los comunistas les colocaba en una posición de minoría clara en la Asamblea Constituyente.

Con un porcentaje de voto del 38%, los socialistas resultaron los inequívocos vencedores de los comicios. Desde la misma fecha de apertura de la Constituyente, el PS se opuso ya abiertamente al MFA y al V gobierno Provisional liderado por Vasco Gonçalves. El PS aprovecharía desde le primer día los debates en la Asamblea para reducir los límites de los poderes constituyentes contemplados en el pacto MFA/partidos políticos. Como recuerda el secretario general del PS, Mário Soares: "Las elecciones cambiaron radicalmente el panorama político del país. El voto popular dio una nueva legitimidad al Partido Socialista. Y a partir de ese momento, quedamos investidos por la voluntad popular"[35].

El segundo vencedor de las elecciones fue el PPD que, a pesar del clima hostil que existía contra la derecha, y de que su programa se situaba mucho más a la izquierda de lo que estaba su electorado, obtuvo el 26% de los sufragios. Aunque el PS y el PPD representaban conjuntamente casi al 70% del electorado y de que detentaban la abrumadora mayoría de los escaños, solo consiguieron recuperar algunos de los poderes que deseaban para la Asamblea tras el 25 de noviembre de 1975.

UN MOMENTO PRERREVOLUCIONARIO: EL VERANO CALIENTE DE 1975

Sería demasiado simplista considerar el "verano caliente" de 1975 como un mero intento del Partido Comunista Portugués de imponer una dictadura socialista con el apoyo de la Unión Soviética. Aunque sea comprensible que la elite política democrática haya concentrado en este argumento los elementos fundamentales de su discurso fundacional, este factor no puede constituir un factor explicativo completo de los acontecimientos. El "momento crítico"

[35] Mário Soares, *Um Político Assume-se: Ensaio Autobiográfico, Político e Ideológico*. Lisboa: Temas e Debates, 2011, p. 180.

de 1975 fue más complejo, pues la conflictividad política y social se vio reforzada por el desarrollo de fuertes organizaciones políticas de base, como comisiones de trabajadores, y por el desafío creciente representado por la extrema izquierda y su influencia en el seno de las Fuerzas Armadas. La importancia de las divisiones existentes dentro de las Fuerzas Armadas a la hora de impulsar esos hechos significa también que estos no pueden explicarse como una simple "conspiración programada".

La sociedad portuguesa se polarizó extraordinariamente en el verano de 1975 con la aparición de un movimiento antirrevolucionario y anticomunista en el norte del país. El PS y el PPD apoyaron a los militares moderados, liderando manifestaciones en Lisboa y Oporto, e, incluso, el primero de ellos inició un proceso de ruptura con los comunistas que acabó consolidándose en la izquierda del espectro político. "Consiguieron dar estabilidad a la democracia electoral en Portugal, pero su éxito no puede entenderse sin tener en cuenta la participación popular en los comicios, en manifestaciones y motines violentos"[36]. En el centro y el norte del país, la jerarquía de la Iglesia católica y los notables locales apoyaron las movilizaciones, mientras que las autoridades militares locales se mantuvieron neutrales, o fueron cómplices de las acciones anticomunistas. A medida que miembros de la derecha, o de la extrema derecha, civiles y militares comenzaron a movilizarse, la ofensiva anticomunista comenzó a volverse más violenta (Figura 1). Se perpetraron ataques a las sedes del PCP y a las de grupos de extrema izquierda, así como a las de sindicatos asociados a ellos, al tiempo que surgieron organizaciones terroristas de extrema derecha como el Movimiento Democrático de Liberación de Portugal (MDLP) o el Ejército de Liberación de Portugal (ELP)[37] .

---

[36] Diego Palacios Cerezales, "Civil Resistance and Democracy in the Portuguese Revolution", *Journal of Contemporary History*, 52-3 (2016): 688-709.

[37] Riccardo Marchi, *The Portuguese Far Right: Between Late Authoritarianism and Democracy (1945-2015).* Londres, Routledge, 2018.

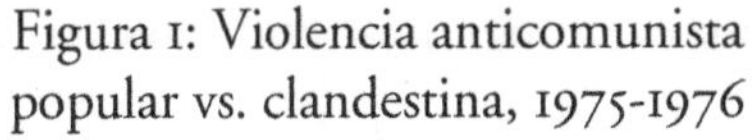

Figura 1: Violencia anticomunista popular vs. clandestina, 1975-1976

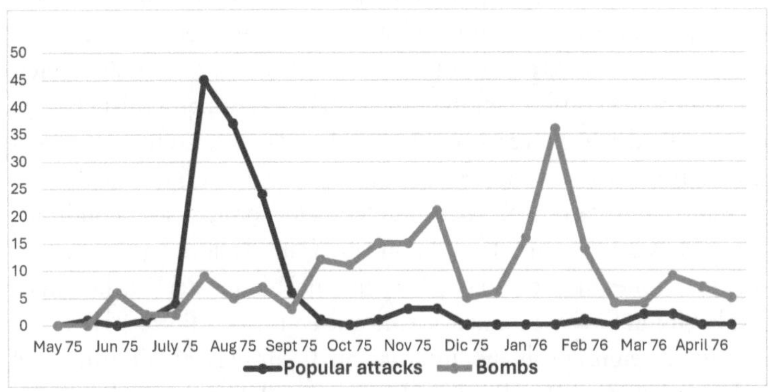

Fuente: D. P. Cerezales, "Confrontación, violencia política y democratización. Portugal 1975". *Política y Sociedad*, 3, (2003): 189-213

Con todo, fue el PS de Mário Soares quien condujo la ofensiva anticomunista de 1975 apoyado por los partidos de centroderecha. Y fue también este partido el que recibió el mayor apoyo político y financiero internacional para garantizar su posición. Algunos hechos ejemplifican bien el clima de estos momentos, como la famosa denuncia de la ocupación del diario República, de significación socialista, por parte de periodistas de extrema izquierda. Un hecho que tuvo importante repercusión en medios internacionales, al identificarse a los asaltantes como militantes comunistas. Otro hecho significativo fue la ocupación de Rádio Renascença, la emisora de la Iglesia católica, por activistas radicales de izquierda, lo que dio lugar a significativas consecuencias. El PS y el PPD se negaron a seguir formando parte de los gobiernos provisionales como habían hecho desde el golpe de 1974. Y no solo eso. El PS rompió con el MFA después de que su líder, Mário Soares, pidiera la dimisión del primer ministro Vasco Gonçalves, que había formado el 5º. Gobierno provisional en julio de 1975 sin la participación ni del PS ni del PPD. En agosto de 1975, en este contexto de conflicto, surgió en el MFA un ala moderada: el llamado Grupo de los Nueve, que desde el principio marcó significativa distancia con el 5º gobierno provisional.

En 1974-75 Portugal quedó sujeto a una llamativa intervención extranjera, tanto en términos diplomáticos como en el proceso de conformación de los partidos políticos, sindicatos y grupos de interés, así como en la configuración de esa estrategia antizquierdista puesta en marcha desde el "verano caliente" de 1975. El caso luso dividió a las instituciones internacionales, en especial a la Organización del Tratado del Atlántico Norte (OTAN) y a la Comunidad Económica Europea (CEE), lo que afectó, a su vez, a las relaciones que estas dos organizaciones mantenían con los países del bloque del Este liderados por la Unión Soviética. Era evidente que en 1974-75 Portugal se había convertido en un problema internacional. Porque tras la sorpresa del golpe de Estado, la Comunidad Internacional y, en especial, Estados Unidos, se empeñó en apoyar a las fuerzas políticas democráticas de centroizquierda y de centroderecha, así como también intervino en el rápido proceso de descolonización, especialmente en Angola. En otras palabras: los mismos métodos que se habían utilizado en la segunda posguerra mundial para Italia se acabaron empleando en Portugal. La administración norteamericana financió a los partidos políticos moderados, y lo mismo hicieron fundaciones de las "familias políticas" europeas -muchas veces actuando como mediadores de Estados Unidos. También apoyaron la formación de cuadros sindicales y de partido[38]. Aunque es evidente que los factores políticos internos desempeñaron un papel importante tanto para permitir el triunfo de las fuerzas moderadas como para apartar definitivamente a los militares de la escena política, el apoyo internacional y la perspectiva de adhesión a las CEE fueron más importantes de lo que sugiere la literatura inicial sobre la transición.

Atrapado entre las presiones de la extrema izquierda asociada al COPCON de Otelo Saraiva de Carvalho, y el Grupo de los Nueve, el 5º gobierno provisional de Vasco Gonçalves se vio obligado a dimitir a comienzos de septiembre de 1975, siendo sustituido por el 6º gobierno

[38] Bernardino Gomes y Tiago Moreira de Sá, *Carlucci* Versus *Kissinger: The US and the Portuguese Revolution*. Lanham MD, Lexington Books, 2011.

provisional compuesto por oficiales moderados y ya otra vez con el PS y el PPD. Pero fue un gobierno inmediatamente repudiado por la extrema izquierda que tampoco contó nunca con la confianza del PCP. Las tensiones entre los moderados y la izquierda militar y civil no dejó ya de aumentar, dando lugar a algunos episodios especialmente significativos como fue el cerco a la Asamblea Constituyente protagonizado a comienzos de noviembre de 1975 por participantes en una manifestación de trabajadores de la construcción. El 25 de noviembre, y en este contexto de creciente movilización social, un grupo de oficiales moderados del MFA organizaron un contragolpe que acabó apartando a los radicales. Con la retirada a última hora del PCP los moderados consiguieron erradicar a la izquierda radical de las Fuerzas Armadas.

La naturaleza de la transición y, sobre todo, la crisis del Estado que desencadenó es esencial para explicar algunas de sus características más radicales, así como para comprender algunas de las actitudes mostradas en relación con el pasado autoritario. Ambos elementos convergieron en un doble legado para la consolidación de la democracia. Mientras tanto, a partir de 1976 el proceso de consolidación a la democracia se vio condicionado esencialmente por la gestión de los legados heredados de la transición. Un proceso que Kenneth Maxwell[39] definió como una "revolución dominada" y que acabó por integrar una larga serie de "acuerdos parciales" entre las elites civiles y militares[40].

CONSOLIDACIÓN DEMOCRÁTICA: "LA REVOLUCIÓN DOMINADA"

A partir del 25 de noviembre de 1975 la victoria de las fuerzas moderadas y la posterior neutralización político-militar de la izquierda revolucionaria permitieron la rápida institucionalización de la

[39] Kenneth Maxwell, *The Making of Portuguese Democracy*. Cambridge, Cambridge University Press, 1995.

[40] Lawrence Graham, "Redefining the Portuguese Transition to Democracy", en John Highly y Richard Gunther (coords.), *Elites and Democratic Consolidation in Latin America and Southern Europe*, Cambridge, Cambridge University Press, 1992.

democracia representativa. El 25 de noviembre abrió paso a una reestructuración interna en las Fuerzas Armadas asentada en un proceso de despolitización y de reposición gradual de la disciplina y de la jerarquía tradicionales. Además, se procedió a purgar a los militares radicales y a la disolución de las estructuras "revolucionarias" paralelas que habían fragmentado y dividido la institución militar durante 1974 y 1975[41].

La vuelta gradual de las Fuerzas Armadas a sus funciones tradicionales, la disminución de la movilización popular y la nueva correlación de fuerzas permitieron que a inicios de 1976 los partidos democráticos y el bloque militar moderado negociasen los términos de las nuevas relaciones cívico-militares a través de una 2ª. Plataforma de Acuerdo Constitucional. Al mismo tiempo, y ya con la legitimidad de la Asamblea Constituyente plenamente reconocida, los partidos políticos pudieron acelerar los trabajos constituyentes en un clima de aparente normalidad. En efecto, tras conseguir la firma del Segundo Pacto MFA/partidos políticos, el 2 de abril de 1976, una amplia mayoría del Parlamento aprobó la nueva constitución política, que solo contó con el voto negativo del CDS. De todas las democracias liberales que emergieron a partir de la llamada tercera ola de democratización, la portuguesa fue, seguramente, la que heredó la constitución más escorada a la izquierda. Porque el texto no solo declaraba Portugal como una democracia "en transición para el socialismo" sino que, además, consagraba muchas de las ideas y dinámicas puestas en marcha durante la fase más conflictiva de la democratización, especialmente el "socialismo de los medios de producción" o la reforma agraria considerada "como instrumento para la construcción de la sociedad socialista"[42]. Durante la fase de consolidación, se llevaron a cabo dos revisiones constitucionales que eliminaron algunos de estos principios -como la irreversibilidad de las nacionalizaciones-, pero muchos otros continuaron, lo que dejó un duradero legado en la democracia portuguesa. Con la entrada

[41] David Castaño y Maria Inácia Rezola, *Conselho da Revolução 1975-1982: Uma Biografia*. Lisboa, Edições 70, 2021.

[42] António Costa Pinto, "Constitution-Making and the Democratization of Portugal: An Enduring Legacy". *Portuguese Studies* 34-1 (2018): 35-51.

en vigor de la nueva Constitución, se convocaron elecciones legislativas (25 de abril), presidenciales (27 de junio) y municipales (12 de diciembre). Después de dos años de incertidumbre con relación al resultado democrático de la transición, la aprobación de la nueva constitución y las diversas convocatorias electorales permitieron a Portugal encaminarse hacia una cierta normalización institucional.

En cualquier caso, la legitimidad revolucionaria siguió reflejándose en la arquitectura institucional del nuevo régimen político. La versión original de la Constitución incluía cinco órganos de soberanía: la presidencia de la República; el Parlamento; el gobierno, los tribunales y el Consejo de la Revolución (CR). Este era un órgano de soberanía no electo y de composición exclusivamente militar, al que la Constitución atribuía amplios poderes políticos y militares. Porque, además de ser un órgano consultivo del presidente era el garante de la regulación del funcionamiento de las instituciones democráticas y de su fidelidad al espíritu del "25 de Abril". El CR fue definido como un órgano político y legislativo en asuntos de naturaleza militar. Con su legitimidad fundada en el papel de los militares en la caída de la dictadura y en la dirección del proceso de democratización, el CR representó la transmudación institucional del MFA en la nueva arquitectura institucional del Estado[43].

La necesidad de encuadrar institucionalmente a los militares en la nueva democracia, más allá de prolongar la tutela del poder militar sobre el poder civil democráticamente elegido, constituyó, también, un factor determinante en la adopción de un sistema de gobierno semipresidencialista. Porque, en efecto, lo que estaba en juego en el proceso negociado entre el CR y los partidos políticos después del 25 de noviembre de 1975 fue la redefinición del papel y el lugar que debían ocupar los militares en el nuevo orden constitucional y la fijación del horizonte temporal que debía alcanzar el periodo transitorio hasta la completa subordinación de las Fuerzas Armadas al poder civil[44]. En este contexto, la adopción de un sistema semipresidencialista fue una forma de armonizar lo que era una reivindicación

[43] David Castaño y Maria Inácia Rezola, *Conselho da Revolução…*

[44] Maria Inácia Rezola, *25 de Abril…* David Castaño y Maria Inácia Rezola, *Conselho da Revolução…*

prácticamente unánime por parte de los partidos políticos como era la elección por sufragio directo y universal del jefe el Estado, con la necesidad de acomodar la autonomía funcional y la influencia política de los militares en el nuevo sistema político[45]. Esto ayuda a explicar la razón por la cual esta cuestión fue poco debatida en la Asamblea Constituyente, pues la mayor parte de los diputados prefirieron esperar a la conclusión del 2º. Acuerdo.

Dado el peso que tenían los militares en la vida política, los partidos políticos se vieron obligados a aceptar un proceso de desmilitarización gradual del régimen y consentir las ventajas de que fueran los propios militares quienes promovieran su propia despolitización y reorganización interna. Los militares, por su parte, consiguieron no solo asegurar el perfil militar del presidente de la República, sino asegurarse una influencia directa en la elección del oficial que iba a ocupar el cargo de jefe del Estado durante el periodo de "transición constitucional". El compromiso alcanzado en la II Plataforma de Acuerdo Constitucional se tradujo después en el apoyo de los partidos democráticos (PS, PPD/PSD y CDS) al candidato presidencial apoyado por el CR. Ramalho Eanes, comandante operativo del 25 de noviembre y desde diciembre de 1975 jefe del Estado Mayor del Ejército (CEME) fue elegido candidato presidencial por un grupo restringido del CR de entre un grupo de cuatro militares a los que el PS había dado previamente su aprobación[46]. El día de su toma de posesión como presidente de la República, Ramalho Eanes fue nombrado por el Consejo de la Revolución jefe del Estado Mayor General de las Fuerzas Armadas (CEMGFA). Con esta designación, Eanes unió a su legitimidad democrática, emanada de su condición de presidente de la República, la legitimidad revolucionaria, propia de la presidencia del CR, y la legitimidad funcional (o jerárquica) inherente a la jefatura de las Fuerzas Armadas[47]. La gestión de estas

[45] Joaquim Aguiar, "A História Múltipla", *Análise Social*, XXXI-139, (1996): 1235-1281. Miguel Galvão Teles, "A Segunda Plataforma de Acordo Constitucional entre o Movimento das Forças Armadas e os Partidos Políticos", en Jorge Miranda (org.) *Perspectivas Constitucionais. Nos 20 Anos da Constituição de 1976*, vol. III, Coimbra, Coimbra Editora, 1998.

[46] David Castaño y Maria Inácia Rezola, *Conselho da Revolução...*

[47] Joaquim Aguiar, "A História...

tres legitimidades permitió a Eanes durante los siguientes años, y de forma coordinada con los jefes de las diferentes ramas militares y el sector "operativo" de las fuerzas Armadas", limitar el papel político y militar del CR y promover una reestructuración interna de la institución militar. Esta vía permitió también despejar el camino a la normalización de las relaciones cívico-militares y a la desmilitarización del sistema político[48].

El regreso de los militares a los cuarteles y la normalización de las relaciones cívico-militares no fue, en absoluto, un proceso simple ni lineal. El proceso de subordinación política y militar del CR pilotado desde 1976 por Ramalho Eanes no fue pacífico ni consensuado. Hasta su extinción definitiva en 1982, continuó existiendo en su interior un importante sector militar -los elementos históricos del MFA- que intentó que el CR asumiera un papel más intervencionista no solo en la esfera militar, sino también en el plano político, especialmente en la salvaguarda de las "conquistas revolucionarias" y en la consecución del contenido programático definido en la Constitución[49].

La configuración de los poderes presidenciales y la persistencia de la tutela militar a través del CR también alimentaron dinámicas de conflicto entre el presidente y los partidos de gobierno. La incapacidad del sistema de partidos de generar gobiernos con mayorías parlamentarias estables en un clima, además, de creciente deterioro de la situación económica, condujo a Eanes a asumir una postura más intervencionista en relación con el gobierno, justificando su actuación en la doble responsabilidad política del Ejecutivo ante el presidente y ante el Parlamento[50]. Los tres Ejecutivos de iniciativa presidencial que resultaron de esta estrategia -gobiernos de independientes sin base parlamentaria de apoyo- estuvieron en el origen de las fuertes tensiones que estallaron entre el presidente y los principales

---

[48] David Castaño, "To the Barracks: The President, the Military and the Democratic Consolidation in Portugal (1976–1980)", *European Review of History,* 24-1 (2017): 1-16. David Castaño y Maria Inácia, *Conselho da Revolução...*

[49] Ídem..

[50] Manuel Braga da Cruz, "O Presidente da República na Génese e Evolução do Sistema de Governo Português". *Análise Social,* XXIX-125/126, (1994): 237-265.

partidos políticos, sobre todo, con los líderes del PS y del PSD[51]. Tanto Mário Soares, secretario general del PS, como su homólogo del PSD, Francisco Sá Carneiro, acabaron distanciándose y criticando abiertamente la actuación del presidente al temer la posible deriva presidencialista del sistema de gobierno con la posible creación de un partido presidencial.

En medio de esta creciente conflictividad entre Eanes y los líderes de los principales partidos se establecieron las bases del acuerdo interpartidista que permitió la primera revisión constitucional. La negativa de los socialistas a alterar la "constitución económica" hizo que la revisión de 1982 se limitara, esencialmente, a la reorganización del sistema político en el sentido querido por los partidos democráticos de apostar por asegurar la supresión de la tutela militar y promover la limitación de los poderes presidenciales. Más allá de reforzar la inclinación parlamentaria del sistema de gobierno, aunque sin alterar su naturaleza semipresidencialista[52], el aspecto más sobresaliente del acuerdo establecido entre los partidos fue la abolición del CR y su sustitución por el Tribunal Constitucional, por el Consejo de Estado y por el Consejo Supremo de la Defensa Nacional.

De forma simultánea se aprobó una nueva Ley de Defensa Nacional y de las Fuerzas Armadas con el objetivo de establecer y regular los parámetros institucionales de subordinación de la institución militar al poder civil. La labor de los siguientes gobiernos fue introducir nuevas medidas que permitieran regular las relaciones cívico-militares de forma similar a cómo se hacía en las restantes democracias europeas[53].

No obstante, hubo que esperar hasta 1989, ya después de la integración plena de Portugal en la CEE –y en parte también por esta razón–, para que un nuevo acuerdo entre partidos promoviese

[51] Marina Costa Lobo, "Governos Partidários numa Democracia Recente". *Análise Social*, xxXV-154/155, (2000): 147-174.

[52] Octavio Amorín Neto y Marina Costa Lobo, "Portugal's Semi-Presidentialism (Re) Considered: An Assessment of the President's Role in the Policy Process, 1976-2006". *European Journal of Political Research*, 48-2 (2009): 234-255. André Freire y António Costa Pinto, *O Poder Presidencial em Portugal*. Lisboa, Dom Quixote, 2010.

[53] Lawrence Graham, *The Portuguese Military and the State. Rethinking Transitions in Europe and Latin America*. Boulder CO, Westview Press, 1993. Kenneth Maxwell, *The Making of Portugues...*

la revisión de la parte económica de la Constitución, suprimiendo los principios y constreñimientos programáticos de cariz socializante heredados de 1975. De esta forma, las revisiones que tuvieron lugar entre 1982 y 1989 aseguraron la normalización democrática de la Constitución, es decir, el fin de lo que se denominó la "querella constitucional"[54].

Aunque con diferencias de interpretación referidas a las fases del proceso de democratización, existe cierta unanimidad en la literatura comparada sobre la importancia de la revisión constitucional de los legados "revolucionarios" para la estabilización y la consolidación de la democracia en Portugal. Para Linz y Stepan[55], los "ámbitos reservados" constitucionalmente atribuidos a los militares habían hecho de Portugal un caso de transición incompleta a la democracia hasta 1982. Una posición similar es la que ofrece Leonardo Morlino[56], que enfatiza el hecho de que Portugal no puede considerarse una democracia plena hasta la revisión constitucional de 1982. Desde 1976 y hasta esa fecha, señala, el país habría permanecido en una especie de régimen democrático "híbrido" o como una "semidemocracia".

Muchos autores coinciden en la fecha de conclusión de la transición y de asentamiento de la democracia. Sin embargo, existen muchas más divergencias interpretativas a la hora de considerar el momento de consolidación democrática. En este caso, las diferencias interpretativas sobre el caso portugués reflejan la falta de consenso en el establecimiento de un acuerdo mínimo en relación con una definición que de operatividad al concepto de consolidación democrática[57].

---

[54] Carlos Gaspar, "O Processo Constitucional e a Estabilidade do Regime". *Análise Social*, XXV-105/106 (1990): 9-29. Lawrence Graham, "Redefining the Portuguese. Richard Gunther, Hans-Jürgen Puhle, y P. Nikiforos Diamadouros, "Introduction", en Richard Gunther, P. Nikoforos. Diamandouros y Hans-Jürgen Puhle (coords.), *The Politics of Democratic Consolidation: Southern Europe in Comparative Perspective*, Baltimore, Johns Hopkins University Press, 1995.

[55] Juan Linz y Alfred Stepan, *Problems of Democratic…*

[56] Leonardo Morlino, *Democracy Between Consolidation…*

[57] Andreas Schedler, "Measuring Democratic Consolidation", *Studies in Comparative International Development* 36-1 (2001): 66-92. Gerardo L. Munck, "Democracy Studies: Agendas, Findings, Challenges", en Dirk Berg-Schlosser (ed.) *Democratization: the State of the Art*, Berlin, VS-Verlag, 2004.

En su trabajo germinal sobre este aspecto, Linz y Stepan[58] defendieron que la fecha de la primera revisión constitucional supuso el momento fundamental de consolidación de la democracia portuguesa. Después de la supresión constitucional de esos "ámbitos reservados" atribuidos a los militares, las actitudes de los portugueses frente a la democracia (visible en el reiterado apoyo electoral dado a los partidos democráticos) y la ausencia de cualquier organización política o social de carácter nacional que utilizara "medios no democráticos" para alcanzar sus objetivos, lleva a los autores a concluir que la democracia se había vuelto ya en 1982 la única opción viable -en términos constitucionales, de actitudes y comportamientos. De esta forma, la convergencia de estos dos procesos hizo que el caso portugués fuera un caso peculiar de "transición y consolidación democráticas simultáneas[59].

Con todo, otros autores tienden a adoptar una visión más amplia de la consolidación democrática. Aunque reconozcan la importancia fundamental de la revisión de 1982, algunas lecturas más maximalistas hablan de que la consolidación solo se alcanzó a lo largo de los años ochenta, en el momento de la elección del primer presidente civil de la República, de la integración del país en la CEE y del afianzamiento de gobiernos apoyados en amplias mayorías parlamentarias. Todos estos cambios abrieron a partir de 1986-87 una nueva fase en la política portuguesa caracterizada por una creciente estabilidad de los gobiernos y por la definitiva reconversión civilista del sistema político[60]. Al mismo tiempo, otros investigadores también han considerado que hasta finales de la década de los ochenta el consenso en torno a las reglas del nuevo régimen democrático fue limitado por dos factores más. Por un lado, por la presencia electoral significativa de un partido comunista ortodoxo que hasta el final de la década de los ochenta mantuvo una posición antisistema o semilegal frente a la democracia liberal. Por otro, por la continuidad de las cláusulas

---

[58] Juan Linz y Alfred Stepan, *Problems of Democratic...*

[59] Ibídem, p. 124.

[60] Manuel Braga da Cruz, *Instituições Políticas e Processos Sociais*. Lisboa, Bertrand. 1995. José M. Magone, *European Portugal: The Difficult Road to Sustainable Democracy*. Londres, Macmillan Press, 1997. Leonardo Morlino, *Democracy Between Consolidation...*

comunistas insertas en la parte económica de la Constitución, consideradas generalmente un obstáculo ya fuera al ejercicio de la soberanía popular, o por la necesaria aceptación plena de la ley fundamental por todos los actores políticos relevantes[61]. Por esa razón, una parte relevante de la literatura comparada tiende a considerar la revisión constitucional de 1989 como el paso definitivo e indispensable para completar el trayecto de consolidación iniciado con la revisión de 1982.

De forma semejante a lo ocurrido en el resto de los países de la Europa del Sur, Portugal constituyó un caso de "consolidación por medio de los partidos"[62]. Los partidos constituyeron las principales anclas del proceso de consolidación democrática, ya fuera por la vía de la estabilización del sistema de partidos, ya fuera por la función que estas organizaciones asumieron como entes de intermediación entre la esfera institucional y la sociedad civil, fortaleciendo de esta forma las bases de legitimación de los nuevos regímenes democráticos[63]. Además, en Portugal, los partidos democráticos fueron los principales agentes de los procesos de revisión constitucional y de la opción por la integración europea, que acabó moldeando de forma definitiva la nueva democracia, al ajustarla gradualmente a los patrones institucionales de Europa occidental.

Con todo, es importante añadir que los partidos políticos no fueron los únicos actores relevantes en ese proceso, Uno de los pasos esenciales para que Portugal pudiera completar la transición democrática y acelerar el proceso de consolidación -la desmilitarización del régimen y el establecimiento de la supremacía civil sobre los militares- fue posible darlo gracias al papel desarrollado por el general Ramalho Eanes con la colaboración de un importante (y

---

[61] Lawrence Graham, "Redefining the Portuguese... Richard Gunther, Hans-Jürgen Puhle y P. Nikiforos Diamadouros, "Introduction", en Richard Gunther, P. Nikiforos Diamandourus y Hans-Jürgen Puhle (coords.), *Politics of Democratic Consolidation: Southern Europe in Comparative Perspective*, Baltimore, Johns Hopkins University Press, 1991. Thomas C. Bruneau, P. Nikiforos Diamandouros, Richard Gunther, Arend Lijphart, Leonardo Morlino y Risa Brooks, "Democracy, Southern... Richard Gunther, "Southern Europe", en Christian Haerpfer, Patrick Bernhagen, Ronald Inglehart y Christian Welzel (coords.), *Democratization*, Oxford, Oxford University Press, 2009.

[62] Leandro Morlino, *Democracy Between Consolidation...*, p. 249.

[63] Ibídem.

mayoritario) sector de las Fuerzas Armadas. Como se ha sugerido y reafirmado, no se debe reducir la clarificación de la naturaleza civil del régimen político en 1982 a una simple división entre civiles y militares[64]. Recuperando una conocida afirmación de Lawrence Graham[65], se puede afirmar que entre 1976 y el final de la década de los ochenta la consolidación de la democracia se asentó, grosso modo, en una secuencia prolongada de "acuerdos parciales" entre elites tanto civiles como militares.

CONCLUSIÓN

En este capítulo se defiende que el proceso de democratización en Portugal estuvo condicionado por la gestión de un doble legado. Por un lado, un legado originado bajo el régimen autoritario y, por otro, un legado heredado de la "ruptura revolucionaria" de 1974-75. En efecto, la primera fase de la democratización, es decir, los dos primeros años del periodo de transición, fueron especialmente inciertos y turbulentos. Fue un periodo marcado por el desmantelamiento de las instituciones políticas de la dictadura, por la descolonización y por un fuerte ajuste de cuentas con el pasado autoritario. Sin embargo, a partir de 1976 el proceso de consolidación se definió por una reversión gradual y negociada de los legados institucionales y de las transformaciones económicas y sociales más radicales llevadas a cabo durante la transición. La ruptura radical con el pasado autoritario y las nuevas rupturas surgidas en la fase inicial de la transición fueron seguidas por una consolidación de la democracia marcada esencialmente por un ambiente de conciliación nacional. La naturaleza de la ruptura revolucionaria catapultó el papel político de los militares al promover un conjunto de transformaciones en la estructura económica y social. Ello dejó a la nueva elite política posautoritaria, tanto civil como militar, un importante legado que condicionó y demoró en el tiempo la consolidación de la nueva democracia

[64] Lawrence Graham, *The Portuguese Military...* David Castaño, "To the Barracks...
[65] Lawrence Graham, "Redefining the Portuguese...

portuguesa. De hecho, tanto la consolidación de la democracia como la integración en la CEE -uno de los pilares de política exterior y de opción estratégica más fundamentales del régimen democrático fundado en 1976[66]- dependieron de un proceso de revisión gradual y negociada de los legados heredados de la "coyuntura revolucionaria" de 1974-75[67]. Pero si bien es verdad que algunas de estas herencias fueron gradualmente removidas, otras continuaron moldeando la democracia portuguesa.

Incluso después de varias revisiones, la Constitución portuguesa continuó siendo uno de los textos más avanzados desde el punto de vista de la concepción de los derechos sociales y económicos y en la protección de los derechos de los trabajadores[68]. De igual modo, incluso con algunas matizaciones, la naturaleza semipresidencialista del sistema de gobierno permaneció sin grandes alteraciones. Como ponen de manifiesto varios autores[69], la naturaleza de los partidos y la dinámica del sistema de partidos también fueron profundamente moldeados por ese "momento crítico" de 1974-75, promoviendo la aparición de un sistema de partidos caracterizado por una izquierda dividida y una derecha "no de sucesión"[70].

Las profundas divisiones en el seno de la izquierda y la aparición de una nueva derecha sin raíces profundas en el autoritarismo permiten explicar la formación de una "coalición democrática implícita" (PS,

---

[66] José Medeiros Ferreira, *Cinco Regimes na Política Internacional.* Lisboa, Editorial Presença, 2006.

[67] José M. Magone, *European Portugal: The Difficult Road to Sustainable Democracy.* Londres, Macmillan Press, 1997.

[68] Mónica Brito Vieira y Filipe Carreira da Silva, "Getting Rights Right: Explaining Social Rights Constitutionalization in Revolutionary Portugal", *International Journal of Constitutional Law* 11-4 (2013): 898-922.

[69] Thomas Bruneau, 1997. "Introduction", en Thomas Bruneau (coord.), *Political Parties and Democracy in Portugal*, Boulder CO, Westview Press, 1997. Richard Gunther y José Ramón Montero, "The Anchors of Partisanship", en P. Nikiforos Diamandouros y Richard Gunther (coords.), *Parties, Politics and Democracy in the New Southern Europe*, Baltimore, Johns Hopkins University Press. Carlos Jalali, *Partidos e Democracia...*

[70] André Freire, "Esquerdas Desavindas em Portugal: Um Legado da Transição Democrática", en Filipa Raimundo y João Cancela (coords.), *As Eleições de 1975 – Eleições Fundadoras da Democracia Portuguesa*, coordenado por Raimundo, F. e Cancela, J. Lisboa, Edições Assembleia da República, 2021

[André] Paris y Pedro Silveira, "Um Legado...".

PPD y CDS) que, en estrecha alianza con el sector moderado de las Fuerzas Armadas y la Iglesia católica, fue determinante para asegurar el resultado democrático de la transición portuguesa[71]. Esta misma coalición de partidos fue responsable de las principales medidas que a partir de 1976 permitieron consolidar la democracia y ajustarla al modelo económico y social vigente en los restantes países de la CEE. Por último, también fue en el seno de esta coalición democrática implícita donde a lo largo de varias décadas se establecieron los patrones de alternancia y de composición de los distintos gobiernos. El reverso de este patrón cooperativo fue la sistemática exclusión del PCP y de la izquierda radical de la esfera de gobierno, patrón únicamente alterado cuando a partir de 2015 se establece una inédita forma de gobierno en minoría del PS con el apoyo parlamentario de los partidos situados a su izquierda[72].

La transición portuguesa a la democracia ilustra la naturaleza multicausal y no lineal de los procesos de democratización y, por consiguiente, las diferentes trayectorias y resultados que pueden influir en el proceso de consolidación democrática[73]. De hecho, no todas las democracias se han consolidado de la misma forma, ni todas las democracias consolidadas presentan, necesariamente, las mismas características. Siempre hay que tener presente, como subrayó Philippe Schmitter[74], que "no es la democracia la que se está consolidando, sino un tipo determinado de democracia".

Ciertamente, el tipo de democracia que emergió y se consolidó en Portugal -considerando tanto su configuración institucional como algunos elementos cualitativos propios de la democracia portuguesa- fue moldeado por ese largo trayecto democratizador. Con todo, las

---

[71] Carlos Jalali, *Partidos e Democracia em Portugal...*, p. 76.

[72] Carlos Jalali, "The Portuguese Party System: Evolution in Continuity?", en António Costa Pinto y Conceição Pequito Teixeira (coords.), *Political Institutions and Democracy in Portugal: Assessing the Impact of the Euro Crisis*, Londres, Palgrave Macmillan, 2019.

[73] Philippe C. Schmitter, P. C. 1992. «The Consolidation of Democracy and Representation of Social Groups». *American Behavioral Scientist* 35-4/5 (1992): 422-449. Philippe C. Schmitter, *Portugal: do Autoritarismo à Democracia*. Lisboa: Imprensa de Ciências Sociais, 1999. Richar Gunther, P. Nikiforos Diamandouros y Hans-Jürgen Puhle, *The Politics...*; Juan Linz y Alfred Stepan, *Problems of Democratic...*

[74] Philippe C. Schmitter, "The Democratization of Portugal..., p. 344.

investigaciones más recientes han subrayado los beneficios duraderos de la transición portuguesa en cuanto a criterios de inclusión política y otras dimensiones semejantes. Esta línea de investigación ha llamado la atención sobre otro tipo de herencias (como las culturales) o de impactos que se pueden percibir cuando se abordan diferentes dimensiones de la democracia como son su consolidación desde un punto de vista de su calidad y de su profundidad[75].

La distinción conceptual entre estas diferentes (aunque interrelacionadas) dimensiones de la democratización es esencial para entender adecuadamente la aparente contradicción entre lo que se podría definir como perspectivas defectuosas y virtuosas de las herencias de larga duración de la transición portuguesa. No existe ninguna razón para considerar que los factores que pueden limitar o atrasar la transición y la consolidación de una democracia liberal no puedan favorecer, a largo plazo, algunas características relacionadas con la calidad o la profundidad democrática. En otras palabras, una visión integrada de estas dos visiones y de sus resultados empíricos sugiere la existencia de una herencia con dos caras si se consideran las consecuencias duraderas de la democratización portuguesa. Sin embargo, solo futuras investigaciones podrán ayudar a aclarar la duración y los efectos múltiples de las diferentes vías de transición y de consolidación sobre dimensiones distintas de la democracia.

REFERENCIAS BIBLIOGRÁFICAS

Aguiar, Joaquim,"A História Múltipla". *Análise Social,* XXXI-139, (1996), pp. 1235-1281.

Amaral, Diogo Freitas do, *O Antigo Regime e a Revolução–Memórias Políticas (1941-1975)*, Lisboa, Bertrand, 1996.

Bermeo, Nancy, *The Revolution Within the Revolution*, Princeton, Princeton University Press, 1986

[75] Robert M. Fishman, "Rethinking Dimensions of Democracy for Empirical Analysis: Authenticity, Quality, Depth, and Consolidation", *Annual Review of Political Science* 19 (2016): 289-309. Robert M. Fishman, *Democratic Practice...*

—, "War and Democratization: Lessons from the Portuguese Experience", *Democratization,* 14/3 (2007), pp. 388-406.

Braga da Cruz, Manuel, "O Presidente da República na Génese e Evolução do Sistema de Governo Português", *Análise Social,* XXIX/125-126, (1994), pp. 237-265.

—, *Instituições Políticas e Processos Sociais.* Lisboa, Bertrand, 1995.

Bruneau, Thomas C. "Introduction", en Bruneau, Thomas C. (coord.), *Political Parties and Democracy in Portugal,* Boulder CO, Westview Press, 1997.

Bruneau, Thomas; Diamandouros, Nikiforos; Gunther, Richard, Lijphart, Arend; Morlino, Leandro y Brooks, Risa A., "Democracy, Southern European Style", en Diamandouros, Nikiforos y Gunther, Richard (coords.), *Parties, Politics, and Democracy in the New Southern Europe,* Baltimore, Johns Hopkins University Press, 2001.

Cancela, João, "Uma Questão de Método: O Impacto do Sistema Eleitoral nas Eleições para a Assembleia Constituinte de 1975", en Raimundo, Filipa y Cancela, João (coords.), *As Eleições de 1975-Eleições Fundadoras da Democracia Portuguesa,* Lisboa, Assembleia da República. Divisão de Edições, 2021.

Castaño, David, "To the Barracks: The President, the Military and the Democratic Consolidation in Portugal (1976–1980)", *European Review of History* 24/1, (2017), pp. 1-16.

—, y Rezola, Maria Inácia, Conselho da Revolução 1975-1982: Uma Biografía, Lisboa, Edições 70, 2021.

Chilcote, Ronald H., *The Portuguese Revolution: State and Class in the Transition to Democracy.* Lanham MD, Rowman & Littlefield, 2010.

Diamandouros, P. Nikiforos, "Southern Europe. A Third Way Success Story", en Diamind, Larry; Plattner, Marc F. Plattner; Yun-han Chu y Hung-mao Tiene (coords.), In *Consolidating Third Wave Democracies,* Baltimore, Johns Hopkins University Press, 1997.

Diamandouros, P. Nikiforos y Gunther, Richard, *Parties, Politics and Democracy in the New Southern Europe.* Baltimore, Johns Hopkins University Press, 2001.

Downs, Charles, *Revolution at the Grassroots: Community Organizations in the Portuguese Revolution,* New York, State University of New York Press, 1989.

Durán Muñoz, Rafael, *Contención y Transgresión: Las Movilizaciones Sociales Y el Estado en las Transiciones Española y Portuguesa.* Madrid, Centro de Estudios Políticos y Constitucionales, 2000.

—, *Acciones Colectivas y Transiciones a la Democrácia: España y Portugal, 1974-77*, Madrid, Centro de Estúdios Avanzados em Ciências Sociales, 1997.

Ferreira, José Medeiros, *Cinco Regimes na Política Internacional*, Lisboa, Editorial Presença, 2006.

Fernandes. Tiago, "Authoritarian Regimes and Pro-Democracy Semi-Oppositions: The End of Portuguese Dictatorship (1968–1974) in Comparative Perspective", *Democratization*, 14 /4, (2007), pp. 686-705.

—, y Branco, Rui, "Long-Term Effects: Social Revolution and Civil Society in Portugal, 1974–2010", *Comparative Politics*, 49/3 (2017), pp. 411-430.

Fields, Rona M., *The Portuguese Revolution and the Armed Forces Movement*, New York, Praeger Publishers, 1975.

Fishman, Robert M., "Rethinking Dimensions of Democracy for Empirical Analysis: Authenticity, Quality, Depth, and Consolidation", *Annual Review of Political Science*, 19, (2016), pp. 289-309.

—, "Acerca das Constituições e para Além Destas: Legados de Democratização em Espanha e em Portugal Contemporâneos", en Lobo, Marina Costa (coord.), *A Constituição Portuguesa em Fluxo: Uma Perspetiva Comparada, 1976-2016*, Lisboa, Edições Assembleia da República, 2017.

—, *Democratic Practice: Origins of the Iberian Divide in Political Inclusion*, Oxford, Oxford University Press, 2019.

—, "A Democracia Excecional de Portugal: Como a Revolução dos Cravos Conduziu a Vantagens Políticas Duradouras", en Branco, Rui y Fernandes, Tiago (coords.), *45 Anos de Democracia em Portugal*, Lisboa, Edições Assembleia da República, 2020.

Freire, André, "Esquerdas Desavindas em Portugal: Um Legado da Transição Democrática", en Raimundo, Filipa y Cancela, João (coords.), As Eleições de 1975–Eleições Fundadoras da Democracia Portuguesa, Lisboa, Edições Assembleia da República, 2021.

—, y Pinto, António Costa, *O Poder Presidencial em Portugal*, Lisboa, Dom Quixote, 2010.

Gaspar, Carlos, "O Processo Constitucional e a Estabilidade do Regime", *Análise Social*, xxV/105-106, (1990), pp. 9-29.

Gomes, Bernardino y Moreira de Sá, Tiago, *Carlucci Versus Kissinger: The US and the Portuguese Revolution*, Lanham MD, Lexington Books, 2011.

Gómez Fortes, Braulio, *O Controlo Político dos Processos Constituintes: Os Casos de Espanha e Portugal*, Lisboa, Imprensa de Ciências Sociais, 2009.

Graham, Lawrence, "Redefining the Portuguese Transition to Democracy", en Higly, John y Gunther, Richard (coords.), *Elites and Democratic Consolidation in Latin America and Southern Europe*, Cambridge, Cambridge University Press, 1992.

—, *The Portuguese Military and the State. Rethinking Transitions in Europe and Latin America*, Boulder CO, Westview Press, 1993.

Gunther, Richard, "Southern Europe", en Haerpfer, Christian; Bernhagen, Patrick; Inglehart, Ronald F. y Welzel, Christian, *Democratization*, Oxford, Oxford University Press, 2009.

Gunther, Richard; Diamandouros, P. Nikiforos y Puhle, Hans-Jürgen, *The Politics of Democratic Consolidation: Southern Europe in Comparative Perspective.* Baltimore, Johns Hopkins University Press, 1995.

Gunther, Richard; Puhle, Hans-Jürgen y Diamadouros, P. Nikiforos, "Introduction", en Gunther, Richard; Diamandouros, P. Nikiforos y Puhle, Hans-Jürgen, *The Politics of Democratic Consolidation: Southern Europe in Comparative Perspective*, Baltimore, Johns Hopkins University Press, 1995.

Gunther, Richard y Montero, José Ramón, "The Anchors of Partisanship", en Diamandouros, P. Nikiforos y Gunther, Richard (coords.), *Parties, Politics and Democracy in the New Southern Europe*, Baltimore, Johns Hopkins University Press, 2001.

Hammond, John, *Building Popular Power: Workers' and Neighborhood Movements in the Portuguese Revolution*, New York, Monthly Review Press, 1988.

Hite, Katherine y Morlino, Leandro, Problematizing the Links Between Authoritarian Legacies and "Good" Democracy", en Hite, Katherine y Cesarini, Paola (coords.), *Authoritarian Legacies and Democracy in Latin America and Southern Europe*, Notre Dame, University of Notre Dame Press, 2004.

Huntington, Samuel P., *The Third Wave: Democratization in the Late Twentieth Century*. Norman, University of Oklahoma Press, 1993.

Jalali, Carlos, *Partidos e Democracia em Portugal: 1974-2005: Da Revolução ao Bipartidarismo,* Lisboa, Imprensa de Ciências Sociais, 2007.

—, "The Portuguese Party System: Evolution in Continuity?", en Pinto, António Costa y Texeira, Pequito Conceição (coords.), *Political Institutions and Democracy in Portugal: Assessing the Impact of the Euro Crisis*, Londres, Palgrave Macmillan, 2019.

Linz, Juan, *Totalitarian and Authoritarian Regimes*, Boulder CO, Lynne Rienner, 2010.

—, y Stepan, Alfred, *Problems of Democratic Transition and Consolidation: Southern Europe, South America, and Post-Communist Europe*, Baltimore, Johns Hopkins University Press, 1996.

Lisi, Marco, *Party Change, Recent Democracies and Portugal: Comparative Perspectives*. Lanham, Lexington Books, 2015.

Lobo, Marina Costa, "Governos Partidários numa Democracia Recente", *Análise Social*, XXXV/154-155, (2000), pp. 147-174.

Loxton, James y Mainwaring, Scott, *Life after Dictatorship: Authoritarian Successor Parties Worldwide*, Cambridge, Cambridge University Press, 2018.

Magarelli, Clyde, *Crisis of Convergence: Military Professionalism and Working Class Struggle, Portuguese Case Study, March 16, 1974-November 25, 1975*. Washington DC, University Press of America, 1981.

Magone, José, *European Portugal: The Difficult Road to Sustainable Democracy*, Londres, Macmillan Press, 1997.

Marchi, Ricciardio, *The Portuguese Far Right: Between Late Authoritarianism and Democracy (1945-2015)*, Londres, Routledge, 2018.

Martins, Hermínio, *As Mudanças de Regime em Portugal no Século* XX, Lisboa, Imprensa de Ciências Sociais, 2018.

Maxwell, Kenneth, *The Making of Portuguese Democracy*, Cambridge, Cambridge University Press, 1995.

Morlino, Leandro, *Democracy Between Consolidation and Crisis: Parties, Groups and Citizens in Southern Europe*, Oxford, Oxford University Press, 1998.

Munck, Gerardo, "Democracy Studies: Agendas, Findings, Challenges", en Berg-Schlosser, Dirk (ed.), *Democratization: the State of the Art*, Oplanden, Barbara Buldrick Publishers, 2004.

Neto, Octavio Amorim y Lobo, Mónica Costa "Portugal's Semi-Presidentialism (Re)Considered: An Assessment of the President's Role in the Policy Process, 1976-2006", *European Journal of Political Research*, 48/2, (2009), pp. 234-255.

O'Donnell, Guillermo; Schmitter, Philippe C. y Whitehead, Lawrence (eds.), *Transitions from Authoritarian Rule*, Baltimore, Johns Hopkins University Press, 1986.

Palacios Cerezales, Diego, *O Poder Caiu Na Rua: Crise de Estado e Acções Colectivas na Revolução Portuguesa, 1974-1975*, Lisboa, Imprensa de Ciências Sociais, 2003.

—, "Civil Resistance and Democracy in the Portuguese Revolution", *Journal of Contemporary History*, 52/3, (2016), pp. 688-709.

Paris, André., Marchi, Ricciardio y Raimundo, Filipa, *Breve História do CDS-Partido Popular, Lisboa, 100 Folhas/Público,* 2019.

—, y Silveira, Pedro, "Um Legado em Forma de Assim: A Gestão do Passado Autoritário na Ausência de Um Partido Sucessor", en Raimundo, Filipa y Cancela, João, (coords.), *As Eleições de 1975–Eleições Fundadoras da Democracia Portuguesa*, Lisboa, Edições Assembleia da República, 2021

Pinto, António Costa, "Coping with the Double Legacy of Authoritarianism and Revolution in Portuguese Democracy", *South European Society and Politics* 15/3, (2010), pp. 395-412.

—, "Constitution-Making and the Democratization of Portugal: An Enduring Legacy". *Portuguese Studies*, 34/1, (2018), pp. 35-51.

Pinto, Pedro Ramón, *Lisbon Rising: Urban Social Movements in the Portuguese Revolution, 1974-75*. Manchester, Manchester University Press, 2013.

Porch, Douglas, *The Portuguese Armed Forces and the Revolution*, Palo Alto, The Hoover Institution Press, 1977.

Rezola, Maria Inácia, *25 de Abril: Mitos de uma Revolução*, Lisboa, Esfera dos Livros, 2007.

Schedler, Amdreas, "Measuring Democratic Consolidation", *Studies in Comparative International Development*, 36/1, (2001), pp. 66-92.

Schmitter, Philippe C., *Interest Conflict and Political Change in Brazil.* Stanford, Stanford University Press, 1971.

—, "Liberation by Golpe. Retrospective Thoughts on the Demise of Authoritarian Rule in Portugal", *Armed Forces and Society*, 2/1 (1975), pp. 5-33.

—, "The Consolidation of Democracy and Representation of Social Groups", *American Behavioral Scientist*, 35/4-5, (1992), pp. 422-449.

—, *Portugal: do Autoritarismo à Democracia,* Lisboa, Imprensa de Ciências Sociais, 1999.

—, "The Democratization of Portugal in Its Comparative Perspective", en Rosas, Fernando (coord..), *Portugal e a Transição para a Democracia (1974-1976)*, Lisboa, Colibri/Fundação Mário Soares, 1999.

Soares, Mário, *Um Político Assume-se: Ensaio Autobiográfico, Político e Ideológico*, Lisboa, Temas e Debates, 2011.

Sweezy, Paul, "Class Struggles in Portugal", *Monthly Review*, 27, (Setembro, 1975), pp. 1-26.

Teles, Miguel Galvão, "A Segunda Plataforma de Acordo Constitucional entre o Movimento das Forças Armadas e os Partidos Políticos", en Miranda, Jorge (org.), *Perspectivas Constitucionais. Nos 20 Anos da Constituição de 1976*, vol. III, Coimbra, Coimbra Editora, 1998.

Vieira, Mónica Brito y Silva, Filipe Carreira da, "Getting Rights Right: Explaining Social Rights Constitutionalization in Revolutionary Portugal", *International Journal of Constitutional Law*, 11/4, (2013), pp. 898-922.

¿TRANSICIÓN PORTUGUESA O TRANSICIÓN IBÉRICA? MÁS ALLÁ DE LA TERCERA OLA DE HUNTINGTON

Gregorio Sabater Navarro
Universidad de Sevilla. España
ORCID: 0000-0002-0748-3098

INTRODUCCIÓN

El carácter excepcional de la democratización lusa, última revolución experimentada en el continente europeo con iniciales propósitos "socializantes" que llegó a desafiar los complejos equilibrios de la Guerra Fría, explica en gran medida la preponderancia de enfoques individualizados en la historiografía que se ha aproximado a este mítico episodio. El llamado PREC (*Processo Revolucionário em Curso*) se entendió diferenciado desde el comienzo al comprobarse distinto respecto otros cambios democráticos acontecidos en el último tercio del siglo XX, por lo que no existió un especial interés por analizarlo de manera interrelacionada, menos aún con la inmediata Transición española, modelo contrapuesto de acceso a la democracia ante su naturaleza reformista.

La tradicional preponderancia de la perspectiva nacional y el desinterés por el ámbito ibérico en los estudios internacionales vinieron a reforzar aún más esta interpretación separada, siendo autores no peninsulares los primeros en plantear trabajos y publicaciones que abarcaban ambas transiciones. La academia anglosajona fue pionera en considerar que entre España y Portugal se dispone un espacio susceptible de análisis conjunto, aportando estudios que, en primer lugar, pusieron en relación los regímenes autoritarios precedentes, por más que se trataran de trabajos de ciencia política en su mayoría y que el enfoque utilizado no fuera más allá de planteamientos de tipo comparativo[1].

[1] Sobre las transiciones, uno de los trabajos pioneros fue el de Benny Pollack y Jim Taylor, "Review Article: The Transition to Democracy in Portugal and Spain", *British Journal of Political Science*, 13 (1983), pp. 209-242.

Mayor profundidad aportó el sociólogo Samuel P. Huntington al interrelacionar las transiciones del sur europeo bajo el concepto de la "tercera ola de democratización", al entender que estaban comprendidas en un mismo marco geoestratégico de distensión entre los bloques occidental y oriental que explica en buena medida que pudieran llevarse a cabo. En este planteamiento teórico, la Revolución de los Claveles constituye precisamente el comienzo de esta "ola", una onda que acabaría por extenderse a Grecia y España en la misma década de 1970, pero también a América tras la experiencia autoritaria de la Doctrina de la Seguridad Nacional y la Operación Cóndor ya en los ochenta, llegando con posterioridad a países del Este europeo con la caída del Muro de Berlín e incluso a algunas naciones asiáticas.

Esta experiencia supuso la extensión de regímenes demoliberales en distintas partes del planeta con una magnitud desconocida, ni siquiera tras la victoria frente al nazi-fascismo en la Segunda Guerra Mundial. Pero independientemente de la existencia de este marco propiciador, el propio Huntington definió distintos modelos democratizadores dentro de la "ola", situando a Portugal como paradigma de cambio por "reemplazo", al ser la oposición quien dirigió el proceso, mientras que en el caso de España estaríamos ante un modelo de "transformación", donde las élites autoritarias fueron las que propiciaron y protagonizaron el cambio[2]. Como vemos, a pesar de la aparición de marcos interpretativos que las engloban en una misma dinámica, las diferencias entre ambas seguían estando presentes, pues el caso español fue considerado "ejemplo paradigmático de reforma-ruptura pactada", mientras el portugués mostraba "de manera particularmente dramática los problemas derivados de una transición iniciada por un ejército no jerárquico"[3].

[2] El debate historiográfico sobre el supuesto carácter "dirigido" de la Transición española es de largo recorrido, con presencia de autores que consideran relevantes las capacidades de la oposición y de la sociedad civil organizada para forzar una democratización que fuera más allá del proyecto inicial que tenían las élites provenientes del régimen. Algo que lo relacionaría con el tercer modelo definido por Huntington, el cambio por "traspaso".

[3] Juan J. Linz y Alfred Stepan, *Problems of democratic transition and consolidation: Southern Europe, South America, and Post-Communist Europe*, Johns Hopkins University Press, Baltimore, 1996, pp. 87 y 116.

Sin embargo, de manera más reciente, distintos autores han planteado un nivel de relación mayor al identificar dos corrientes de influencia mutua entre ambas transiciones, a través de las cuales, democratizaciones que partieron de génesis opuestas acabaron convergiendo en un mismo patrón asimilable al de la CEE[4]. Es por ello por ello que en estas páginas incidiremos en la cuestión de si es posible hablar de una transición específicamente ibérica más allá del contexto internacional favorecedor, trascendiendo las múltiples especificidades que las individualizan. Y en el caso de que así fuera, cuáles serían los rasgos que permitirían singularizar esta "transición" peninsular frente al resto de democratizaciones de la "tercera ola".

UNA HISTORIA IBÉRICA

La existencia de un contexto particular ibérico parte de una primera evidencia insoslayable, la de compartir un mismo espacio geográfico diferenciado, el hecho de que Portugal posea su única frontera terrestre con España y España su frontera más prolongada con Portugal. Esta "balsa de piedra" que diría Saramago ha permitido que, con el devenir de los siglos, gracias a un desarrollo histórico-social en buena medida paralelo –aunque disponiendo también de lógicas particularidades– podamos hablar de una cierta unidad que va más allá de lo puramente físico, interrelación que durante el periodo contemporáneo resulta igualmente identificable[5].

En ese sentido, la caída en paralelo del Antiguo Régimen durante la invasión francesa y la Guerra Peninsular, la irrupción del liberalismo y su compleja implantación, las debilidades del nuevo Estado liberal, la permanencia de importantes fuerzas defensoras del absolutismo y de la confesionalidad católica –con carlismo y miguelismo hermanados en la causa–, la inestabilidad consecuente, la

[4] La primera autora en plantear una democratización peninsular en dos corrientes de influencia fue Encarnación Lemus López, *En Hamelin... la Transición Española más allá de la Frontera*, Septem, Oviedo, 2001.

[5] Al respecto destaca la publicación de Hipólito de la Torre Gómez y Juan Carlos Jiménez Redondo, *Historia de una diferencia, Portugal y España: Ayer y hoy (1807-2019)*, Sílex, Madrid, 2019.

tardía e incompleta industrialización, la pervivencia de una sociedad agraria hasta bien entrado el siglo xx o las soluciones autoritarias ante la crisis de los sistemas liberales son elementos que caracterizan por igual la contemporaneidad ibérica.

La importancia del colonialismo portugués, con la construcción de un imperio africano sustituto de Brasil bajo amparo británico –cuya existencia perduró hasta la propia revolución– frente a una España recluida en el quimérico mantenimiento de Cuba, Puerto Rico y Filipinas –y que tras 1898 quedará casi circunscrita a la cuestión marroquí– es una de las diferencias más señaladas. De igual manera, existió un cierto adelanto luso en el asentamiento del sistema liberal, lo que tuvo como consecuencia un menor grado de inestabilidad sociopolítica, pero también la pronta aparición de síntomas de agotamiento de la monarquía turnista que también compartieron, produciéndose la proclamación de la República en octubre de 1910. El regeneracionismo republicano llegaría a España veinte años más tarde, tras el fracaso de la experiencia autoritaria de Primo de Rivera, momento en el que Portugal iniciaba el régimen del *Estado Novo*.

Las diferencias entre el franquismo y la dictadura de Salazar también fueron evidentes, pues la segunda no surgió de una victoria militar en una traumática guerra, lo que conllevó un régimen menos unificado, que mantuvo la ficción de formas republicanas con presencia de tendencias críticas en las FFAA impensables en España, por más que en su mayoría fueran fieles al férreo liderazgo del profesor Salazar. Su menor conexión con las potencias del Eje –manteniendo el equilibrio entre suministrar wolframio al III Reich y permitir el uso de las Azores a los Aliados durante el conflicto mundial– explicó así mismo su engarce en el sistema internacional de la posguerra, hasta el punto de ser miembro fundador de la OTAN en el momento de mayor aislamiento del régimen de Franco[6].

La indefinición institucional del franquismo le permitió sin embargo una mayor capacidad de transformación que el imperialista

[6] Aunque dicho engarce internacional no fue completo, puesto que Portugal no fue incluida en la CEE como tampoco España, así como el posterior desarrollo del conflicto colonial acabó invirtiendo los papeles, con un *Estado Novo* más aislado frente a un franquismo que fue saliendo paulatinamente de su ostracismo.

Estado Novo, pasando de unos orígenes fascistizantes y autárquicos a un posterior autoritarismo en lo político y un desarrollismo en lo económico. Desarrollismo que, aunque más tarde también se llegó a implementar en Portugal, no contó ni con la misma intensidad ni con resultados tan transformadores en la sociedad. Transformación que terminó minando al propio régimen, pues lejos de poder esgrimir una nueva "legitimidad de desempeño" ante la prosperidad generada, acabó mostrando los límites de un sistema político caduco frente una sociedad en buena medida modernizada. Esta incoherencia, al ser mucho menos evidente en el país vecino, hizo que la crisis de la dictadura lusa no viniera tanto por la oposición interna o una protesta social creciente sino por el irresoluble conflicto colonial.

Sin embargo, el militante anticomunismo de ambos regímenes, el fundamental rol del ejército, su carácter corporativista, nacionalista y católico proveniente de una tradición intelectual semejante y en consecuencia su complejo encuadre como dictaduras plenamente fascistas –aunque en algún momento de su existencia se sintieran próximas o mostraran simpatías a ese proyecto–, sin olvidar los intentos de "actualización" que ambos plantearon justo antes de su final –la "evolución en continuidad" de Marcelo Caetano y el "Espíritu del 12 de febrero" de Arias Navarro– nos coloca ante una realidad autoritaria relacionable; más allá de la propia excepcionalidad ibérica que supone compartir una prolongada dictadura en un entorno democratizado como el europeo occidental (salvo el coyuntural caso griego)[7], como ecos meridionales de la Guerra Fría.

LA TRANSICIÓN IBÉRICA

En el caso de la democratizaciones, el hecho de que acontecieran de manera casi simultánea, al compartir cronología entre 1974-1975 y 1982, así como que en última instancia asumieran un mismo proyecto político –el representado por el paradigma europeo occidental y el mercado común

[7] La dictadura de los coroneles, fruto de la crisis política de la monarquía helena que se tradujo en un golpe militar, contó con una duración e institucionalización comparativamente reducida entre 1967 y 1974.

al que ambos se integraron en 1986–, fundamenta que podamos hablar de una "transición ibérica" que engarzaría con la tradición anterior, a pesar de la referida paradoja de que sus primeros compases fueran por completo divergentes (ruptura revolucionaria vs. reforma).

Aunque esa divergencia inicial haya motivado en parte la conceptualización separada de ambas, o por lo menos la ausencia de planteamientos interrelacionados, lo cierto es que, si miramos más allá de ese comienzo, una vez finalizado el PREC a partir de noviembre de 1975, la realidad ibérica entraría en un proceso de paulatina convergencia que ha sido menos atendida por la historiografía. Y es que, mientras la España de Juan Carlos I transitó hacia una "ruptura pactada" tratando de evitar reformismos superficiales como el de Caetano ante las consecuencias de su fracaso, el país vecino se encaminó a otra transición de tipo posrevolucionario en la que procuró adaptar su modelo inicialmente establecido de connotaciones izquierdistas al paradigma de la economía social de mercado, así como un sistema de partidos y sindical de corte más europeo. Convergencia que constituye uno de los principales ejes para poder referirnos a una "transición ibérica" junto las profundas interrelaciones e influjos que tendrían lugar entre dos países inmersos en una democratización paralela.

En los estudios que paulatinamente han ido apareciendo al respecto, aquellos que atienden los efectos del Portugal revolucionario en la España del final del franquismo han sido mayoritarios[8]. Una afección que, aunque en un primer momento y contra todo pronóstico resultó mayormente positiva al tratarse de un proceso incruento que para más inri estuvo dirigido por militares, la salida del general Antonio de Spínola de la presidencia en septiembre de 1974, la creciente agitación político-social –sobre todo durante el "verano caliente" de 1975– y el papel preponderante del izquierdista *Movimento das Forças Armadas* (MFA) en el proceso generó un amplio consenso sobre la necesidad de evitar que España viviera un escenario semejante, incluida la mayor parte de la oposición al régimen[9].

---

[8] Un libro clásico sobre el tema es el de Josep Sánchez Cervelló, *La revolución portuguesa y su influencia en la Transición española (1961-1976)*, Nerea, Barcelona, 1995.

[9] Para encontrar una interpretación e influencia positivas de los momentos álgidos del PREC en la oposición española hay que recurrir a partidos y organizaciones

El hecho de que nuestro país comenzara a caminar de manera efectiva por un sendero sustancialmente distinto al luso tras la muerte de Franco, sobre todo con la llegada de Adolfo Suárez a la presidencia en julio de 1976, se fundamenta en el proyecto de la Ley para la Reforma Política aprobado a finales de aquel año, un cambio "de la ley a la ley" que pretendía que el propio régimen autoritario diera pasos hacia un sistema de libertades sin vacíos de poder o situaciones comprometedoras, aunque la presión de la oposición política y sindical que se avino a participar más adelante consiguió convertirlo en un proceso constituyente en toda regla. El interés de la monarquía por garantizar su permanencia –permanencia que difícilmente podía materializarse en el marco del viejo régimen– y la apuesta de los poderes internacionales por un cambio "ordenado" en España en aras de aportar estabilidad al continente ayudaron en el propósito.

Como ya se ha mencionado, en aquellos momentos Portugal comenzó a dar por cerrado el PREC al hacerse con el control del MFA el denominado "grupo de los Nueve", su sector más moderado partidario de la legitimidad parlamentaria frente la revolucionaria, aunque la hegemonía socializante siguió muy presente tanto en el discurso político como en el papel fiscalizador de los militares, motivando la aprobación de una Constitución de fuerte sello progresista en abril de 1976[10]. Sería por tanto más adelante, a partir de 1977-1978 cuando, gracias a la paulatina pérdida de hegemonía de la izquierda y el reforzamiento de aquellos sectores político-sociales que se habían visto ignorados o estuvieron a la defensiva durante el PREC, el país fue entrando en una dinámica revisionista del *statu quo* aprovechando la legislatura de reforma constitucional que debía comenzar en 1980, con las vistas puestas de igual forma en la esperada adhesión a la CEE.

---

minoritarios situados a la izquierda del PCE. Gregorio Sabater Navarro, "El proceso revolucionario portugués: ¿un modelo a seguir para la "izquierda de la izquierda" española?, *Acta Hispanica* (2018), pp. 51-65.

[10] En ella se incluyeron gran parte de las "conquistas revolucionarias" del PREC como la irreversibilidad de las nacionalizaciones de sectores estratégicos y la reforma agraria, así como se reconoció el papel del militar *Conselho da Revolução* como órgano fiscalizador de la legalidad.

Así las cosas, a la primigenia influencia portuguesa en España –en sentido de evitar en lo posible el escenario luso en el futuro político del país– le acabó sucediendo otra corriente con dirección geográfica inversa –de España hacia Portugal– que incidió principalmente en aquellos sectores que estaban interesados en la reformulación política, económica y sindical del sistema en el marco de la transición posrevolucionaria, para los cuales el "régimen del 78" cumplía más fielmente con el modelo europeo occidental que aspiraban adoptar. Por tanto, la presencia de dos corrientes de conexión peninsular, una de "ida" y otra de "retorno", hace evidente la existencia de una democratización ibérica interconectada, en donde si la primera etapa explicaría la inicial divergencia dispuesta entre ambas, la segunda terminaría por hacerlas confluir desde sus diferenciados orígenes, justificando que podamos hablar de una "transición ibérica"[11].

LA INICIAL DIVERGENCIA

La desestabilización producida por el conflicto colonial en Angola, Mozambique y Guinea-Bissau, el consecuente malestar en parte de la población y en el ejército portugués, así como la ideologización de algunos de sus cuadros explican el derrumbe del *Estado Novo* en las históricas jornadas de abril de 1974. Con la caída del gobierno y de buena parte del régimen dio inicio un proceso revolucionario tutelado por los capitanes izquierdistas del MFA como poseedores de una nueva legitimidad en conjunción con los partidos más organizados de la oposición como el Partido Comunista Portugués (PCP). En pocas semanas se vivió una rápida politización de la sociedad y el auge de un movimiento obrero-campesino de tipo espontáneo que se vio facilitado tanto por el vacío de poder tras el "25 de Abril" como por la desactivación de los principales órganos represivos de la dictadura, desbordando por completo la situación. Esto generó una hegemonía social indudable del discurso marxista y

[11] Planteamiento desarrollado en Gregorio Sabater Navarro, *Las transiciones ibéricas: influjos y convergencias en la democratización peninsular*, UAM Ediciones, Madrid, 2019.

antimperialista, clara respuesta reactiva a la experiencia autoritaria, a la que se identificó como el origen de los males de un país atrasado y empobrecido por el capitalismo.

Es por ello por lo que, a pesar de que la presidencia tanto de la Junta de Salvación Nacional como de la República recayó en alguien de tendencia más bien conservadora como el general Antonio de Spínola –algo que tranquilizó a importantes sectores en España y Occidente–, su enfrentamiento con el MFA no se haría esperar, saliendo derrotado en su intento de tomar el control en septiembre de 1974. Las consecuencias de su salida y exilio no serían inmediatas, pues los primeros pasos de la democratización y la descolonización incidirían en una línea izquierdista que acabó articulando nacionalizaciones de distintos sectores económicos estratégicos, la aplicación de una reforma agraria en las zonas latifundistas del Alentejo y parte del Ribatejo y la aprobación por decreto de la unicidad sindical, que beneficiaría sobremanera a la central CGTP-*Intersindical*, de mayoría comunista. Por momentos, hasta el PCP parecía adoptar posiciones "moderadas" frente a las comisiones de trabajadores que se crearon en numerosas empresas e industrias y que no estaban bajo su control, pues su vinculación fue mayor con la izquierda alternativa. El gobierno provisional, formado por representantes de distintos partidos (incluidos socialistas y comunistas) y presidido entre julio de 1974 y septiembre de 1975 por el coronel izquierdista Vasco Gonçalves, se vio en numerosas ocasiones desbordado por la acción espontánea de organizaciones y sindicatos cuando no directamente tutorizado por el MFA.

Así las cosas, como señala el historiador portugués Antonio Reis, a la anacronía de un *Estado Novo* autoritario e imperial en un entorno democrático y descolonizado como el europeo le sucedió, momentáneamente, otro tipo de anacronismo, el de un Portugal "de camino al socialismo" por más que fuera miembro fundador de la OTAN y de que el planeta siguiera envuelto en los complejos equilibrios de la Guerra Fría, cuyo foco de atención pasó a centrarse en el flanco mediterráneo. El enfrentamiento entre Grecia y Turquía por Chipre, las consecuencias del inestable Oriente Medio –como la crisis del petróleo que aún coleaba tras la guerra del Yom Kippur–, el ascenso electoral del comunismo italiano y el futuro político de

España tras la inminente muerte de Franco convirtieron a Portugal en un eslabón más de una zona tensionada.

Paradójicamente, en aquel momento tuvo lugar una detente entre los bloques occidental y oriental como consecuencia de la Conferencia de Cooperación y Seguridad en Europa que dio sus primeros pasos en 1973 y finalizó con la firma del Acta de Helsinki en agosto de 1975, justo en el momento en el que EE.UU. vivió una doble salida, la de Nixon de la presidencia y la de las tropas americanas de Vietnam. Esta relajación en el enfrentamiento bipolar, como ya se ha señalado, sería uno de los ingredientes principales que propiciaron la nueva ola democratizadora. Aun así, la actitud internacional respecto la situación en la península ibérica contó con dos posturas diferenciadas, por un lado, la de Washington, abierto a una aproximación de España a la OTAN para multilateralizar sus vínculos –favoreciendo de paso la renovación de los convenios para el uso de las bases que expiraban en 1975– y partidario de una mayor dureza con Portugal ante su deriva revolucionaria. Mientras, sus aliados europeos optaron por la opción contraria en ambos casos, pues entendieron que la exclusión de nuestro país favorecería la transformación del régimen franquista mientras que la permanencia de los lusos permitiría garantizar la evolución del PREC hacia parámetros plenamente democráticos[12].

De esta manera sería Europa –y más concretamente la República Federal Alemana (RFA)– la que tomaría la iniciativa para "apadrinar" en lo posible la transición ibérica, lo que se tradujo no sólo en mantener la postura recién descrita sino desarrollar un trabajo directo por parte de las fundaciones de los distintos partidos alemanes –socialdemócratas, democristianos y liberales– para apoyar cuando no directamente reconstruir las organizaciones del mismo signo en ambos países y poder competir con los mejor articulados partidos comunistas peninsulares. La diferencia en este caso vendría de que en Portugal esta articulación se produjo cuando el cambio político ya había tenido lugar y el ambiente era un tanto hostil hacia esas

[12] Charles Powell, "Estados Unidos y España, de la dictadura a la democracia: el papel de Henry A. Kissinger (1966-1977), en Charles Powell y Juan Carlos Jiménez Redondo, *Del autoritarismo a la democracia. Estudios de política exterior española*, Sílex, Madrid, 2007, pp. 19-71.

ideologías, mientras en España pudieron implementar su estrategia de manera previa al cambio, tratando de propiciar así una democratización más acorde con sus intereses.

En este complejo marco, que el dictador Francisco Franco consumara el "hecho biológico" de su muerte añadió un elemento más de preocupación para Occidente. Si ya era notoria la necesidad de una apertura política en el país, ahora resultaba imprescindible que ésta se produjera con éxito y en un sentido favorable para el bloque capitalista, sirviendo en lo posible como estabilizador en el área. Así, la democratización española debía ser distinta a la de su vecino, y en esa "necesidad" y en el aprendizaje recibido de la experiencia lusa radica la conexión entre ambas en esta primera etapa, una conexión inicialmente divergente.

LA CONVERGENCIA POSTERIOR

El proceso de reforma español pareció quedar encarrilado tras las primeras elecciones de junio de 1977, caso aparte de un resultado electoral favorable, con el triunfo de la coalición electoral liderada por Adolfo Suárez y el buen resultado del PSOE, frente al mucho más modesto apoyo que recibieron las opciones situadas en los "extremos": el PCE y Alianza Popular. La sociedad española, altamente movilizada durante los últimos años del franquismo parecía disponer de un mayor grado de moderación dentro de la diversidad de opciones, estando ausentes del debate mayoritario reivindicaciones sobre nacionalizaciones, reforma agraria o control obrero de centros de producción que habría supuesto un cuestionamiento del modelo capitalista y del equilibrio de bloques como aconteció en Portugal.

Fuera esto por el recuerdo traumático de la Guerra Civil, por el mantenimiento de la autoridad del Estado a diferencia del vacío de poder experimentado en el país vecino, por haberse aminorado la polarización socioeconómica con motivo del desarrollismo o por el ejemplo "negativo" que supuso el PREC, lo cierto es que España se convirtió pronto en paradigma de cambio democrático desde un régimen autoritario[13], a pesar de la presencia de ciertas problemáticas como la violencia política (tanto de grupos terroristas de distinto signo como la ejercida por los cuerpos de seguridad del Estado) o los peligros del golpismo militar promovido por los fieles a las esencias del franquismo. Por más que todo esto muestre un proceso que distó de ser idílico, no fue óbice para que se acabara articulando la imagen de un "modelo español" de democratización planteándose incluso su proyección e influencia en transiciones inmediatamente posteriores como la chilena, así como otros ejemplos del continente americano.

Que la mudanza democrática se realizara a través de un escenario de negociación y consenso entre antiguos enemigos irreconciliables resultó atrayente para la opinión pública internacional (que comenzó a colocar su foco en nuestro país), así como que quedara enmarcado en un proyecto constitucional asimilable al del resto de países de la CEE. Una imagen que en buena medida se definió en contraste con la experiencia previa portuguesa, y es que, para parte del orbe occidental, el PREC había supuesto un "shock", con ocupaciones de tierras, secuestros de patronos, depuraciones y autogestión de empresas que cuestionaron en cierto modo la economía de mercado. Al comparar ese escenario con la España de la Transición, no se hizo esperar la conceptualización arquetípica de un "buen" y un "mal" cambio de régimen, aunque ello supusiera obviar las profundas problemáticas que también experimentó el proceso español, que de facto fue más violento que el PREC.

En ese preciso instante, aunque Portugal ya transitaba por la etapa posrevolucionaria y la democracia de corte occidental se encontraba garantizada tras las dudas iniciales, los problemas de gobernabilidad de los primeros e inestables gobiernos constitucionales, el enfrentamiento entre los distintos partidos y la ausencia de consensos, las graves dificultades financieras y económicas que sufría el país –agravadas por la definitiva independencia de las colonias, la

[13] Sobre la conversión de la Transición española en modelo estaca el trabajo de Manuel Ortiz Heras, "La Transición, ¿un asunto doméstico por excelencia?... pero exportable", en Óscar Martín y Manuel Ortiz Heras (coords.), *Claves internacionales en la Transición española*, Catarata, Madrid, 2010, pp. 13-38.

llegada de los "retornados" y los ajustes solicitados por el FMI– así como las reformas que poco a poco se plantearon en el pretendido camino hacia la convergencia europea –con la oposición que mostró una parte de la sociedad como las organizaciones y sindicatos de izquierda–, evidenciaban que la democracia lusa aún estaba en vías de consolidación e incluso de definición ante la disparidad de los proyectos defendidos por su cuadro político-social, situación agravada con la llegada de la legislatura de reforma constitucional[14].

Entre el complejo escenario posrevolucionario y la paralela emergencia de la Transición española como paradigma internacional se explica la aparición de la "corriente de retorno" ibérica a partir de 1977-1978, afectando a aquellos sectores interesados en la reforma y adaptación del país en un sentido europeo, incidiendo en los aspectos que se mostraron irresolubles en el debate nacional del momento, como fueron la cuestión ideológica, la cuestión económica y la cuestión sindical, siendo mayoritario en esta ocasión el interés por emular frente a la pulsión diferenciadora de la "corriente" precedente.

Sobre la primera cuestión, la "corriente" se expresó a través de una lectura doméstica de algunos de los elementos que más atención internacional recibían de la nueva política española, como el consenso entre fuerzas diversas, la evolución del sistema de partidos hacia el modelo europeo, la escasa intervención de la esfera militar en la política, el papel arbitral del jefe del Estado y la aprobación de un texto constitucional que concordaba más con el esquema occidental. Todos ellos eran aspectos problemáticos en la incipiente democracia portuguesa que, al establecer comparación con el país vecino generaron enseñanzas para su resolución según los intereses del sector más proclive a la reforma.

Al igual que en los momentos álgidos del PREC, cuando se conformaron dos bloques opuestos –el de los partidarios de la legitimidad revolucionaria y aquellos que defendían la vía democrática representada

[14] La Constitución de 1976 congeló el modelo instituido durante toda la primera legislatura, siendo una nueva Asamblea electa la que tendría poderes para revisar el texto constitucional a partir de 1980, por lo que el periodo de transición no había concluido completamente antes de esa fecha. Carlos Gaspar, "O processo constitucional e a estabilidade do regime", *Análise Social*, 105-106 (1990), pp. 9-29.

por la Asamblea de la República, con un PCP que tuvo una posición ambivalente objeto de debate historiográfico–, la perspectiva de modificación de la carta magna generó otra respuesta bipolar en el Portugal posrevolucionario. De un lado la izquierda defensora de la revolución y sus herencias (representada mayoritariamente por el PCP pero con multitud de ramificaciones en movimientos sociales, agrarios y sindicales), y de otro los sectores conservadores reformistas (partidos de centro-derecha como el PSD y el CDS, la patronal, propietarios agrarios, etc.) que pasaron a demandar un nuevo *statu quo* más próximo al ejemplo europeo, renegando del compromiso que supuso la Constitución de 1976.[15] En esta ocasión, quien ocupó una posición de "bisagra" fue el Partido Socialista (PS), defendiendo las herencias del "25 de Abril" y sus conquistas sociales y al mismo tiempo promoviendo ciertas modificaciones que aproximaran al país al modelo occidental.

En el fragor del debate sobre la carta magna portuguesa, la Constitución española de 1978 se convirtió en referente del bloque partidario de la reforma, sobre todo de aquellos cuya aspiración era una modificación profunda, al considerar que el texto del país vecino contaba con un posicionamiento ideológico más neutral, menor intervencionismo económico (del que más adelante hablaremos), además de valorar positivamente que fuera sometida a referéndum a diferencia de la Constitución de 1976, aprobada tan sólo por la Asamblea de la República.

La hegemonía progresista nacida del PREC no sólo tuvo consecuencias en el diseño de la Constitución sino también en sus diseñadores, un cuadro partidario virado por completo hacia posiciones más a la izquierda de lo que correspondería en un contexto europeo occidental, donde lo habitual era la existencia de dos grandes opciones, una socialdemócrata y otra democristiana. Sin embargo, el

[15] Mientras que el CDS fue el único partido del arco parlamentario que no apoyó el texto constitucional en 1976, el PSD pasó de apoyarlo a pedir su reforma profunda, evidenciando una transición posrevolucionaria entre sus postulados socialdemócratas iniciales (de los que hoy sólo conserva el nombre) y la posición de centroderecha que acabó representando. Gregorio Sabater Navarro, "El Partido Social Demócrata en la 'corriente de retorno' ibérica: reubicación e impugnación del 25 de Abril", *Ler História*, 83 (2023), pp. 191-216.

PS se afirmaba marxista en Portugal, rechazando expresamente la socialdemocracia (aunque recibiera el soporte internacional de ésta), el PCP era prosoviético, lejano a cualquier veleidad eurocomunista, y las opciones conservadoras a lo máximo que pudieron adscribirse fue a una socialdemocracia no marxista –en el caso del PSD– y a un centro de tintes socialcristianos –en el caso del CDS–. Así las cosas, una vez finalizado el PREC, el PS y el PSD, los partidos con mayor representación, vivieron un lento y costoso[16] proceso de reubicación ideológica posrevolucionaria que finalmente los llevaría a ocupar una posición más concordante con el esquema de los grandes partidos europeos.

Aunque el sistema de partidos en España tampoco se correspondía del todo con dicho esquema, pues el PSOE no abandonó el marxismo de manera oficial hasta 1979 y la UCD era una organización ecléctica con tendencias socialdemócratas, liberales y democristianas en su seno, lo cierto es que el influjo de la "corriente de retorno" motivó una estrecha colaboración ibérica. Paradigmático fue el caso del PSD que, huérfano de apoyo internacional (pues la familia socialdemócrata europea apadrinaba al PS y la democristiana al CDS), ante los éxitos electorales y gubernativos de Adolfo Suárez y su coalición transformada en partido, desarrolló una intensa alianza con la UCD justo en el momento en que la organización liderada por Francisco Sá Carneiro comenzó de manera más decidida su reubicación ideológica. Alianza ibérica que se llegaría a transformar incluso en padrinazgo electoral y presumiblemente financiero cuando el PSD y el CDS crearon la coalición *Aliança Democrática* (AD), considerada la "versión portuguesa" de la UCD, vehículo con el que el centroderecha llegaría al poder en Portugal gracias a la mayoría absoluta obtenida en los comicios de diciembre de 1979.

En el caso de los socialistas ibéricos, la "corriente de retorno" puso fin a la fría relación que ambos mantuvieron en los primeros momentos. Diversos elementos como los excelentes resultados del

[16] Costoso por las fuertes disensiones internas que generó, provocando la salida de miembros destacados cuando no la escisión de corrientes críticas.

PSOE en las elecciones de junio de 1977, la tradición de sus siglas –no comparable al PS, refundado en 1973–, y su implantación sindical a través de la UGT (algo de lo que los lusos carecían y cada vez estaban más decididos a solventar), motivó que en el seno del PS fuera emergiendo una valoración positiva del partido hermano, produciéndose un salto adelante en la cantidad y calidad de sus relaciones, con una sucesión de reuniones, visitas oficiales, cumbres bilaterales, intercambios, apoyo electoral etc.[17].

Desde julio de 1976, el socialista Mário Soares presidía el gobierno en minoría, manteniendo una complicada relación entre los partidos a su izquierda y derecha así como un complejo equilibrio interno entre el sector más progresista del PS, opuesto a revisar el *statu quo*, un sector próximo a la dirección que se abría a la reforma pero con dudas al respecto ante lo difícil de realizar semejante viaje y el minoritario sector centrista que apostaba decididamente por la adaptación[18]. A partir de 1977, el gobierno comenzó a plantear medidas con innegables connotaciones reformistas que tensionaron al partido y lo enfrentaron a la izquierda y los sindicatos, aunque sus relaciones con la derecha no fueron mejores con la añadidura de la delicada situación económica. Las profundas dificultades para llegar a consensos entre las distintas fuerzas portuguesas y la compleja gobernabilidad del sistema consiguieron que se valorara especialmente el consenso español, sobre todo por parte de los socialistas en el poder y el sector socialdemócrata del PSD, más abiertos al pacto que a la dinámica de polarización y competición electoral.

La reforma constitucional finalmente aprobada en 1982 atendió al objetivo compartido en aquel momento por el centroderecha y el PS de poner fin a la intervención de los militares en política, eliminando el *Conselho da Revolução* (sustituido por un Tribunal Constitucional

[17] A finales de los 70 y principios de los 80 se pudieron constatar "dos parejas políticas en los Estados ibéricos", una en el marco de la Internacional Socialista, formada por el PS y el PSOE, y otra entre la AD de Sá Carneiro y la UCD de Suárez. César Oliveira, *Cem anos nas relações luso-espanholas. Política e economía*, Cosmos, Lisboa, 1995.

[18] De la misma manera que el PSOE abandonó oficialmente el "marxismo" no sin cierta dificultad en el congreso extraordinario de septiembre de 1979, en el III Congreso del PS celebrado el mismo año, los socialistas lusos atenuaron dicha ideología en un sentido semejante al rebajarla a "inspiración teórica".

y un Consejo de Estado como en España), así como una disminución de los poderes del presidente de la República para hacer algo más parlamentario el sistema semi presidencial y reducir la capacidad de intervención del Jefe del Estado. Sin embargo, apenas se tocó en esta ocasión la potente vertiente económica (para frustración de los conservadores, la patronal y las asociaciones de propietarios agrícolas) ante la oposición de los socialistas, pues se necesitaba el apoyo de dos tercios del parlamento para poder realizarlo, lo que otorgaba al PS una valiosa capacidad de veto.

En lo referente a la cuestión económica, como traslación del esquema ideológico descrito, tuvo lugar una transición entre el modelo económico aplicado durante el PREC, del que ya se han ofrecido diversas pinceladas y que se caracterizó por un importante intervencionismo estatal de impronta socialista, y el que se fue planteando durante la adaptación posrevolucionaria. Éste último modelo, más cercano a los parámetros del capitalismo occidental y la economía social de mercado europea, se apoyó en las aspiraciones de aquellos sectores que se habían visto relegados durante la experiencia del "25 de Abril" y el proceso revolucionario y que en esta nueva etapa aspiraron a recuperar posiciones de la mano de un centroderecha igualmente en proceso de reubicación y fortalecimiento.

Aunque el sector nacionalizado (que representaba un valor creciente bruto entre el 20% y el 25% del PIB) era semejante al de otros países europeos como Francia, Italia o la RFA[19], su aumento exponencial fue fruto de la apuesta socializante de los años del PREC, que para más inri quedó constitucionalizada, tanto la irreversibilidad de las nacionalizaciones de sectores como la banca o la industria pesada, etc. como un título completo dedicado a la reforma agraria en cuyo preámbulo se mencionaba que era "uno de los instrumentos fundamentales para la construcción de la sociedad socialista". Si se trataba o no de una declaración retórica en un texto que al mismo tiempo garantizaba la propiedad privada es otra de las paradojas portuguesas de aquel momento histórico, pero durante la revolución resultó innegable una desvalorización del mercado (no pocos

[19] José da Silva, *A Economía Portuguesa desde 1960*, Gradiva, Lisboa, 1999.

empresarios salieron del país) y la priorización de los intereses de la clase trabajadora en un contexto de hegemonía izquierdista no sólo en los ámbitos militar o partidista, sino también con la explosión de un activismo de base obrero-campesino expresado a través de sindicatos, comisiones de trabajadores y unidades colectivas agrarias, principalmente en las zonas urbanas industriales y el Alentejo.

Una vez que esa hegemonía comenzó a resquebrajarse a partir de 1977-1978, la patronal *Confederação da Indústria Portuguesa* (CIP), así como otras asociaciones surgidas del mismo ámbito como la *Confederacão dos Agricultores de Portugal* (CAP) de propietarios agrícolas y la *Confederação do Comércio e Serviços de Portugal* (CCP) del sector comercial quisieron recuperar terreno promoviendo una revisión del sistema con tal de aprovechar la legislatura de reforma constitucional que se avecinaba. Para justificar dicho cambio, estos sectores utilizaron la deteriorada situación económica de manera semejante a como hicieron los partidos conservadores, culpando al "extraeuropeo" ordenamiento socioeconómico de los males del país, encontrándose con la férrea oposición del bloque de izquierdas.

Desde muy pronto, en parte debido a la propia situación económica, distintos gobiernos plantearon una reorientación de sus políticas con el empresariado con tal de reanimar la inversión, el crecimiento y el empleo. El gobierno socialista de Mário Soares promovió igualmente reformas en los ámbitos agrario y empresarial con tal de limitar el poder de las Unidades Colectivas de Producción (UCP) del Alentejo y las comisiones de trabajadores de las empresas (medidas que tuvieron continuidad y se reforzaron durante los gobiernos conservadores de AD a comienzos de la década de 1980). En esta dinámica revisionista también se articuló la perspectiva de adhesión europea como una manera de justificar este complejo desmantelamiento, pero con la irrupción de la "corriente de retorno" sería el caso español el que acabaría constituido en verdadero ejemplo propiciatorio.

Es por ello que resulta comprensible la potente atracción que los Pactos de la Moncloa generaron en Portugal, unos acuerdos con dimensión económica y política firmados en el otoño de 1977 entre los partidos del arco parlamentario español, los sindicatos y la patronal consensuando una serie de medidas en un contexto económico que también resultaba muy complicado. Diversos medios de comunicación, como el *Diário de Notícias* (próximo al PS) o el más conservador *O Jornal*, no ocultaron su deseo de que unos acuerdos de esa magnitud se hubieran adoptado en Portugal. De hecho, el ejecutivo de Soares llegó a intentar emular la iniciativa española a través del *Memorando aos partidos e parceiros sociais* con escasos resultados por la imposibilidad de alcanzar consensos ante el enconado debate entre los bloques reformista e izquierdista[20].

En este sentido, uno de los puntos que más valoración positiva generó de la Constitución española en el bloque reformista fue precisamente el económico, destacando que en ella se reconocía la libertad de empresa en el marco de una economía de mercado, siendo en su opinión un texto sin preferencia específica por una opción concreta que instituía un sistema más abierto y flexible. De ahí el intento por modificar en esa dirección la Constitución portuguesa a través de la reforma aprobada en 1982, en la que sin embargo, a lo máximo que se llegó en lo económico fue a contemplar que la reforma agraria quedaba supeditada a la política agrícola que decidiera el gobierno de turno.

Para poder reformular la "constitución económica" hubo que esperar a 1989, fue entonces cuando el PS se avino a apoyar la posibilidad de reversión de las nacionalizaciones, alcanzando los dos tercios del parlamento necesarios para su aprobación, suponiendo la definitiva "neutralización ideológica" de todo lo que sobrevivió a la primera reforma. Dinámica revisionista que acabó afectando a otros ámbitos como el de la educación, salud, seguridad social o la prensa en el contexto de los prolongados gobiernos conservadores de Aníbal Cavaco Silva (1985-1995).

La "corriente de retorno" también se dejó sentir especialmente en organizaciones del bloque reformista como la patronal CIP, haciéndose eco en sus publicaciones oficiales de la vitalidad de la patronal española CEOE a partir de 1978 (cuando antes de esa fecha sus referentes internacionales solían ser Francia, la RFA o la CEE),

[20] Jorge Fontes, "Um pacto de la Moncloa em Portugal", en Pamela Peres Cabreira (org.), *História do Movimento Operário e Conflitos Sociais em Portugal*, IHC, Lisboa, 2020, p. 226.

anhelando su capacidad de influencia política. Por este motivo, la colaboración y cooperación entre las patronales ibéricas no se hizo esperar, con distintas visitas oficiales a España o la celebración de una cumbre en Lisboa en 1979 en donde ambas reafirmaron su defensa de la economía de mercado como una forma de apoyo al propósito revisionista de la CIP.

Concluyendo con la cuestión sindical, la unicidad en torno a la central de mayoría comunista CGTP-*Inter*, aprobada por decreto durante el PREC, fue otro de los aspectos que generó más debate en la sociedad portuguesa y que consecuentemente fue cuestionado al llegar la etapa posrevolucionaria. El bloque izquierdista la conceptuó desde el comienzo como otra de las herencias del "25 de Abril" que era imprescindible preservar frente los deseos de modificación del bloque reformista. En esta competición, el modelo sindical europeo se esgrimió de igual manera como herramienta de cuestionamiento del *statu quo*, aunque en este caso la Constitución de 1976 contemplaba la libertad sindical como un derecho, sin hacer referencia a un modelo unitario o pluralista.

Aunque esta cuestión fue uno de los principales detonantes del enfrentamiento entre el PS y el PCP desde 1975, la referida pluralidad interna de los socialistas hizo que la estrategia del partido al respecto fuera dubitativa y errática. El PS, organización de reciente creación, no contaba con una penetración sindical comparable a los comunistas, por lo que la aspiración de subsanar esa debilidad siempre estuvo presente, pero las distintas corrientes en su seno se dividieron entre los que apostaban por escindirse de la CGTP-*Inter* y contar con una central propia como la inmensa mayoría de los socialistas o socialdemócratas europeos y los que preferían negociar la reforma de la central unitaria desde dentro para mantener lo que en el fondo consideraban un modelo sindical a conservar.

La primera iniciativa al respecto fue la creación de *Carta Aberta* en 1976, una corriente interna de los socialistas dentro de la CGTP-*Inter* apoyada y asesorada por la alemana Fundación Ebert con la que apostaron por una línea no demasiado hostil. Sin embargo, la férrea oposición de la dirección de la central a las medidas de austeridad y las políticas reformistas aplicadas por el gobierno de Soares, así como el influjo que a partir de 1977 comenzó a ejercer la "corriente de retorno" también en este ámbito, en un momento de mejora de las relaciones entre los socialistas ibéricos, vino a favorecer paulatinamente al sector que apostaba por la ruptura.

El ejemplo de la UGT en España contaba con todos los ingredientes para convertirse en un modelo propicio para intentar su traslado a Portugal. Y es que la situación de inicial debilidad del histórico sindicato frente las poderosas CCOO (próximas al PCE) se pudo solventar gracias al apoyo proporcionado por la internacional socialdemócrata en general y los alemanes del *Deutscher Gewerkschaftsbund* (DGB) en particular –en buena medida para evitar precisamente escenarios como el portugués–, así como por una estrategia activa de competición que daría resultados positivos en las primeras elecciones sindicales libres celebradas en España entre 1977 y 1978. Fue a partir de entonces cuando el sindicato español comenzó a colaborar en el proceso de reforzamiento del sindicalismo no comunista en Portugal aportando su experiencia al respecto[21].

Despejadas las dudas sobre la estrategia a seguir en el seno del socialismo luso, desde *Carta Aberta* se reconoció públicamente que su objetivo era "la constitución de una nueva estructura sindical semejante a la UGT de España"[22]. Aun así, el proceso no fue sencillo. Si se quería construir un contrapunto serio a la poderosa *Inter*, teniendo en cuenta la escasa implantación que aún disponían en los sectores con más sindicación como la industria pesada, era preciso unir fuerzas con otros grupos como la base sindical próxima al PSD, la *Tendência Sindical Reformista Social-Demócrata* (TESIRESD). Esto retrasó aún más la constitución definitiva de la nueva central, que no tuvo lugar hasta finales de 1978, cuando se celebró la primera asamblea

[21] Ya fuera en solitario o en colaboración con la base sindical que también disponía el PSD, *Carta Aberta* consiguió ganar 61 elecciones sindicales entre finales de 1977 y comienzos de 1978. Antonio Muñoz, "La socialdemocracia alemana y el movimiento sindical ibérico durante las transiciones a la democracia (1974-1979)", *Espacio, tiempo y forma*, 32 (2020), pp. 146-147.

[22] José María Brandão de Brito y Cristina Rodrigues, *A UGT na Historia do Movimento Sindical Português 1970-90*, Tinta da China, Lisboa, 2013, p. 188.

de la que, no por casualidad, se terminó denominando *União Geral de Trabalhadores* (UGT), poniendo fin a la unicidad en Portugal.

A partir de entonces, la UGT española desarrolló labores de asesoramiento e intercambio con sus camaradas lusos con el objetivo de conseguir su rápida expansión y fortalecimiento, aunque el apoyo más significativo que aportaron residió en la dimensión internacional. Si el sindicato español disfrutó de una baza en su competición frente CCOO fue su pertenencia a la Confederación Europea de Sindicatos (CES), desde donde pudieron vetar los intentos de adhesión de Comisiones. Estrategia que repitieron, pues la UGT española propició la rápida inclusión de la UGT portuguesa en la CES mientras que la CGTP-*Inter* tuvo que esperar, representativo epílogo de la convergencia que supuso la transición ibérica. Transición que, al constituir además una continuidad en la dinámica de interrelaciones peninsulares, confirmaría su singularidad respecto al resto de experiencias de la "tercera ola".

REFERENCIAS BIBLIOGRÁFICAS

Brito, José Maria Brandão de y Rodrigues, Cristina, *A UGT na Historia do Movimento Sindical Português 1970-90*, Tinta da China, Lisboa, 2013.

Fontes, Jorge, "Um pacto de la Moncloa em Portugal", en P amela Peres Cabreira (org.), *História do Movimento Operário e Conflitos Sociais em Portugal*, IHC, Lisboa, 2020, pp. 225-231.

Gaspar, Carlos, "O processo constitucional e a estabilidade do regime", *Análise Social*, 105-106 (1990), pp. 9-29.

Huntington, Samuel P., *La tercera ola. La democratización a finales del siglo* XX, Paidós, Barcelona, 1994.

Lemus López, Encarnación, *En Hamelin... la Transición Española más allá de la Frontera*, Septem, Oviedo, 2001.

Linz, Juan J. y Stepan, Alfred, *Problems of democratic transition and consolidation: Southern Europe, South America, and Post-Communist Europe*, Johns Hopkins University Press, Baltimore, 1996.

Muñoz Sánchez, Antonio, "La socialdemocracia alemana y el movimiento sindical ibérico durante las transiciones a la democracia (1974-1979)", *Espacio, tiempo y forma,* 32 (2020), pp. 133-154.

Oliveira, César, *Cem anos nas relações luso-espanholas. Política e economía*, Cosmos, Lisboa, 1995. Ortiz Heras, Manuel, "La Transición, ¿un asunto doméstico por excelencia?... pero exportable", en Martín, Óscar y Ortiz Heras, Manuel (coord.), *Claves internacionales en la Transición española*, Catarata, Madrid, 2010, pp. 13-38.

Pollack, Benny y Taylor, Jim, "Review Article: The Transition to Democracy in Portugal and Spain", *British Journal of Political Science*, 13 (1983), pp. 209-242.

Powell, Charles, "Estados Unidos y España, de la dictadura a la democracia: el papel de Henry A. Kissinger (1966-1977), en Charles Powell y Juan Carlos Jiménez Redondo, *Del autoritarismo a la democracia. Estudios de política exterior española*, Sílex, Madrid, 2007, pp. 19-71.

Sabater Navarro, Gregorio, "El proceso revolucionario portugués: ¿un modelo a seguir para la "izquierda de la izquierda" española?, *Acta Hispanica* (2018), pp. 51-65.

—, *Las transiciones ibéricas: influjos y convergencias en la democratización peninsular*, UAM Ediciones, Madrid, 2019.

—, "El Partido Social Demócrata en la 'corriente de retorno' ibérica: reubicación e impugnación del 25 de Abril", *Ler História*, 83 (2023), pp. 191-216.

Sánchez Cervelló, Josep, *La revolución portuguesa y su influencia en la Transición española (1961-1976)*, Nerea, Barcelona, 1995.

Silva, José da, *A Economía Portuguesa desde 1960*, Gradiva, Lisboa, 1999.

Torre Gómez, Hipólito de la y Jiménez Redondo, Juan Carlos, *Historia de una diferencia, Portugal y España: Ayer y hoy (1807-2019)*, Sílex, Madrid, 2019.

NACIONALISMO Y REVOLUCIÓN: EL DISCURSO NACIONAL EN LA REVOLUCIÓN DE 1974

Isidro Sepúlveda
Universidad Nacional de Educación a Distancia.
UNED. España
ORCID: 0000-0002-1493-6139

INTRODUCCIÓN

Desde el 25 de abril de 1974 al 25 de noviembre de 1975 (lo que desde ámbitos oficialistas se calificó como Proceso Revolucionario en Curso, PREC), se articuló un doble discurso: deslegitimador –contra la más vieja dictadura europea– y democrático –desde las fuerzas armadas hacia una sociedad crecientemente movilizada-: teniendo ambos discursos una unión efectiva, voluntariamente socializante, en un innovador discurso nacional.

Este trabajo analiza las bases estructurales del discurso nacionalista, diferenciándolo estructural y simbólicamente del tradicionalismo salazarista. Para ello los dirigentes revolucionarios utilizaron un arsenal de elementos simbólicos e identitarios que instrumentalizaron en favor del retorno de la democracia a Portugal. Sin embargo, lo más trascendente es que ese discurso nacional ha perdurado en el tiempo y, de una forma prácticamente inalterada, ha llegado hasta el presente, estructurando la propia identidad lusa en el último medio siglo.

LAS BASES ESTRUCTURALES DEL NACIONALISMO PORTUGUÉS

El nacionalismo portugués presenta desde mediados del siglo XIX –cuando se termina articulando el Estado liberal tras la primera crisis de la monarquía– una interpretación de su idea de nación basada fundamentalmente en tres componentes: una comunidad demo– geográfica, una comunidad idiomática cultural y una comunidad histórica. El más famoso historiador portugués del siglo XIX, fundador de la moderna historiografía portuguesa, Alexandre Herculano, desprecia el argumento de la continuidad racial en Portugal, considerando la independencia como fruto de la Reconquista; su gran obra en cuatro volúmenes fue *Historia de Portugal* (1846-1850), primera historia portuguesa escrita bajo criterios historiográficos, (muchos de los documentos utilizados fueron posteriormente publicados por encargo en la gran *Portugaliæ Monumenta Histórica,* 1856-1873), fundamentó los elementos estructurales de esa "comunidad histórica" utilizado en la construcción nacionalista, pero también puso en valor la trascendencia que para la conformación de la identidad portuguesa tenía la lengua y la cultura[1].

Sin embargo, y al igual que ocurriera con la instrumentalización que del nacionalismo español hizo el franquismo –que tanta influencia tuvo en la reformulación del nacionalismo español y de la misma idea de España durante la transición y en la constitución de 1978–[2], la reformulación del nacionalismo portugués durante el Proceso Revolucionario en Curso reaccionó frontalmente contra la instrumentalización que el Estado Novo salazarista había hecho de la "portugalidade" (equivalente luso al concepto de "Hispanidad" en el nacionalismo español). Por esa razón, resulta necesario conocer las bases estructurales de dicho concepto y el papel desempeñado en el discurso salazarista.

El nacionalismo portugués durante la dictadura del Estado Novo se sintetizó alrededor del concepto de "portugalidade". Tradicionalmente –especialmente desde posiciones conservadoras– se ha atribuido el origen del concepto "portugalidade" a António Sardinha y su obra seminal *El valor de la raza* (*O valor da raça*, 1915), donde empleando una metodología que él califica de "científica" rastrea los orígenes de una supuesta raza portuguesa en el *homo atlanticus,* pero que tiene en la edad media los elementos más señeros. El líder del *integralismo*

[1] Jaime Magalhães Lima, *Alexandre Herculano*, Editora Good Press, Lisboa, 2022.

[2] Isidro Sepúlveda, "Conformación e instrumentalización del nacionalismo español durante el franquismo", en *Tiempos de silencio. Actas del IV Encuentro de Investigadores del Franquismo,* Universitat de Valencia, Valencia, 1999, pp. 282-288.

lusitano señala la trascendencia de la lucha contra los taifas de Al-Ándalus y la independencia de Castilla como elementos fundacionales y fundamentales no solo de la creación del reino portugués sino también de la "portugalidade", que posteriormente alcanzó su culminación a través de la expansión imperial y la constitución de "comunidades portuguesas".[3] Contrario a la monarquía constitucional y al parlamentarismo, no fue extraño que Sardinha acabará conformando una suerte de paradigma interpretativo para nacionalismo portugués utilizado e instrumentalizado por el Estado Novo.

A su vez, el propio Sardinha tomaba como referente originario al clérigo cisterciense e historiador Bernardo de Brito– también conocido como Fray Bernardo de Brito– (1569 –1617), quien no solo generó el concepto relativista de raza, sino que en su colosal e inacabada *Monarchia Lusytana,* fundamentó las bases de la "portugalidade": monarquía absoluta, independencia e imperio, explícitamente enfrentadas a los que denomina "defectos de los portugueses": el extranjerismo egocéntrico, materializado en la influencia exterior –de doble origen, por una parte judíos y por otra españoles– y el liberalismo –personificado en el marqués de Pombal[4].

Aunque en su canónico *Diccionario de Filosofía Portuguesa* Pinharanda Gomes consagró la atribución a Sardinha del moderno concepto de "portugalidade", en realidad lo que estaba realizando era una legitimación del uso e instrumentalización del concepto por el gobierno de Salazar; al atribuirlo a Sardinha y, en consecuencia, al datar su uso antes del comienzo de la dictadura, pretendía evidenciar una continuidad atemporal, un elemento muy utilizado por el "Movimento da Cultura Portuguesa" –también conocido como "Movimento de 57"– en su reivindicación de una "auténtica

[3] Aunque algunos iberistas e incluso el padre de la *hispanidad*, Ramiro de Maeztu, tuvieran a Sardinha como un simpatizante de la causa de la unión peninsular, en realidad se manifestó con rotundidad como un enemigo declarado del iberismo unionista, incluso después del exilio en España tras el fracaso del intento de golpe de Estado monárquico de 1919. Susana Rocha Relvas, "António Sardinha à lareira de Castela: o exílio espanhol na construção de uma identidade hispánica", *Revista TOPUS* 6, 1 (2020), pp. 36-51, www.revistatopus.com.br/202131521427

[4] Luis Reis Torgal, *Estados novos, Estado Novo: ensaios de história política e cultural*, Imprensa da Universidade de Coimbra, Coimbra 2009, vol. 1, p. 43.

filosofía nacional portuguesa" que basara la idea de patria[5]. Esta atribución, y aún más claramente su propósito, fue posteriormente desmontada ante una evidencia de rotundidad inapelable: no solo el concepto "portugalidade", sino incluso el mismo vocablo, nunca fueron empleados por Sardinha. En consecuencia, difícilmente podría ser su creador. Sin embargo, lo importante no era tanto el propio concepto como los elementos que lo conformaban: continuidad histórica en la monarquía, antiliberalismo, antiparlamentarismo, independencia nacional e imperialismo colonial. El sincretismo conceptual de "portugalidade" fue utilizado por el régimen salazarista en una reinterpretación aún más conservadora, ahistórica, mesiánica y antiliberal, muy especialmente en las grandes conmemoraciones de vocación histórica: 10 de junio, Día de Portugal y de la Raza, de Camões y de las Comunidades Portuguesas; y 1 de diciembre, "Día de la Autonomía" o *Restauración de la independencia.*

Esta instrumentalización motivó la desacreditación del concepto y su casi definitiva desaparición; acabó corriendo la misma suerte que la dictadura tras el golpe del 25 de abril. Intrínsecamente identificada con el salazarismo –que había hecho un uso instrumental del concepto para identificar el régimen con el "verdadero Portugal"– el Movimiento de las Fuerzas Armadas Portuguesa tomó distancia rápidamente del mismo, acabando siendo anatemizando y restringiendo su uso a los ámbitos más reaccionarios de la política portuguesa.

Como ha puesto de manifiesto Víctor de Sousa[6], el concepto de "Portugalidade" fue barrido del léxico político portugués –y, en consecuencia, del discurso nacional portugués actual– hasta tal extremo que en el "Nuevo Diccionario de la Lengua Portuguesa Contemporánea", publicado en 2001 por la Academia de Ciencias de Lisboa –considerado en Portugal hasta el día de hoy como una referencia básica– no tiene ninguna entrada con la denominación

[5] VV.AA.: "Manifesto 57", *57*, 1, (1957), p. 2. Manuel Gama, *O movimento 57 na cultura portuguesa*, Instituto de Cultura e Língua Portuguesa, Lisboa, 1991.

[6] Vítor de Sousa, "A portugalidade nos discursos dos deputados da Assembleia da República no pós-25 de Abril", en Vítor Sousa y Manuel Fernandes Oliveira (eds.). *Comunicação e cultura: II Jornada de Doutorandos em Ciências da Comunicação e Estudos Culturais* , Universidade do Minho. Centro de Estudos de Comunicação e Sociedade (CECS), pp. 87-103. https://hdl.handle.net/1822/29835

de Portugalidad. A lo que hay que añadir que en el momento de su publicación se produjo un hecho paradójico: los diputados populares del CDS/PP presentaron un Proyecto de Resolución, en la Asamblea de la República, en él apoyaba la continuidad de la iniciativa y proponían el mantenimiento de un grupo de trabajo permanente de defensa y actualización de la lengua portuguesa; en el texto se afirmaba que la obra constituía "uno de los actos de defensa de la 'Portugalidad' más importantes de los últimos años y que llena, dignamente, un vacío evidente en la defensa de nuestra lengua". La ironía es que, como ya ha sido referenciado, el vocablo "portugalidad" no aparece en el loado diccionario.

De forma paralela al uso del concepto "portugalidad", durante el Estado Novo se utilizó con frecuencia el concepto de "lusofonía", cuyo origen puede rastrearse en los años treinta. En 1933 el gobierno de Salazar creó la Secretaría Nacional de Propaganda (SPN), cuyo primer responsable y fundamental ideólogo fue António Ferro, un personaje referencial en la utilización de la cultura como un instrumento de poder al servicio del régimen en Portugal[7]. La SPN dependía directamente de la Presidencia del Consejo, y era responsable de proporcionar "una imagen políticamente efectiva del régimen dentro y fuera de las fronteras del país"[8]; además poner en marcha ciclos de teatro y el cine, la SPN llevó sea cabo una amplia labor para integrar prácticas y discursos etnográficos con los que ampliar los recursos culturales que ponía al servicio de la retórica nacionalista del régimen. De hecho, el propio Salazar señalaba que la misión de la SPN era "levantar el ánimo de la gente", dando forma a una nueva mentalidad, basada en las certezas ideológicas del régimen, "para que los portugueses no permanezcan ignorantes de su Nación"[9]. uno de los grandes logros de la SPN se materializó

[7] Manuel Cabral Villaverde, "The Aesthetics of Nationalism: Modernism and Authoritarianism in Early Twentieth-Century Portugal»", en Steffen Dix, *Portuguese Modernisms. Multiple Perspectives in Literature and the Visual Arts,* Routledge, London, 2017, pp. 15-43.

[8] Vera Marques Alves, 'Os Etnógrafos Locais e o Secretariado da Propaganda Nacional. Um Estudo de Caso', *Etnográfica,* vol. I-2 (1997), pp. 237-257.

[9] Celia Maria Taborda da Silva, "A Comunicação como Estratégia Política da Ditadura e da Democracia", *Actas do 6º Congresso da SOPCOM,* 2009, pp. 3110-3121.

con la realización de la exposición universal de Lisboa de 1940, Exposición del Mundo Portugués *(Exposição do Mundo Português)* que sirvió para celebrar las "conmemoraciones centenarias", la que la conmemoración de forma simultánea del octavo centenario del origen de Portugal (1140) y el tercer centenario de la recuperación de la Independencia (1640). Celebrada en plena guerra mundial, la exposición se convirtió en una maquinaria propagandística del Estado Novo; dado que a nivel internacional, por la causa de la guerra, no obtuvo la repercusión deseada, la exposición se convirtió fundamentalmente en un instrumento de propaganda hacia la sociedad portuguesa, proyectando una imagen de éxito, desarrollo y expansión imperial que se alineaban el régimen el régimen con las ideas del que para entonces se perfilaba como el *Führer* no solo de Alemania sino de toda Europa. La Exposição do Mundo Português se convirtió en las décadas siguientes en un autorreferente permanente para el régimen de Salazar, como síntesis perfecta de su idea de nación histórica a la que se sumaba el componente colonial.[10] esta síntesis trato de conceptualizarse bajo la denominación de "lusofonía". Concepto tan difuso como "portugalidade", al no haber sido tan reiteradamente utilizado durante la dictadura salazarista, persistió con posterioridad aun con un significante variado. Todo lo que anteriormente se identificaba como imperialismo colonialista, tras la década de los 70 se transformó en una referencia a las "comunidades" de emigrantes (nacionales portugueses que había permanecido en las antiguas colonias), a su vez derivado del concepto "luso-tropicalismo" creado en los años cuarenta por el sociólogo brasileño Gilberto Freyre[11]. Pero fue durante los años cincuenta –en pleno proceso de

[10] De hecho, el eje central de la exposición –situada sobre 560.000 m² de la orilla derecha del río Tajo– fue la Plaza del Imperio, frente al monasterio de los Jerónimos; la exposición, además de una amplia Sección Histórica (conformada por 10 pabellones entre los que destacaban los pabellones de Origen y Conquista, de la Independencia, y de los Descubrimientos, además de la conocida como "Esfera de los Descubrimientos"), contó con una representativa Sección Colonial, de la que de forma ostensible se separó el pabellón de Brasil. Pedro Martins, "De Afonso Henriques a Vasco da Gama: representações da história de Portugal na Exposição do Mundo Português (1940) e na Expo'98", *Estudos Culturais*, 1 (2020), 44–65. https://doi.org/10.34913/journals/lingua-lugar.2020.e205

[11] Gilberto Freyre, *O mundo que o português criou: aspectos das relações sociais e de cultura do Brasil com Portugal e as colônias portuguesas*, José Olympio, Rio de Janeiro, 1940.

cuestionamiento internacional y desmontaje de los antiguos imperios europeos– cuando el concepto de "lusofonía" acabó siendo utilizada por el Estado Novo como sinónimo menos explícito –y por tanto menos cuestionable– que el de "portugalidade"; en este viraje tenía mucho que ver el desbordamiento del ámbito estrictamente histórico-lingüístico, que permitía la utilización de la "lusofonía" para designar no solo a los portugueses sino a los ciudadanos de los países lusófonos, quienes al utilizar una lengua no se hacían solo herederos del bagaje cultural del pasado sino que eran apelados como conformantes de un "continente inmaterial"[12]. de este modo, el nacionalismo portugués habría una segunda instrumentalización de la lengua, no sonó como instrumento vehicular de vinculación dentro del propio Portugal, sino para englobar en un único grupo humano –más allá de las identidades geográficas, étnicas o religiosas– a todos aquellos que hablaban la lengua portuguesa. Clasificada dentro de los mecanismos de construcción nacional analizados por Benedict Anderson, la "comunidad imaginada" lusoparlante seguía el camino que desde décadas atrás había guiado al nacionalismo español a generar la "comunidad cultural" hispanoamericana[13].

EL DISCURSO NACIONALISTA DE LA REVOLUCIÓN DE ABRIL

Los estudios sobre nacionalismo han alcanzado en Portugal un gran desarrollo en las últimas décadas, si bien la mayoría de estos estudios se han centrado en análisis de su desarrollo durante el siglo XIX esa reinterpretación tradicionalista que de él hizo la dictadura de Salazar. Han sido pocos los que han analizado el discurso nacional tras el 25 de abril, a menudo dejándose llevar por la impresión de

Pablo González Velasco, *Gilberto Freyre y España: La constante iberista en su vida y obra*, Universidad de Salamanca, Salamanca, 2021.

[12] Moisés de Lemos Martins, "'Globalization and Lusophone World. Implications for Citizenship", en Manuel Pinto y Helena Sousa, *Communication and Citizenship–Rethinking Crises and Change*, Grácio Editor/CECS-Universidade do Minho, Coimbra, 2011, pp. 75-84.

[13] Isidro Sepúlveda, *Comunidad cultural e hispanoamericanismo, 1885-1936*, UNED, Madrid, 1994. Ídem, *El sueño de la Madre Patria. Hispanoamericanismo y nacionalismo*, Marcial Pons, Madrid, 2005.

que el hartazgo producido por la instrumentalización salazarista de la "portugalidad", había ocasionado un abandono sistemático de cualquier tipo de nacionalismo por la joven democracia portuguesa. En realidad, como han probado todos los análisis trasversales de nacionalismo, en las comunidades modernas nunca existe un "vacío nacional", y aún menos una falta de identidad nacional; por el contrario, suele ser habitual la sustitución de un discurso nacional por otro, cuestionando los principios del primero y sustituyendo sus elementos identificativos más señeras. Este es el caso de lo ocurrido en Portugal durante la década de los años 70.

Más allá del debate, de orden historiográfico, sobre el carácter de la revolución del 25 de abril, y específicamente sobre la naturaleza –militar o civil– de sus principales protagonistas, para el tema que aquí nos ocupa lo más importante es comprender los elementos de continuidad y ruptura que se produjeron en el discurso nacional –y, en consecuencia, en la propia idea nacional– tras el triunfo de la revolución con respecto al mantenido durante la larga dictadura salazarista.

A diferencia del caso español durante la transición a la democracia, en la transición portuguesa se produjo una ruptura abrupta de las bases estructurales y de los elementos identitarios del discurso nacionalista portugués. Esto estuvo favorecido por el carácter revolucionario de la transición, pero aún fue más directamente motivado por uno de los elementos identificativos más señeros del anterior discurso que las fuerzas revolucionarias cortaron rotundamente: la trascendencia de la idea imperial y la realidad de las guerras coloniales.

La gran expansión del imperio portugués constituía un hecho histórico de tal dimensión que no podía ser ignorado por un nacionalismo con carácter historicista tan marcado como el portugués. De este modo, a lo largo de la segunda mitad del siglo XIX, al mismo tiempo que se legitimaban la explotación de los territorios coloniales y su instrumentación como elemento señero de la política exterior portuguesa, la formulación dogmática del nacionalismo portugués incorporó la dimensión imperial como un elemento estructural de la propia identidad nacional portuguesa.

A diferencia de otros nacionalismos explícita y enfáticamente imperialistas –como era para esas fechas el británico y acabaría siendo a final de siglo el italiano–, en el caso portugués la expansión territorial tenía un segundo elemento funcional: contrarrestar la "amenaza española"[14].

Que en España no exista a lo largo de la contemporaneidad ningún proyecto político que pretenda, a través de cualquier medio, ocupar ese 15,3% de la península ibérica que corresponde al territorio portugués, no es óbice para que en Portugal se haya utilizado con proliferación, hasta convertirlo en una idea común, una supuesta pretensión de conseguir la unificación política de la Península por la fuerza.[15] La solución más explícita y vehemente a dicha pretensión, supuestamente basada en la superioridad demográfica y geográfica, era engrandecer el territorio y la población portuguesa. Y para esto, la dimensión imperial se evidenciaba providencial.

A mediados del siglo XX ya era célebre la campaña "Portugal não é um país pequeno" (cuyo origen parte de la Exposición colonial portuguesa, Oporto 1934, que lo utilizó como uno de sus lemas)[16] y cuyo elemento más señero y explícito era un mapa de Europa en el que al territorio propio de Portugal se le anexaban las siluetas sombreadas de Angola y Mozambique lo que hacía que las fronteras de Portugal llegarán prácticamente desde el extremo occidente europeo hasta la entonces Unión Soviética.

---

[14] Henrique Barrilaro Ruas, "Em que consiste exactamente o perigo español", *História* (2002), pp. 34-37 https://www.estudosportugueses.com/hbruasperigoespanhol.html

[15] Juan Carlos Jiménez Redondo, "Comunidad histórica y conflicto nacional en el espacio ibérico: el peso de la larga duración histórica", en César Rina Simón (ed.): *Procesos de nacionalización e identidades en la península ibérica*; Universidad de Extremadura, Cáceres, 2017, pp. 153-171.

[16] Luísa Marroni, "*Portugal não é um país pequeno*. A lição de colonialismo na Exposição Colonial do Porto de 1934", en *Revista da Faculdade de Letras. Historia*, vol. 3, 1, (2013), pp. 59-78.

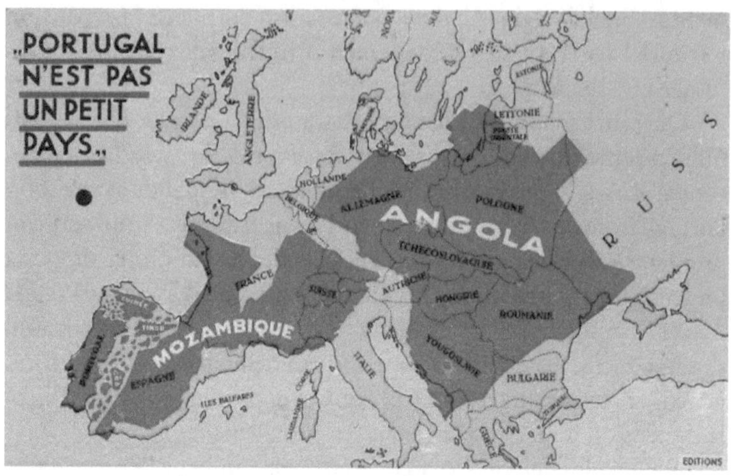

Ilustración 1: Propaganda gráfica de la campaña
"Portugal nao é un país pequeno"

El corolario de esta propaganda no era otro que evidenciar la imperiosa necesidad de mantener el imperio para, a su vez, mantener la independencia respecto a España; de una forma sintética: sin la dimensión imperial Portugal sería de nuevo una presa propiciatoria para los seculares propósitos anexionistas españoles.

El problema principal que se encontró la pervivencia de este posicionamiento era el agotamiento que para las Fuerzas Armadas suponían las guerras coloniales. De facto, en el mismo problema que se había encontrado Marcelo Álvarez das Neves Caetano, cuando sustituyó a Salazar en septiembre de 1968 y pretendió poner en marcha un proceso de transición hacia la democracia –muy semejante al que años después pretendió ejecutar Arias Navarro en España– que en realidad encubría un propósito de permanencia indefinida del régimen. Caetano se encontró ante la tesitura de realizar una apertura del régimen, pero sin cuestionar lo que él mismo denominaba "herencia secular de la nación", que no era otra cosa que la pervivencia del imperio colonial. Aunque en un principio la llegada de Marcelo Caetano suscitó esperanza en sectores de la oposición y redujo las tensiones con la ONU, con aliados de la

OTAN y con la OUA, la imposibilidad de encontrar una salida efectiva a dicha tesitura hizo que se empantanara la apertura del régimen y, de una forma aún más trascendente, se prolongarán las guerras coloniales que Portugal mantenía en Angola desde 1961 en Guinea-Bisáu desde 1963 y en Mozambique desde 1964. Unas guerras que 10 años después ya consumían más de la mitad del presupuesto general del Estado y, aún peor, para las que no se veía un cercano. Final exitoso. Las experiencias de Francia en Argelia y Estados Unidos en Vietnam evidenciaban que disponer de un ejército más profesionalizado, mejor equipado y con mayores capacidades no garantizaba el éxito frente a fuerzas subversivas irregulares que mantenían estrategias heterodoxas, no contempladas en las institucionalizadas academias militares occidentales. Desde comienzos de los años setenta, tanto entre la oficialidad militar como sobre todo entre la tropa se encontraba muy extendida la idea que interpretaba la intransigente vía salazarista de mantenimiento de las guerras coloniales como una condena a una derrota segura; derrota que ya se había materializado con la ocupación de la fortaleza de San Juan B. de Ayuda y las posesiones portuguesas de la península indostánica (Goa, Damão y Diu, que conformaban el denominado "Estado Portugués de la India") por las tropas de Benín y la India en 1961. En aquella ocasión el gobierno de Salazar prefirió perder los territorios antes de abrir negociaciones y encontrar una salida política; en los casos de Angola y Mozambique a Caetano no parecía abrirse de otra opción que seguir los pasos de la anterior intransigencia. Salazar había culpabilizado directamente y sin matices a sus Fuerzas Armadas de la derrota –después de haberles pedido una "resistencia hasta la muerte"–, dejó sin atención a más de 3.000 prisioneros en poder del enemigo durante medio año y, una vez fueron liberados, de gradó expulsión de las armadas a nueve de sus más significados oficiales; los mandos militares que luchaban en Angola o Mozambique, aplicando la misma lógica, podían esperar un resultado equiparable. Consecuencia de todo ello era el agotamiento y hartazgo que los principales responsables militares de las guerras coloniales tenían sobre las mismas; informes confidenciales ponían de manifiesto que los oficiales estaban "estigmatizados y ulcerosos en la carne y en el alma por el esfuerzo ultramarino"[17] y el propio general Spínola, meses antes del golpe, tras ser nombrado vicejefe del Estado Mayor de las Fuerzas Armadas por sugerencia de Costa Gomes (enero de 1974), publicó *Portugal y el futuro*, donde no solo abogaba por poner punto final a las guerras coloniales y hacer un uso de las negociaciones políticas, sino donde también vaticinaba una cruel derrota si persistían las pulsiones coloniales: "el ejemplo de la india es un precedente bien vivo del porvenir que relacionamos. Nunca se pensó que sucediese lo que era inevitable y la tragedia sucedió [...] Con cualquier tipo de defensa la derrota sería siempre cuestión de días"[18]. El vehemente posicionamiento de Spínola le acarreó la animadversión del gobierno y Caetano acabó cesándole dos meses después de haberle nombrado, lo que por otra parte le acercó definitivamente al Movimiento de las Fuerzas Armadas[19].

De este modo, uno de los elementos estructurales del discurso tradicional del nacionalismo portugués que se había mantenido inalterado desde la codificación del mismo a lo largo del siglo XIX y había alcanzado su paroxismo durante las décadas del Estado Novo (y especialmente frente a la acometida lanzada desde el Comité de descolonización de Naciones Unidas), tenían los días contados antes incluso del 25 de abril. El imperativo categórico del mantenimiento de la dimensión imperial para garantizar la pervivencia de la independencia portuguesa se diluía rápidamente ante la evidencia del coste económico y humano de las guerras coloniales. No fue por tanto un criterio moral lo que apartó dicho elemento del discurso del nacionalismo portugués en la etapa revolucionaria, sino fundamentalmente una opción política –con una indudable carga ideológica, especialmente entre la oficialidad cercana a posiciones comunistas–; de hecho, en la última década del siglo XX se produjo una aliada oleada revisionista que resignificó la expansión imperial poniendo el acento en los "descubrimientos" y en lo que dicha expansión tuvo para el conocimiento científico en la vieja Europa y el comercio en

---

[17] Josep Sánchez Cervelló, *La revolución portuguesa y su influencia en la transición española (1961-1976)*, Nerea, Madrid, 1995, p. 106.
[18] Antonio Spínola, *Portugal y el futuro*, Planeta, Barcelona, 1974, p. 235.
[19] Josep Sánchez Cervelló, *La Revolución de los Claveles*, Arco Libros, Madrid, 1997.

la Europa de la edad moderna; dicha reinterpretación, tuvo su culminación en la celebración de la exposición universal especializada de 1998 en Lisboa, dedicada a los océanos como vías de transporte y comunicación; bajo el lema "los océanos, un patrimonio para el porvenir", la exposición conmemoraba el quinto centenario de la llegada de Vasco de Gama a la India y la gran contribución de los portugueses a la navegación[20].

Desaparecido ese elemento estructural del nacionalismo portugués, resulta necesario preguntarse por cómo se abordó "la otra cara de la misma medalla" –expresión común en todos los estudiosos que se han acercado al análisis de nacionalismo portugués para designar el antiespañolismo que lo complementaba–. El miedo al "peligro español", que durante el periodo del Estado Novo retóricamente se había sostenido –en flagrante contradicción a la buena armonía que ambos regímenes dictatoriales mantuvieron durante décadas–, se disipó tan rápidamente que, incluso durante la crisis de la revolución en 1975 –cuando algunos antiguos dirigentes del Estado Novo hicieron unas apelaciones a una posible ayuda de la España todavía franquista[21], más retórica que factible–, los distintos protagonistas del proceso revolucionario ignoraron tal posibilidad. Tras la muerte de Franco y especialmente tras el comienzo efectivo de la transición democrática bajo la presidencia de Adolfo Suárez, desde Lisboa se miró a Madrid como un compañero de travesía. El primer paso de una transformación que culminó en la década siguiente con la integración de los dos países de forma sincrónica en la entonces Comunidad Económica Europea. *De facto*, como ha puesto de relieve Luís Reis Torgal, fue la incorporación de Portugal a la CEE lo que definitivamente hizo sustituir la idea secular de "peligro español" por la noción de socio y aliado.[22]

Tras el golpe spinolista del 11 de marzo de 1975, las elecciones legislativas del 25 de abril con la victoria del Partido Socialista con

[20] Bureau International des Expositions. Expo 1998 Lisbonne. https://www.bie-paris.org/site/fr/1998-lisbon

[21] Manuel María Murías, "El discurso de Marco Antonio", *Bandarra*, 1 (21 de septiembre de 1974).

[22] Luís Reis Torgal, "Estado y Nación en el Portugal contemporáneo", *Ayer*, 37 (2000), pp. 219-231.

el 37,87% de los 116 escaños) (la celebración de la trascendental asamblea del Movimiento de las Fuerzas Armadas en julio de ese año[23] y el reforzamiento por agrupación de los oficiales militares de extrema izquierda en el COPCON (Comando Operacional del Portugal Continental)[24], fueron los oficiales más moderados –explícitamente anticomunistas– los primeros que apuntaron en dirección al modelo europeo para superar las contradicciones del proceso revolucionario y devolver a Portugal hacia la senda de la paz social y el desarrollo[25]. En agosto de 1976, la Asamblea de la República aprobó el programa de política exterior presentado por el primer ministro Mario Soares y el ministro de Asuntos Exteriores, José Medeiros Ferreira, cuyo primer y fundamental punto era reactivar la solicitud de ingreso en la Comunidad Económica Europea; al mes siguiente, septiembre de 1976, Portugal fue admitido en el Consejo de Europa.

Dada la postura explícitamente antieuropea de la dictadura salazarista, cuyo eje fundamental de oposición era la supuesta cesión de soberanía –interpretada como una "tradición a la patria"–, la incorporación a la Comunidad Económica Europea constituyó un eje esencial de la recuperada democracia portuguesa[26]. Que el ingreso efectivo se produjera de forma conjunta/sincrónica con España simbolizó en sí mismo las dos caras de una nueva medalla, alternativa a la del tradicional discurso del nacionalismo portugués.

[23] Vasco Gonçalves, "Análise da situação política actual", *Diário Popular*, 21 de julio de 1975.

[24] [COPCON], "Autocrítica revolucionaria do COPCON e proposta de trabalho para um Programa Político", en Josep Sánchez Cervelló, *La Revolución...*, pp. 73-75.

[25] Ernesto de Melo Antúnes "Tentativa de saída para a revoluçao. Moderados do MFA toman posiçao de força", *O Jornal*, *15*, 1975.

[26] Véase al respecto la bibliografía sobre el tema integrada en el trabajo de Luis Reis Torgal y Maria Manuela Tavares Ribeiro, "Portugal y la integracion europea/Portugal and the European Integration", en Ariane Landuyt, (ed.): *Europa Unita e Didactica Integrata. Storiografie e Bibliografie a Confornto/A United Europa graphies Compared/ Europe Unie Comparees*; Protagon Editoru, Siena, 1995, pp. 130-139.

ELEMENTOS DE CONTINUIDAD Y RUPTURA EN EL DISCURSO NACIONALISTA REVOLUCIONARIO

Durante el Proceso Revolucionario en Curso se transformaron las bases esenciales del anterior discurso nacionalista sostenido durante la dictadura del Estado Novo. Aunque los ejes fundamentales tanto del discurso tradicionalista como del surgido después del 25 de abril ya se han analizado con anterioridad, conviene hacer un repaso de elementos identitarios que también sufrieron una transformación significativa, o bien se mantuvieron dentro del discurso nacional sin alteración.

La apelación a la nación, no tanto como suma de la ciudadanía sino como síntesis de la población (la conocida como "nación orgánica"), había estado extraordinariamente presente desde el mismo surgimiento del Estado Novo, de hecho la constitución de 1933 que le sirvió de andamiaje legitimador se abría con un Título I dedicado a "la Nación Portuguesa", y la máxima del Estado Novo siempre fue *Todo por la Nación, nada contra la Nación,* que oficialmente correspondía la Legión Portuguesa, agrupación paramilitar salazarista creada en 1936 con el objetivo de "defender el patrimonio espiritual" y "combatir la amenaza comunista y el anarquismo"[27]. Tras el triunfo de la revolución, la apelación a la nación se redujo ostensiblemente, hasta el punto de prácticamente desaparecer del discurso oficial, quedando reducida su apelación a los grupos más conservadores.

La apelación a la "comunidad histórica" y la "comunidad lingüística", que habían sustentado buena parte del discurso nacionalista desde Alexandre Herculano, perdió tras la revolución buena parte de su trascendencia legitimadora. Si bien, como ha puesto de manifiesto Luís Reis, aunque ya no se celebre el 10 de junio como "Día de la raza", si se sigue celebrando oficialmente, aunque reducido a "Día de Camões y de las comunidades portuguesas"; dichas comunidades ya no apelan a las poblaciones en las colonias del imperio ya perdido, sino a las colonias de portugueses repartidos por el mundo –incluyendo

[27] Paul H. Lewis, *Latin Fascist Elites: The Mussolini, Franco, and Salazar Regimes*; Westport (Connecticut), Praeger, 2000, pp. 134-137.

aquellos que se quedaron en los territorios antes coloniales tras las independencias-, institucionalizadas en las Comunidade dos Países de Língua Portuguesa (CPLP)[28]. Es por esta razón por la que vuelve a utilizarse el concepto de "lusofonía", despojada de las connotaciones salazarista las que sin embargo se mantiene la "portugalidade".

Por último, enfatizar la trascendencia del peso de la política exterior y la visualización de Portugal en el escenario internacional. Mientras el nacionalismo tradicional –extraordinariamente enfatizado durante el Estado Novo– hizo una exaltación de la expansión territorial, el imperio y la conservación de las colonias, tras el 25 de abril dichos referentes son interpretados como ecos de un pasado cada vez más lejano, que ha sido sustituido con creciente significado identitario la integración de Portugal en el proyecto europeo.

REFERENCIAS BIBLIOGRÁFICAS

Alves, Vera Marques, "Os Etnógrafos Locais e o Secretariado da Propaganda Nacional. Um Estudo de Caso", *Etnográfica*, vol. I-2 (1997), pp. 237-257.

Bureau International des Expositions. Expo 1998 Lisbonne. https://www.bie-paris.org/site/fr/1998-lisbon

Cabral Manuel Villaverde, "The Aesthetics of Nationalism: Modernism and Authoritarianism in Early Twentieth-Century Portugal»", en Dix, Steffen, *Portuguese Modernisms. Multiple Perspectives in Literature and the Visual Arts,* Routledge, London, 2017, pp. 15-43.

Freyre, Gilberto, *O mundo que o português criou: aspectos das relações sociais e de cultura do Brasil com Portugal e as colônias portuguesas*, José Olympio, Rio de Janeiro, 1940.

Gama, Manuel, *O movimento 57 na cultura portuguesa*, Instituto de Cultura e Língua Portuguesa, Lisboa, 1991.

[28] La Comunidad de Países de Lengua Portuguesa es una institución internacional creada en 1996 con la integración de Angola, Brasil, Cabo Verde, Guinea-Bissau, Mozambique, Portugal y Santo Tomé y Príncipe, a los que posteriormente se han sumado Timor Oriental (2002), Mauricio (2006), Senegal (2008) y Guinea Ecuatorial (2014). https://www.cplp.org/

González Velasco, Pablo, *Gilberto Freyre y España: La constante iberista en su vida y obra*; Universidad de Salamanca, Salamanca, 2021.

Jiménez Redondo, Juan Carlos, "Comunidad histórica y conflicto nacional en el espacio ibérico: el peso de la larga duración histórica", en Rina Simón, César (ed.): *Procesos de nacionalización e identidades en la península ibérica*; Universidad de Extremadura, Cáceres, 2017, pp. 153-171.

Lewis, Paul H., *Latin Fascist Elites: The Mussolini, Franco, and Salazar Regimes*; Westport (Connecticut), Praeger, 2000.

Lima, Jaime Magalhães, *Alexandre Herculano*, Editora Good Press, Lisboa, 2022.

Marroni, Luisa, "*Portugal não é um país pequeno*. A lição de colonialismo na Exposição Colonial do Porto de 1934", en *Revista da Faculdade de Letras. Historia*, vol. 3, 1, (2013), pp. 59-78.

Martins, Pedro, "De Afonso Henriques a Vasco da Gama: representações da história de Portugal na Exposição do Mundo Português (1940) e na Expo'98", *Estudos Culturais*, 1(2020), 44–65. https://doi.org/10.34913/journals/lingualugar.2020.e205

Martins, Moisés de Lemos, "Globalization and Lusophone World. Implications for Citizenship", en Pinto, Manuel y Sousa, Helena, *Communication and Citizenship – Rethinking Crises and Change*, Grácio Editor/CECS-Universidade do Minho, Coimbra, 2011, pp. 75-84.

Muría, Manuel María, "El discurso de Marco Antonio", *Bandarra*, 1 (21 de septiembre de 1974).

Relvas, Susana Rocha, "António Sardinha à lareira de Castela: o exílio espanhol na construção de uma identidade hispánica", *Revista TOPUS* 6, 1 (2020), pp. 36-51, www.revistatopus.com.br/202131521427

Ruas, Henrique Barrilaro, "Em que consiste exactamente o perigo español", *História* (2002), pp. 34-37 https://www.estudosportugueses.com/hbruasperigoespanhol.html

Sánchez Cervelló, Josep, *La revolución portuguesa y su influencia en la transición española (1961-1976)*, Nerea, Madrid, 1995.

—, *La Revolución de los Claveles*; Arco Libros, Madrid, 1997, pp. 73-75.

Sepúlveda, Isidro, *Comunidad cultural e hispanoamericanismo, 1885-1936*, UNED, Madrid, 1994.

—, *El sueño de la Madre Patria. Hispanoamericanismo y nacionalismo*, Marcial Pons, Madrid, 2005.

—, "Conformación e instrumentalización del nacionalismo español durante el franquismo", en *Tiempos de silencio. Actas del IV Encuentro de Investigadores del Franquismo*, Universitat de Valencia, Valencia, 1999, pp. 282-288.

Silva, Celia Maria Taborda da, "A Comunicação como Estratégia Política da Ditadura e da Democracia", *Actas do 6º Congresso da SOPCOM*, 2009, pp. 3110-3121.

Sousa, Vítor de, "A portugalidade nos discursos dos deputados da Assembleia da República no pós-25 de Abril", en Vítor Sousa y Manuel Fernandes Oliveira (eds.). *Comunicação e cultura: II Jornada de Doutorandos em Ciências da Comunicação e Estudos Culturais* , Universidade do Minho. Centro de Estudos de Comunicação e Sociedade (CECS), pp. 87-103. https://hdl.handle.net/1822/29835

Spínola, António de, *Portugal y el futuro*, Planeta, Barcelona, 1974.

Torgal, Luis Reis, "Estado y Nación en el Portugal contemporáneo", *Ayer*, 37 (2000), pp. 219-231.

—, *Estados novos, estado novo: ensaios de história política e cultural;* Imprensa da Universidade de Coimbra, Coimbra 2009, 2 vols.

—, y Ribeiro, Maria Manuela Tavares, "Portugal y la integracion europea/ Portugal and the European Integration", en Ariane Landuyt, (ed.): *Europa Unita e Didactica Integrata. Storiografie e Bibliografie a Conforntol A United Europa graphies Compared/ Europe Unie Comparees*; Protagon Editoru, Siena, 1995, pp. 130-139.

VV.AA.: "Manifesto 57", *57*, 1, (1957)

PARTE SEGUNDA

IMAGEN Y SOCIALIZACIÓN DEL 25 DE ABRIL

LA MALLA QUE AÚN EL IMPERIO TEJE. EL PASADO COLONIAL PORTUGUÉS Y ESPAÑOL EN SUS CINEMATOGRAFÍAS

Josefina Martínez Álvarez
Universidad Nacional de Educación a Distancia (UNED). España
ORCID: 0000-0003-0195-7448

INTRODUCCIÓN

Lo primero que sorprende a quien se acerca al estudio de la identidad cultural y los imaginarios colectivos relacionados con la idea de imperio en las cinematografías española y portuguesa, es la diferencia en el volumen de películas y de investigaciones realizadas. En Portugal, desde 1940 hasta hoy, prácticamente se ha filmado una película al año. En España, por el contrario, con una producción anual diez veces mayor, apenas sobrepasan la docena los filmes que abordan este asunto. Lo mismo ocurre con las investigaciones dedicadas a su análisis: en Portugal, como en otros países europeos, abundan los autores que han examinado la filmografía, sus aportaciones estilísticas, sus narrativas y sus discursos[1] con una perspectiva poscolonial, favorecedora de la reflexión desde ámbitos diversos como la representación imperial en el cine comercial, las políticas públicas, las estructuras de producción y de difusión o los usos educativos de estas creaciones[2]. Sin embargo, en España son menos los investigadores que han indagado sobre esta presencia en nuestro cine y se centran sobre todo en el periodo franquista[3].

---

[1] Una breve selección de obras en la bibliografía final de este capítulo.

[2] Robert Stam y Ella Shohat, *Unthinking Eurocentrism: Multiculturalism and the Media,* New York, Routledge, 1994.

[3] Una panorámica en Marta García Carrión, "Proyecciones imperiales: el espacio colonial en la cinematografía española de las primeras décadas del siglo XX", *Storicamente,* 12 (2016), pp. 1-24, DOI: 10.12977/stor622

Es probable que la distancia temporal que existe respecto a la desaparición de ambos imperios determine esa gran diferencia en el volumen de películas sobre el colonialismo en ambos países. En España, desde el Desastre del 98, ha trascurrido más de un siglo, aunque el final del Protectorado de Marruecos fuera en 1956, la independencia de Guinea se reconociera en 1968 y la retirada del Sahara Occidental ocurriera en 1976. En cambio, la descolonización portuguesa, salvando la proclamación de la independencia de Brasil en 1822 y la ocupación de Goa en 1961, prácticamente finaliza en 1974, aunque reste Macao hasta 1999. También hay una gran diferencia en los conflictos bélicos de la última etapa, entre los trece años de las guerras portuguesas y los siete meses de la guerra de Ifni. Aunque si nos remontamos a las guerras de Cuba y Filipinas, aquellos extenuantes conflictos duraron 30 años. En definitiva, entre 1974 y 1975, la llegada de la democracia a Portugal y a España fue el colofón de quinientos años de imperio, la salida de los territorios africanos, el recogimiento en el reducido ámbito peninsular y la constatación definitiva del final de una era.

A lo largo de estas páginas nos adentraremos en ese espacio donde el cine se cruza con la historia para analizar cómo la ficción cinematográfica recreó esa permanencia en el imaginario colectivo de "la malla que aún el imperio teje"[4], al decir de Pessoa. El cine, no solo representa la historia sino que también la escribe a través de las propuestas de los cineastas y de la aceptación del público. Y en ese pacto tácito se va a configurar esa identidad nacional en ambas sociedades.

El corpus de este capítulo lo componen gran parte de las películas producidas en ambos países a partir de 1974; aquellas en las que la construcción del imperio, la idea de nación, los descubrimientos, la colonización y la descolonización constituyen una parte sustancial de la narrativa. El conjunto lo forman 41 filmes portugueses y quince españoles, de los cuales se han analizado los más representativos. Seguiremos un criterio cronológico para contextualizar la producción cinematográfica con los cambios políticos y sociales sucedidos en este medio siglo.

[4] Fernando Pessoa, *Contemporânea 1*, maio de 1926, p. 47, http://www.pessoadigital.pt/en/pub/Pessoa_O-Menino-da-sua-Mae

VIENTOS DE LIBERTAD. UNA PRIMERA REORDENACIÓN DE LA INDUSTRIA CINEMATOGRÁFICA

El 25 de abril de 1974, de la vecina Portugal llegaban a España informaciones muy inquietantes. Un golpe de Estado había depuesto el Gobierno de Marcello Caetano y se había constituido una Junta de Salvación Nacional. Ese mismo día 25, desde el Ministerio de Información y Turismo español se ordenó a TVE que desplazara un equipo a Lisboa. El reportero Manolo Alcalá y sus técnicos arribaron a Lisboa justo para filmar la salida del Cuartel del Carmo del expresidente del Consejo de ministros camino de su exilio. Esa misma noche grabaron la detención de miembros de la PIDE y, al día siguiente, asistieron a la conferencia de prensa convocada por el presidente de la República, el general António Spínola.

Los periodistas preguntaron por los temas más acuciantes, cuestiones de actualidad y de fondo que afectaban a la estructura del Estado. Manolo Alcalá, con gran audacia, se colocó justo al lado de Spínola para inquirirle, entre otros asuntos, por las colonias, la política exterior y las relaciones con España: "Creo –afirmó el presidente– que la orientación que va a imprimirse en la nueva política portuguesa no afectará a las relaciones entre Portugal y España"[5]. Otros reporteros se interesaron por la libertad de prensa y la abolición de la censura: "El programa de las Fuerzas Armadas –afirmó el General– responde cabalmente a la pregunta que me hace. Abolición de la censura excepto para los secretos militares"[6]. Y así sucedió, el 29 de abril una Comisión de Cineastas Antifascistas ocupaba la Inspección de los Espectáculos. En los días sucesivos, la Comisión Consultiva, creada por la Delegación de la Secretaría de Estado para Información y Turismo, presentó los nuevos criterios de clasificación de películas por grupos de edades[7]. La Comisión de Cineastas también pedía la socialización de los medios de producción, distribución y exhibición.

---

[5] "Portugal 1974: Así fue el golpe de Estado", 16-3-1975, *RTVE*, https://www.rtve.es/play/videos/documentales-en-el-archivo-de-rtve/portugal-asi-fue-golpe-estado/2531347/

[6] "Portugal, 25 avril 1974", *Ciné-archives*, https://www.cinearchives.org/films-portugal-25-avril-1974-447-304-0-1.html?

[7] *Diário do Governo*, 146/1974. https://diariodarepublica.pt/dr/detalhe/decreto-lei/281-476136

Fueron meses complejos y desconcertantes. Un primer ejemplo de esta confusión se produjo con el estreno del filme francés *Sambizanga*, dirigido por Sarah Maldoro[8]. La película, una adaptación de la obra del mozambiqueño Luandino Vieira, *A vida verdadeira de Domingos Xavier*, seguía a María, esposa de un miembro del *Movimento Popular de Libertação de Angola* (MPLA) detenido y torturado hasta la muerte. Cuando iba a ser estrenada en Lisboa, el 20 de septiembre de 1974, el propio primer ministro, Vasco Gonçalves, llamó al productor para exponerle la imposibilidad de su proyección, ante el temor de posibles disturbios provocados por aquellos contrarios a la independencia de Angola[9]. El pulso entre Spínola, partidario de una solución federal vía referéndum para el problema de las colonias, y la Coordinadora del *Movimento das Forças Armadas* (MFA), desembocó en la dimisión de Spínola el 28 de septiembre. Este viraje permitió que, días después, se estrenara *Sambizanga*. A la première acudiría el propio Luandino Vieira acompañado de miembros del MPLA.

Peor suerte corrió *Deixem-me ao menos subir às Palmeiras*, dirigida en 1972 por Joaquim Lopes Barbosa y financiada por el hombre fuerte de la cinematografía mozambiqueña, António Jorge Corinha Ramos[10]. El filme denunciaba la violencia y el desprecio a los africanos, y más específicamente a las mujeres. Prohibido por la censura portuguesa antes de la Revolución, en agosto de 1974 Barbosa lo presentó en la Escuela Superior de Bellas Artes de Oporto. En Mozambique se estrenó el 7 de septiembre, justo cuando se firmaba el fin de la guerra. El miedo de Corinha Ramos a las acciones violentas, por la actitud crítica del filme, hizo retirar las copias de las salas, terminando ahí su efímera carrera comercial[11].

Más allá de estos vaivenes, resultaba perentorio reorganizar la industria del cine que seguía regulada por la Ley 7/71. Dictada en el periodo

---

[8] Maldoro fue asistente de dirección de Gillo Pontecorvo en *La batalla de Argel* (1965).

[9] Paulo Cunha y Maria do Carmo Piçarra, "Censura, nunca mais? Estudos de caso durante o PREC", *Revista do Centro de Investigação Media e Jornalismo*, 23 (2013), pp. 51-62.

[10] Alexandre Ramos y Paulo Miguel Martins, *Biografias do Cinema Colonial: Moçambique (1951-1975)*, Publicações do Cidehus, Évora, 2022. https://books.openedition.org/cidehus/20811?lang=es#

[11] Maria do Carmo Piçarra, Deixem-me ao menos subir às palmeiras…: um filme da "frente de guerrilha", 3-10-2010, https://www.buala.org/pt/afroscreen/

marcellista, había creado el Instituto Português de Cinema (IPC), financiado con parte de los fondos procedentes de la distribución de películas. En agosto de 1974 se constituyó una nueva Comisión Consultiva para las Actividades Cinematográficas; formada por distribuidores, exhibidores, trabajadores de la producción, delegados sindicales, miembros del gobierno y del MFA funcionando hasta enero de 1975. La Comisión pretendía elaborar una nueva ley, pero difícilmente podía atender a los intereses de sectores tan dispares. Finalmente, el Decreto-ley 257/75 abría las puertas a la nacionalización y el IPC se hacía cargo al 100% de la financiación de las películas. Gran parte de los realizadores vinculados al régimen depuesto quedaron fuera del sistema, dada la fuerte ideologización del IPC. La distribución y la exhibición –tras la visita de los representantes de la *Motion Picture Producers and Distributors of America* (MPPDA), que amenazaron con no enviar más películas–[12], permanecieron en manos privadas; las películas portuguesas continuaron teniendo los problemas de siempre para su distribución.

Por otra parte, en España, al iniciarse la Transición, la situación de la industria cinematográfica también resultó compleja, aunque existía un sistema de fomento mucho más proteccionista que el portugués. Por el Decreto-ley 3071 de noviembre de 1977 se suprimía la censura, y se introdujo una subvención a fondo perdido y automática del 15% para cualquier película española. También se eliminaron las cuotas de distribución, por lo que las distribuidoras perdieron el interés en financiar las producciones nacionales[13].

Al igual que en Portugal, se estrenaron gran parte de las películas prohibidas hasta entonces. El resultado fue un descenso del 21% de cuota de pantalla del cine español en 1978, y de un 30,9% al año siguiente[14]; en el país vecino, apenas se exhibiría en los cines comerciales el 1,6 de su producción[15]. A la vista de estos catastróficos

deixem-me-ao-menos-subir-as-palmeiras-um-filme-da-frente-de-guerrilha

[12] Eduardo Geada, *O imperialismo e o fascismo no cinema*, Moraes Editores, Lisboa, 1977, p. 135.

[13] Una explicación más amplia en Josefina Martínez Álvarez, "Tal como éramos. El cine de la transición política española", *Historia Social*, 54 (2006), pp. 73-92.

[14] La cuota de mercado del cine español alcanza una media del 20% en España, mientras que la lusa es del 5% en Portugal.

[15] Paulo Cunha y Michelle Sales (org.), *Cinema português: un guia essencial*, SESI-SP editora, São Paulo, 2013, p.192, https://www.academia.edu/5720305/

resultados, el Decreto-ley 3/1980 reguló de nuevo las cuotas de pantalla y de distribución primando a las películas españolas, aunque ya nunca se recuperarían las cotas anteriores. Cierto es que a partir de los 90 hubo un acercamiento entre las propuestas de los cineastas y los gustos del público[16]. En gran parte, los españoles habían variado radicalmente sus hábitos de ocio y sus intereses culturales.

LOS CAMBIOS LEGISLATIVOS Y EL REFORZAMIENTO IDENTITARIO PORTUGUÉS

En un Portugal agitado por los vaivenes y la ideologización del *Processo Revolucionário em Curso* (PREC), que concluirá con la aprobación de la Constitución de 1976, la producción cinematográfica sufrirá los bandazos de la inestabilidad gubernativa en torno al IPC[17]. Esta precariedad se mantuvo hasta 1986 cuando, tanto España como Portugal, entraron en la Comunidad Económica Europea, lo que determinó la cinematografía de ambos países. De los 20 largometrajes lusos de ficción producidos entre 1975 y 1979, cinco giraron en torno a la dictadura, la desaparición de sus mitos fundacionales, los desastres de la colonización, la crítica a la burguesía y la necesaria adaptación del imaginario colectivo a la realidad poscolonial, discursos que perduraron durante los siguientes años.

El drama *Brandos Costumes* de Alberto Seixas Santos, listo para proyectarse a principios de 1974, no se estrenó hasta septiembre de 1975. Se retrasó su lanzamiento para incluir secuencias de la dictadura. La idea era confrontar los pletóricos discursos nacionalistas con el agónico devenir de una familia pequeñoburguesa. Se intercalaron escenas de las películas clásicas del imperialismo portugués y secuencias documentales con los masivos discursos más significativos del Estado Novo, que enmarcan la amargura de una madre sumisa y unas hijas frustradas. Concebida con rigor teórico marxista, *Brandos Costumes* establece un paralelismo entre el régimen político y la

[16] https://www.cultura.gob.es/cultura/areas/cine/datos/taquilla-espectadores.html
[17] Paulo Cunha y Michelle Sales (org.), *Cinema portugués*... pp. 157-163.

gente corriente, hasta la muerte simultánea del padre autoritario y del salazarismo que han definido una inmovilidad social forzada que culmina abruptamente con un "Fin".

Os demônios de Alcácer-Kibir, de José Fonseca Costa, es un melodrama que mezcla fantasía histórica con el presente para ilustrar la compleja gestión de los mitos nacionales desaparecidos. Filmada en el verano de 1975 es una reflexión amarga, pero no desesperada, sobre el fin del imperio, las contradicciones de la propia Revolución y el encaje en todos los grupos sociales de los viejos valores y el futuro posible. En la trama, a pocos días de la Revolución, unos cómicos perseguidos por la policía llegan al Alentejo en plena huelga de jornaleros. Una joven aristócrata, ansiosa por oír historias de ultramar, les esconde en su castillo, donde su anciano padre vive obsesionado con las hazañas del pasado, responsabilizando a los movimientos independentistas de la caída del imperio y de generar una culpabilidad colectiva.

Fernando Matos Silva, quien fuera funcionario de los Serviços Cartográficos do Exército, plantea en *Acto dos feitos da Guiné* (1980) una reflexión sobre el colonialismo y la resistencia de los pueblos colonizados. A lo largo del filme se parodian diferentes personajes históricos quienes, con histrionismo y frente a la cámara, enumeran sus razones, victorias y logros. A la vez Matos Silva intercala sus fotos con imágenes registradas por cineastas extranjeros durante la guerra. Una voz en *off* confiesa las contradicciones de su propia labor, y critica al Ejército conocedor de las consecuencias de la guerra para el colonizador y el colonizado. Las secuencias filmadas por los extranjeros ofrecen una imagen de los soldados portugueses y angoleños perdidos, desorientados y desamparados en una tierra hostil: hombres inocentes e inermes víctimas, a su vez, de la opresión imperialista y fascista extranjera, alegoría del propio Estado portugués hasta 1974. Únicamente dos individuos de la ficción podrán abrir las puertas de la historia: el cazador, que regresa vestido de civil y el guerrillero ahora convertido en político. Mientras, para un Portugal exhausto, solo quedan los fantasmas del pasado, tal y como sentencia la frase final del drama fílmico: "*Para trás ficaram [...] os nossos camiões, os nossos aquartelamentos, os nossos cemitérios, a nossa colonização*".

Por otra parte, y sin ningún acierto, a caballo entre una comedia de trazo grueso y un filme de terror, *A culpa* (António Vitorino d'Almeida, 1980) también quiso explorar las consecuencias de este desquiciante sentimiento. El protagonista, tras matar a dos hombres en la guerra, regresa a su pueblo donde también tiene asesinatos pendientes, acabando por convertirse en un licántropo. Como propuesta resultaba muy visual el crear un chivo expiatorio ante la imposibilidad de asumir la culpa colectiva; pero una realización fallida, la alejó del público.

Por último, *Oxala* (António-Pedro Vasconcelos, 1980) presentaba la visión de la Revolución a través de los ojos de un joven intelectual huido a París para librarse de la guerra. *Oxalá* era una crítica a la burguesía que vivió cómodamente aquellos años. El protagonista –alter ego del propio director– emprende, entre abril y octubre de 1978, continuos viajes para decidir dónde establecerse. Vasconcelos cuestiona la conciencia de una pequeña minoría que, como el resto de la población, ha perdido la memoria y su única preocupación son, más que las relaciones afectivas, las aventuras sentimentales. Seleccionada para la Mostra de Venezia, inaugura la presencia del cine portugués en los certámenes internacionales. *Oxalá* reconcilió al público portugués con su cine: tuvo cerca de 90.000 espectadores. Esta mirada desde el exterior se repite en *Ao Sul* (Fernando Matos Silva, 1993) donde otro joven, que emigró a Holanda en los 70, regresa veinte años después a su pueblo del Alentejo y choca con la mentalidad de amigos y familiares; se verá especialmente perturbado al encontrarse con su mejor amigo mutilado.

EL CINE DE AUTOR LUSO

Los años ochenta supusieron el fin del cine militante portugués. Poco a poco, las aventuras cooperativas desaparecieron y se transitó a un cine más personal, a un cine de autor. Este cambio agudizó el debate entre el cine comercial, que fidelizase al gran público, y la obra personal, con un elevado rigor estético y una extrema radicalidad, pero alejada del interés general.

Varios cineastas experimentaron con sus obras aportando nuevos hallazgos estilísticos que modernizaron la producción portuguesa. Se reafirmaron en la libertad personal, lo que les situaría en contra del modelo industrial y les obligó a buscar y controlar sus fuentes de financiación. En esta disyuntiva, el cine de autor portugués, al igual que la Revolución, recibió el reconocimiento mundial que le proporcionaron los festivales, lo que aseguraba su distribución en salas especiales de otros países. Definido como "el milagro del cine portugués", se convirtió en objeto de culto y de moda cinéfila en gran parte de Occidente. No obstante, la reflexión sobre la cuestión nacional continuó en primer término. Directores y guionistas entablaron un continuo diálogo entre la gestación del país y los efectos traumáticos del fin del imperio. Portugal como nación está presente, y es una de las principales figuras de los argumentos. Así se refleja en *A Ilha dos Amores* (Paulo Rocha, 1982) que narra la vida del militar, diplomático y escritor Wenceslau de Moraes, paradigma del exilio interior y del luto colonial. Rocha utiliza los sucesos de 1890, las imposiciones británicas, el engaño europeo y la cobardía gubernamental que cercenaron la expansión portuguesa, a modo de metáfora del presente donde, también aislado, el país vive entre muertos, enterrado su pasado civilizador sin honores. Aunque fue presentada en Cannes, hasta 1991 no se estrenó comercialmente en Portugal, donde apenas la visionaron 4.800 espectadores.

Por su parte, *O bobo* (José Álvaro Morais, 1987) transita entre el medievo y la actualidad. A los pocos días de la Revolución, un director de cine, mientras filma la obra de Alexandre Herculano –sobre los orígenes de la nación portuguesa–, ha de hacer frente al desamor y a su implicación en la venta de armas. Morais propone una reflexión sobre el nacionalismo y la reapropiación de la identidad lusa en el presente, incidiendo en la fatalidad y la imposibilidad de huir del destino. Estrenada en el Festival de Locarno y premiada con el Leopardo de oro a la mejor película, solo fue vista en Portugal por 600 espectadores. La distancia entre el público, los cineastas y la crítica internacional, ya resultaba insalvable.

Tras el hundimiento de un imperio construido durante siglos, los cineastas se agarraron a los desaciertos del pasado, trastocando la historia oficial para regresar a los mitos fundacionales desde la perspectiva de la derrota. Tanto *Um Adeus Português* (João Botelho, 1986) como *Non, ou A Vã Glória de Mandar* (Manoel de Oliveira, 1990) y *A Idade Maior* (Teresa Villaverde, 1991) entremezclan los fracasos personales con los colectivos. Las tres películas cuestionan la épica del discurso imperialista tradicional para reconfigurar la conciencia patria sobre el Sebastianismo y el Quinto Imperio[18]. Al sucumbir las leyendas, también se derrumbaron sus narrativas.

Um Adeus Português establece un lapso temporal corto, con un extremo en el imperialismo del Estado Novo y el otro en el presente. Aquí, el dolor de la familia de un soldado muerto en África representa el sufrimiento de todo un país. El filme intercala dos historias separadas por el tiempo, en blanco y negro la guerra en sus inicios y en color la actualidad de los familiares del desaparecido. El cansancio domina a los soldados anónimos que combaten en un conflicto alejado de la épica del relato oficial; ausencia y muerte en la familia, reunida por primera vez tras doce años. Los exteriores de *Um Adeus Português* retratan un África hostil, alejada de la felicidad prometida a soldados y a nativos, y una Lisboa casi campestre, desnuda de los elementos identitarios que definen su pasado colonizador. Encerrados en sí mismos, los personajes esconden su verdad, y el reencuentro apenas reconforta sus vidas. Botelho sorprendió al no tomar partido a favor o en contra de la guerra; únicamente retrata una sociedad, unos muertos-vivos que no saben gestionar su historia, fatigados de cargar con fardos que no quieren llevar, náufragos de un imperio.

Ese marco temporal también define *A Idade Maior* (Teresa Villaverde, 1991), donde el impacto psicológico de la guerra incide en los soldados y en sus hijos. Estrenada en la Berlinale, se centra en Alex, un niño que opta por el olvido para acallar el dolor del abandono paterno al partir a Mozambique. Villaverde explora el estrés postraumático de los que ocultan su regreso. El reencuentro será aún más dramático, fábula de la sociedad que ha convertido en tabú su

[18] Desde el siglo XII, la tradición literaria creó el mito de que Portugal estaba destinada a instaurar el Reino de Dios en la tierra, por medio de un príncipe que vencería a los enemigos de la fe y conquistaría Tierra Santa. A continuación, se establecería un reino feliz de mil años universal y cristiano.

debacle. Por último, la trama de *Non, ou A Vã Glória de Mandar* (Manoel de Oliveira, 1990) se teje en distintos tiempos históricos. La interpretación de los mismos actores da unidad al pasado y a la guerra colonial para explicar esa perplejidad del alma nacional herida. En Angola, durante horas y horas de tedioso transporte, el alférez Cabrita –estudiante de historia– enseña a sus hombres, con gran respeto, la forja del imperio y la epopeya del Descubrimiento, pero incidiendo en los errores y las fatalidades que llevaron a grandes derrotas. El discurso compone un cuadro que resume la historia de Portugal como una larga batalla perdida. Esta pedagogía de los fracasos aboca, en última instancia, a desmitificar ese Quinto Imperio, máxime cuando Cabrita muere precisamente el 25 de abril, alegoría del final de una era. Realizada con fondos franco-luso-españoles, *Non, ou A Vã Glória de Mandar* obtuvo el reconocimiento del público interno; acudieron a verla 69.000 espectadores y también recibió el Premio Especial del Jurado y el de la FIPRESCI (Federación Internacional de la Prensa Cinematográfica) en Cannes. Oliveira se adentraba en los mitos nacionales y en la guerra, confluyendo su propuesta personal con el interés de los portugueses y con el del público y de la crítica internacional.

ESPAÑA: A LA CONQUISTA DEL PÚBLICO

Mientras tanto, en España, entre 1975 y 1990, solo se realizaron tres películas relacionadas específicamente con el descubrimiento de América. Para distanciarse del cine franquista, que enaltecía la idea de imperio, los cineastas criticaron con vehemencia los mitos fundacionales del Nuevo Mundo, así como cualquier asunto que reflejara las hazañas imperiales o colonizadoras. Por su parte, el público, que en un principio aceptó esta desmitificación, con el paso del tiempo, fue variando su postura según las propuestas más o menos atrayentes de los cineastas.

La comedia *Cristóbal Colón de oficio descubridor* (Mariano Ozores, 1982) fue el mayor éxito de 1982, con cerca de millón y medio de espectadores. Los españoles en general parecían ansiosos por reírse de su propia historia. Se trata de una parodia de humor grueso y tintes escatológicos, que incide en la burla histórica, con alusiones continuas a la coyuntura sociopolítica del momento: al Estado de las Autonomías, la situación de la mujer, el anacronismo de la Iglesia, etc. A la postre *Cristóbal Colón de oficio descubridor* es una caricatura en la línea de los filmes de Monthy Python o de Mel Brooks. A pesar de sus malas críticas, entre 1979 y 1983, solo fue superada en taquilla por *El crimen de Cuenca* (Pilar Miró, 1981).

Sin embargo, la coproducción franco-española *El Dorado* (Carlos Saura, 1988) resultó un fracaso de crítica y de público; solo vista por algo más de medio millón de espectadores. Con un presupuesto altísimo para la época (mil millones de pesetas)[19], Saura abordaba la expedición de los marañones –ya tratada por Werner Herzog en *Aguirre la cólera de dios* (1972)–. Con una cuidada ambientación, una magnífica fotografía y siendo bastante fiel a los hechos, *El Dorado* reflejaba los conflictos entre los valores éticos y los intereses personales de los protagonistas. Sus personajes, dominados por la ambición o la locura, centrados en la autodestrucción, le valieron a Saura el encono de la crítica española y de la academia; en los Goya, no consiguió ni un premio de ocho nominaciones. En Francia, fue nominada a la Palma de Oro en Cannes, aunque tampoco la alcanzó.

Tampoco fue el éxito esperado la gran apuesta conmemorativa del Quinto Centenario, *1492: La conquista del paraíso* (Ridley Scott, 1992). Financiada un 20% por España (Francia aportó un 30% y Reino Unido un 50%) la vieron casi un millón de espectadores nacionales[20]. Estrenada unos meses después de *Cristóbal Colón, el descubrimiento* (John Glen, 1992) –que también cosechó críticas muy negativas–, redujo el interés del público occidental[21]. La crítica española juzgó con severidad *1492: La conquista del paraíso*, por la reiteración de tópicos y por los errores históricos del guion, y denunció el dispendio

[19] Equivaldrían a 200 millones de euros en moneda constante. El presupuesto medio de una película española en 2023 fue de 3,5 millones de euros. https://estadisticas.mecd.gob.es/CulturaDynPx/culturabase/index.htm?type=pcaxis&path=/t20/p20/a2005/&file=pcaxis

[20] Con un coste de 47 millones de dólares, recaudó en todo el mundo 59 millones, https://www.imdb.com/title/tt0103594/

[21] En España fue vista por casi 170.000 espectadores.

estatal para, a la postre, no conseguir una obra "maestra", aunque superara a la de Glen. Se esperaba que *1492: La conquista del paraíso* fuera la gran epopeya del descubrimiento, pero no alcanzó el tono épico requerido, resultando una película de aventuras pretendidamente comercial. Quienes anhelaban que desbancara la "leyenda negra", resultaron defraudados. Aunque Colón apareciera como un personaje carismático y humano, que mantiene una intensa relación con los indios defendiéndoles de la insidia de otros españoles, el discurso del filme acababa por remarcar la imposición oscurantista civilizadora española.

LOS PROGRAMAS DE COPRODUCCIÓN: MEDIA, EURIMAGES E IBERMEDIA

En 1986 se hacía efectiva la entrada de Portugal y de España en la Comunidad Económica Europea (CEE). Para ambas sociedades supuso un cambio sustancial en el modo de relacionarse con el dinero y con la cultura. Se ampliaron los horizontes de los dos países que, gracias al crédito disponible y al endeudamiento, se desarrollaron rápidamente tanto en la esfera pública como en la privada.

La integración abría las puertas a las cinematografías ibéricas a los recursos económicos comunitarios. A cambio, era preciso modificar las normativas de fomento. Para los directores, sobre todo para los portugueses cuya financiación gubernamental era bastante limitada, suponía una mayor independencia a la hora de conseguir fondos. De este modo acudieron a las convocatorias del programa MEDIA para la distribución o a Eurimages, programa establecido por el Consejo de Europa en 1989 para facilitar las coproducciones y velar por el cine independiente. También en 1989 España y Portugal firmaban un Acuerdo bilateral[22], y poco después se adherían al Convenio Europeo de Coproducciones, aprobado en Estrasburgo en 1992 y ratificado por ambos en 1996. Mirando al otro lado del Atlántico, España y Portugal se sumaban a Ibermedia, Fondo Iberoamericano

[22] *Diario Da República*, 5-7-1989; *BOE*, 26-9-90, https://www.ica-ip.pt/fotos/downloads/acordo_co_producao_espanha_866044489556431eee47732.pdf En 2006 se ratificaba un convenio bilateral de coproducción.

de ayuda[23], firmado en 2000 por once Estados y ampliados luego a dieciocho[24].

La tónica general de las películas portuguesas de los años 90 vino marcada por la búsqueda de una posición identitaria entre su pasado colonial y la mirada a Europa. Ahora los cineastas acercaron su discurso nacional al de los restantes países europeos poniendo el foco en el exotismo colonial. En 1992 la francesa *Indochina* (Régis Wargnier) se alzaba con todos los premios y reconocimientos de la cinematografía occidental.

Entre las obras de autor portuguesas, y alejadas de la exigencia de la comercialización, se encuentra *Paraíso perdido* (Alberto Seixas Santos, 1995). Es la primera que retrata a los retornados para quienes la nostalgia por África determina el presente y el futuro. Se comenzó a rodar en 1986, cuando se ocultaba a quienes habían perdido vidas y haciendas en las colonias. Seixas analiza los rescoldos del imperio veinte años después de *Brandos Costumes*. De aquellas cenizas resurgen los fantasmas de una sociedad perdida entre los espectros de sus colonias, donde se hallan las raíces del pasado que paralizan el futuro. *Paraíso perdido* abrió un nuevo espacio para la nostalgia de un país que había extraviado una libertad imaginada.

Este pasado colonial es el protagonista que marca el devenir de los personajes en *A Tempestade da Terra* (F. d'Almeida e Silva, 1997), filme que introduce otra serie de elementos innovadores. Por un lado, el director, Fernando d'Almeida Silva, es un mozambiqueño, hijo de padres portugueses que, sin apoyo del círculo de la Escuela de Cine, rueda un filme y lo distribuye con una entonces pequeña empresa independiente –Medeia Filmes–. Resultó novedoso otorgarle protagonismo en la película a un antiguo sirviente y amigo de una joven de la burguesía colonial mozambiqueña retornada a Lisboa tras la Revolución. Él será la pieza clave para resolver este drama psicológico. *A Tempestade da Terra* muestra los diferentes caminos tomados por individuos antagónicos, donde se enfrentan la política y las ideas contrapuestas.

---

[23] https://www.programaibermedia.com/el-programa/ibermedia-en-cifras/

[24] Los convenios de coproducción multilaterales y bilaterales en https://www.cultura.gob.es/cultura/areas/cine/industria-cine/convenios-coproduccion.html

También el cine español trasladó a la pantalla la situación de los pocos emigrantes africanos y sudamericanos llegados a finales del XX a la Península. Cinco empresas productoras y varios cineastas comprometidos políticamente y visionarios denunciaron el racismo y la explotación. Tanto el drama *Las cartas de Alou* (Montxo Armendáriz, 1990) como la comedia *Bwana* (Imanol Uribe, 1996) fueron protagonizadas por dos antihéroes masculinos. Mientras que el melodrama *Cosas que dejé en La Habana* (Manuel Gutiérrez Aragón, 1997), y los dramas *Flores de otro mundo* (Icíar Bollaín, 1999) y *Poniente* (Chus Gutiérrez, 2002), obras corales, fueron interpretados por mujeres. Estas últimas cintas resultaron más del agrado del público, siendo vistas por el doble de espectadores que las primeras[25]. Sin embargo, los jurados internacionales y la crítica actuaron a la inversa, recibiendo tanto *Las cartas de Alou* como *Bwana* la Concha de Oro en el Festival de San Sebastián. *Bwana*, además, fue premiada en los Festivales de Miami y de Toulouse. *Cosas que dejé en La Habana*, por su parte, obtuvo la Espiga de Plata en el Festival de Valladolid. Un tratamiento singular es el que Cecilia Bartolomé ofrece en *Lejos de África*. Acogida al programa Eurimages y estrenada en 1996, se centra en la entrañable amistad de una niña valenciana que se instala en 1950 con sus padres en Guinea y una bubi que, andando el tiempo, estudiará en la Península. Su recuentro en 1961 muestra la diferente evolución de ambas jóvenes e incide en la yuxtaposición de dos formas de vida en la sociedad colonial.

CAMBIO DE SIGLO, CAMBIO DE ESTRATEGIA

La nueva Ley del Cine portuguesa de 2004, enfocada en la comercialización, apoyaba a las obras con una mayor recaudación, reforzándose el poder del productor a través de planes plurianuales

[25] *Cosas que dejé en La Habana*, 362.000 espectadores y *Flores de otro mundo*, 372.000. Mientras que *Las cartas de Alou* fue vista por 123.000 espectadores y *Bwana*, por 217.000. *Poniente*, con 116.549, concursó en Venecia y Toronto. https://sede.mcu.gob.es/CatalogoICAA

y desapareciendo los apoyos a obras individuales[26]. Así, la realización artesanal sufrió con la estandarización del modo de producción europeo. El director-autor perdió su esencia. Las reglas dominantes del mercado apartaban al cine del pensamiento acercándolo al comercio y al consumo[27].

Gracias a las coproducciones y a los programas europeos se logró la financiación necesaria para recrear un pasado colonial que no interesaba a las productoras comerciales. Si en España hasta 2010 no se volverá sobre este asunto, en Portugal se filmarán nueve películas de las cuales tres son coproducidas con España. *Capitães de Abril* (María de Medeiros, 2000) es la primera ficción que reconstruye esas horas que marcaron el destino de un país. Huyendo de la postración y de la nostalgia, Medeiros dio vida a los héroes de la Revolución. Concebido como un drama coral, *Capitães de Abril* se adentraba en el clima social y en los motivos personales de unos protagonistas decididos a finiquitar un régimen obsoleto. Financiada por cuatro países y el programa Euroimages[28], *Capitães de Abril* se inicia con unas duras imágenes de cadáveres quemados y abandonados en África, razones suficientes para señalar los traumas de los jóvenes obligados a cumplir esas órdenes y un argumento definitivo para iniciar la revolución.

Asimismo, violencia, culpa, miedo y rencor son reminiscencias de los tiempos coloniales que se hallan en las siguientes obras. *La selva* (Leonel Vieira, 2001), coproducción luso-española de elevado presupuesto que resultó un fracaso de taquilla[29]. Trata de un joven monárquico que en 1912 ha de irse a vivir al Amazonas donde crece y se enfrenta a la injusticia de la ruda vida de las plantaciones. Como otros filmes de entretenimiento, *La selva* no entró en los circuitos de los festivales internacionales, lo que limitó su comercialización.

---

[26] *Diario da Republica* https://files.diariodarepublica.pt/gratuitos/1s/2004/08/194a00.pdf

[27] Véase Jacques Lemière, "Um centro na margem: o caso do cinema portugués", *Análise Social,* 41/180 (2006), p. 731-765.

[28] La aportación fue un 46% francesa, un 24% portuguesa, un 20% española y un 10% italiana. Euroimages aportó 487.836 €. Es la novena película más vista en Portugal hasta la fecha con 110.000 espectadores.

[29] La vieron algo más de 80.000 portugueses y apenas 3.500 españoles. Portugal aportaba el 80% del capital y España el 20% restante.

También *Inferno* (Joaquim Leitão, 1999) resultó otra decepción pues, tras los enormes éxitos de Leitão –*Tentação*, vista por 361.312 espectadores y *Adão e Eva* por 255.000–, los 84.792 de *Inferno* supusieron un relativo fracaso[30]. La deslucida definición de los personajes y un guion desconcertante, alejan al espectador del argumento. Aquí, unos viejos y atormentados combatientes de África se reúnen para rememorar el pasado. Y lo que debía de ser una celebración, se convierte en una inesperada noche de violencia donde emergen el rencor y la miseria. A pesar de ello, deberán reconciliarse para formar de nuevo un gran equipo y acabar con unos traficantes.

Las políticas de igualdad de género y de integración occidentales repercutieron en las narrativas coloniales portuguesas de principios del siglo XXI. Las vivencias infantiles, de las mujeres y de los esclavos en África, muy diferentes a las hasta ahora interpretadas por los hombres, saltan a la pantalla. Así, portuguesas de origen colonial o metropolitano que, por una u otra razón, han de trasladarse o regresar a África se convierten en las protagonistas que descubren las diferencias entre sus dos culturas, a la vez que viven su propia evolución. Esto ocurre en *O Gotejar da Luz* (Fernando Vendrell, 2002), centrada en los recuerdos de una niñez colonial mozambiqueña, que entronca con los clichés mantenidos en el imaginario colectivo desde finales de los 50 hasta el siglo XXI. Por su parte, *A Costa dos Murmúrios* (Margarida Cardoso, 2004), basada en la novela homónima de Lidia Jorge, es un *thriller* bien construido y filmado con extraordinaria sensibilidad. Las protagonistas son las esposas de unos militares que están en campaña. Ellas, en su papel asignado por la sociedad patriarcal, esperan alojadas en hoteles, donde hace mella la soledad, el miedo, se disfruta de la libertad y se recibe el castigo, en un mundo androcéntrico, opresivo y rígido en el que "las almas están rotas"[31]. *A Costa dos Murmúrios* aborda la violencia íntima y social de las colonias, e invita a una reflexión crítica sobre la forma de vida en el escenario de la guerra. Seleccionada para la Mostra de Venezia fue premiada en diferentes

[30] Una buena acogida del público portugués ronda los 100.000 espectadores. Superar estas cifras, supone ya grandes éxitos para el cine nacional.

[31] *Expreso*, 27-11-2004.

festivales. Por último, en Cabo Verde se desarrolla el drama de época *A ilha dos escravos* (Francisco Manso, 2008). Aquí, un oficial absolutista organiza en 1852 una revolución para propiciar la vuelta de don Miguel. Financiada por Ibermedia, además de por España y Brasil, continúa la línea de *Queimada* (Gillo Pontecorvo, 1969) denunciando el esclavismo y la injusticia.

Manuel de Oliveira continuó ahondando en la historia y la identidad lusa con un estilo propio, alejado del aislamiento portugués y mirando a Europa, al Mediterráneo y a Estados Unidos. Tanto en *Um filme falado* (2003) como en *Cristóvão Colombo o enigma* (2007) desaparece ese axioma del Portugal "orgullosamente solo" tan presente en la filmografía de Oliveira y en el propio imaginario colectivo nacional. Financiada por Eurimages, Italia y Francia, el rodaje de *Um filme falado* (2003) se inició en octubre de 2002, aún bajo el *shock* del atentado a las Torres Gemelas. Oliveira abandona la recreación del pasado para denunciar la barbarie del presente. *Um filme falado* trascurre en esos momentos, durante una travesía por el Mediterráneo donde una profesora de Historia, que viaja con su hijita rumbo a la India al encuentro de su esposo, le va explicando los hitos de la civilización occidental, en la que Portugal adquirió un gran protagonismo. Por primera vez Oliveira se aparta del Sebastianismo: "Un mito son historias imaginadas a partir de ciertos acontecimientos" –explica la profesora–, para sustentar la acción civilizadora en hechos probados, representados por los monumentos de los Descubrimientos. Se recrea en explicar las conquistas del Norte de África. Frente a Ceuta, la protagonista afirma: "Esa ciudad se la arrebataron los portugueses a los moros hace más de quinientos años". El Babel amable y glamuroso que da título al filme, según Oliveira, concluiría con el empoderamiento femenino: "Las mujeres deberían gobernar el mundo y curarlo de todas sus enfermedades antiguas y modernas". Sin embargo, la expansión civilizadora acarreará unas trágicas consecuencias, provocando un dramático final.

Cristóvão Colombo o enigma (2007) es otra excusa para situar de nuevo a Portugal como la gran protagonista de la historia universal. Una figura irreal vestida de verde y rojo –un ente abstracto como la Patria–, aparece en diferentes secuencias para acompañar y proteger a los protagonistas que parten hacia América. El propio Oliveira y su mujer encarnan a los dos autores ya jubilados que escribieron "Cristóbal Colon era portugués", sin demasiada base científica, pero que sirve al director para recrearse en la historia –en la línea de *Non, ou A Vã Glória de Mandar* o *Um filme falado*–. Mezclando lo onírico con lo real, unos personajes teñidos de melancolía desvelan los enigmas del pasado. Oliveira concurrió, una vez más, con sus obras al Festival de Venecia; siendo muy aclamada su visión sobre el pasado y el presente colonizador occidental.

DE NUEVO EL PROTAGONISMO COLONIAL

En el último decenio aumentaron en ambos países los temas relacionados con el pasado colonial: nueve en Portugal, seis en España. Uno de los aspectos más destacable es la ubicación del desarrollo de la acción. Los cineastas lusos utilizan escenarios hasta ahora poco explorados, como en *A ùltima vez que vi Macau* (João Pedro Rodrigues, João Rui Guerra da Mata, 2012), presentada en el Festival de Locarno, y *Hotel Império* (Ivo Ferreira, 2018). La primera, un *thriller* sustentado en las viejas ligazones entre Portugal y el postrero de sus enclaves asiáticos; la segunda, una dramática fábula que retrata la obstinada supervivencia de unos personajes que no tienen donde regresar, porque siempre estuvieron ahí, en un barrio de Macao, habitando oscuros y decadentes girones de un imperio a punto de ser devorado por la modernidad y la especulación.

En el caso de España, igualmente se desarrollan tramas novedosas en países que fueron colonias, donde el pasado tiende unos hilos que lo unen al presente. *También la lluvia* (Icíar Bollaín, 2011) sucede en Bolivia y *Palmeras en la nieve* (Fernando González Molina, 2015) transcurre en Guinea. Esta segunda, basada en la novela homónima de Luz Gabás, recrea la historia de un oscense emigrado a los cacaotales guineanos. Su hija desentrañará ese pasado colonial y su historia familiar. *Palmeras en la nieve* fue un éxito de taquilla, con más de 2.703.000 espectadores, mientras que el filme de Bollaín fue vista por 600.000. Sin embargo, *También la lluvia*, con su denuncia de la explotación, entonces de los españoles y ahora de la codicia de las multinacionales,[32] recorrió varios festivales cosechando premios y el reconocimiento de la crítica.

También la lluvia es una muestra del cine social que se desarrolla en esta última década en ambos países. Sus protagonistas principales son peninsulares, pero acompañados de indígenas luchadores, ahora alejados de la lastimosa imagen de pobreza y de miseria que les definía en las producciones cinematográficas anteriores, y que se unen para enfrentarse al imperialismo norteamericano. Los revolucionarios locales, salidos de entre las poblaciones nativas, adquieren una dignidad heroica, como es también el caso de *Yvone Kane* (Margarida Cardoso, 2014).

Sin ese perfil heroico, y dentro del cine experimental, se sitúan *Juventud en marcha* (2007) y *Caballo Dinero* (2014) dirigidas por Pedro Costa. Ambas cintas retratan el devenir de Ventura, un jubilado caboverdiano del suburbio lisboeta de Fontainhas, un fantasma habitado por sus propios fantasmas. En *Juventud en marcha*, la municipalidad ha realojado en un piso a Ventura. Él exige –y se la conceden– una vivienda con cinco habitaciones para albergar a todos sus hijos, jóvenes de los que tres están o han estado enganchados a la droga. La cámara de Costa lo retrata entre amigos y familiares, rememorando su vida desde la llegada a Lisboa en 1971 a la actualidad. A pesar de la pobreza en que ha vivido, ya en el ocaso, aunque sea una sombra silente de los restos de un gran imperio, ahora, la modesta república cuida de él. Mucho más acerada es *Caballo Dinero* que transcurre en el presente de Ventura, un presente atemporal de estancias hospitalarias y deambular por espacios rememorados, que conjuga los miedos de la época de la Revolución hasta las muertes cercanas y donde el sistema ahora resulta muy hostil.

En el aspecto colectivo, la denuncia de la locura y la avaricia de la llamada civilización se ubican en un pasado lejano, revisitado en ambas cinematografías. En el caso de Portugal, *Posto avançado do progresso* (Hugo Vieira da Silva, 2015), una coproducción franco-portuguesa,

[32] En Cochabamba, en 2000, con el concurso de los poderes públicos, se aprobó la privatización del agua, incluida la de la lluvia, a favor de una empresa estadounidense.

basada en un cuento de Joseph Conrad, que tiene en común con la española *Oro* (Agustín Díaz Yanes, 2017) la denuncia de los estragos producidos por la codicia y la crueldad. *Posto avançado do progresso* se desarrolla en el Congo del siglo XIX, donde dos oficiales inexpertos, e imbuidos de una vaga intención civilizadora, se asientan en un lugar agreste para controlar un puesto comercial. La malaria y el alcohol harán mella en ellos. Su incapacidad provocará la desconfianza mutua, y la incomprensión de los lugareños les conducirá a una violencia irracional. En *Oro*, la brutalidad domina sobre la épica y la película es un retrato feroz de unos delincuentes ambiciosos en la Amazonía del siglo XVI, donde la ruindad engendra la muerte. Ninguna de las dos películas obtuvo reconocimiento ni en festivales, ni en taquilla[33].

Peregrinaçao (João Botelho, 2017) llevó por primera vez a la pantalla parte de las aventuras del explorador Fernão Mendes Pinto. Con una técnica experimental y un pequeño presupuesto para filmar una gran epopeya, Botelho combina la narración literaria, las historias familiares, las representaciones teatrales imaginadas y las composiciones del cantautor portugués Fausto. La construcción del imperio, las hazañas de sus individuos son objeto de la grandeza de los descubrimientos, acervo conservado en el imaginario colectivo. Muy al contrario que la española *1898. Los últimos de Filipinas* (Salvador Calvo, 2016), un ejemplo más de la desmitificación del pasado realizado sin rigor histórico. Calvo elimina todo rastro de nobleza, heroísmo y lealtad de los defensores de Baler. Lo mismo que *Eles transportan a morte* (Helena Girón, Samuel M. Delgado, 2021), ficción experimental que "busca deconstruir el discurso épico de las gestas coloniales"[34]. Los protagonistas de este drama son unos condenados a muerte a quienes se les conmuta la pena por viajar con Colón. Estos huyen robando unas velas con idea de hacer una balsa y retornar a Galicia. Como la mayoría de las películas españolas de este medio siglo analizado, se acerca al Descubrimiento para "resaltar los males

[33] *Posto avançado do progresso* fue presentada en el Foro de la Berlinale. En Portugal fue vista por 1.500 espectadores. *Oro*, por su parte, por 213.726.

[34] Samuel M. Delgado, director y guionista, *Días de cine*, RTVE, https://www.youtube.com/watch?v=6kq1RfozpjM

que occidente exportó"[35]. Aunque fue presentada a la sección de la *Settimana Internazionale della Critica* de la Mostra de Venezia y a la sección Zabaltegui de San Sebastián, solo 924 personas la vieron en las salas. Producida en un contexto político de polarización cada vez más extrema, donde el reconocimiento del pasado se ha ligado a los discursos de la derecha política española, esta ópera prima obtuvo críticas elogiosas de la prensa independentista.

Para terminar, en esta última década en Portugal, los directores jóvenes se han acercado al pasado poscolonial realizando filmes de gran belleza y aportando interesantes hallazgos estilísticos. Tanto *Tabú* (Miguel Gomes, 2012) como *Cartas de la guerra* (Ivo Ferreira, 2016), filmadas en blanco y negro, se desarrollan en Angola y en Lisboa. Una parte de *Tabú* carece de diálogos y otra gran parte es narrada a través de una voz en *off*. Recrea un pasado africano que, aunque solo existió para una minoría, continúa anidado en el inconsciente colectivo de la población actual; habla de moral, tanto en el continente como en África, componiendo una fábula sobre las consecuencias de las trasgresiones cometidas en el pasado africano de la actual ex metrópoli. Al igual que la española *Neckan* (Gonzalo Tapia, 2014), que se desarrolla en el Tetuán de 1956, los secretos, los crímenes ocultos determinan el presente.

Por último, la conmovedora y dura *Cartas da guerra*, basada en la obra homónima de António Lobo Antunes, cuyo hilo conductor son las misivas enviadas entre 1971-1972 por un alférez médico desde Angola a su joven esposa embarazada. El *off* de los textos presenta una sutil relación con las imágenes que van revelando la crueldad de la guerra, el descubrimiento de África, la concienciación política y la desesperación del protagonista. El amor a su hija –el mañana– y su esposa le salvarán de la destrucción. Un largo amanecer cargado de luz y de esperanza invita a mirar al futuro asintiendo ante el pasado, como una puerta a la esperanza, culmina el filme.

[35] Diego Batlle, "Crítica de Eles transportan a morte", *Otros cines*, 8-09-2021, https://www.otroscines.com/nota-17180-critica-de-eles-transportan-a-morte-de-samuel-m-delgado

CONCLUSIONES

A lo largo de estos cincuenta años los cineastas portugueses y españoles han trasladado a la sociedad occidental su visión de los cambios provocado por las transiciones políticas ibéricas. La industria cinematográfica de ambos países se ha adaptado económica y estilísticamente a las exigencias y a las libertades democráticas, al mercado europeo y al marco iberoamericano. Un cambio político tan determinante condujo a la redefinición de las subjetividades y, en particular, el reenfoque de la cuestión colonial, trasladado por los cineastas a la pantalla. La Revolución de los Claveles y la Transición española dieron paso al "milagro portugués" y también al reconocimiento de los cineastas españoles. Los filmes realizados en este medio siglo, los argumentos de las películas, las características formales, las condiciones económicas y técnicas determinaron las narrativas sobre un tema nuclear de ambas sociedades, su pasado colonial que modela aún el presente.

Para tratar esa identidad nacional, los cineastas portugueses, legitimados por su reconocimiento internacional, apostaron por arriesgadas innovaciones formales. En conjunto afirmaron su creatividad, a veces contra las normas comerciales, imponiendo su modo de hacer artesanal, y procurando primar la reflexión sobre el pasado y el presente. Gran parte de los filmes recorren la historia de Portugal con la intención de hacer un duelo por las pérdidas inevitables. Portugal mantiene a la Nación como una continua presencia tornándose en una de las principales figuras de su cinematografía. Es una geofilosofía dolorosa que al mismo tiempo alberga un sentimiento de decadencia y una matización de la identidad. Por su parte, los cineastas españoles se aventuraron más en las narrativas que en los hallazgos estilísticos, intentando hacer universales los estereotipos y los discursos de sus obras, críticos con el capitalismo y la desigualdad.

El conjunto de películas aquí analizadas permite colegir la importancia que tiene en el imaginario colectivo ibérico el pasado colonial. Varios cineastas de ambos países se han posicionado en contra de la acción colonizadora destacando las consecuencias trágicas en el pasado y en el presente. Este juicio a la historia resulta mucho más inflexible entre los directores españoles que entre los portugueses. Los directores lusos intentaron comprender y explicar el pasado revistiendo a sus personajes de dignidad y reflexión, mientras que los cineastas españoles juzgaron con dureza los procesos históricos y a sus protagonistas, apartándose, incluso, de la verdad histórica en su afán por deconstruir el pasado. España es un caso paradigmático de autopercepción negativa. La fuerza del conflicto ideológico, la desafección social a la idea de potencia y la inexistencia de una conciencia nacional fuerte han derivado hacia una interpretación bastante destructiva de su historia. No obstante, de la presencia constante del pasado en nuestras cinematografías se infiere que las luces y las sombras del ayer se alargan hasta el presente. Hilos visibles e invisibles reescriben la historia para acomodar los mitos a la actualidad. Una vez más, el cine ha sido testigo y agente de ese cambio que supuso para España y Portugal el adaptarse a la realidad poscolonial.

REFERENCIAS BIBLIOGRÁFICAS

Batlle, Diego, "Crítica de Eles transportan a morte", *Otros cines,* 8-09-2021, https://www.otroscines.com/nota-17180-critica-de-eles-transportan-a-morte-de-samuel-m-delgado

Cunha, Paulo, "Guerra Colonial e Colonialismo no Cinema Português", *Estudos do Século XX*, 3 (2003), pp. 185-208, https://ubibliorum.ubi.pt/handle/10400.6/10265

—, y Maria do Carmo Piçarra, "Censura, nunca mais? Estudos de caso durante o PREC", *Revista do Centro de Investigação Media e Jornalismo*, 23 (2013), pp. 51-62.

—, y Michelle Sales (org.), *Cinema português: un guia essencial*, SESI-SP editora, São Paulo, 2013. https://www.academia.edu/5720305/Cinema_Portugu%C3%AAs_um_Guia_Essencial_2013_ed._com_Michelle_Sales

Elena, Alberto, *La llamada de África: estudios sobre el cine colonial español*, Bellaterra, Barcelona, 2010.

España, Rafael de, "España y América: 500 años de Historia a través del Cine", *Filmhistoria online,* 2/3 (1992), https://revistes.ub.edu/index.php/filmhistoria/article/view/12166/14919

García Carrión, Marta, "Proyecciones imperiales: el espacio colonial en la cinematografía española de las primeras décadas del siglo xx", *Storicamente,* 12 (2016), pp. 1-24, DOI: 10.12977/stor622

Geada, Eduardo, *O imperialismo e o fascismo no cinema,* Moraes Editores, Lisboa, 1977.

Lemière, Jacques, "Um centro na margem: o caso do cinema portugués", *Análise Social,* 41/180 (2006), pp. 731-765.

Martínez Álvarez, Josefina, "Tal como éramos. El cine de la transición política española", *Historia Social,* 54 (2006), pp. 73-92.

Pessoa, Fernando, *Contemporânea 1,* maio de 1926, p. 47, http://www.pessoadigital.pt/en/pub/Pessoa_O-Menino-da-sua-Mae

Picarra, Maria do Carmo, *Azuis ultramarinos. Propaganda colonial e censura no cinema do Estado Novo,* Edições 70, Lisboa, 2015.

Ramos, Alexandre y Martins, Paulo Miguel, *Biografias do Cinema Colonial: Moçambique (1951-1975),* Publicações do Cidehus, Évora, 2022, https://books.openedition.org/cidehus/20811?lang=es#

Seabra, Jorge, Àfrica nossa. O império colonial na ficção cinematográfica portuguesa (1945-1974), Imprensa da Universidade de Coimbra, Coimbra, 2014.

—, "O império na memória do cinema. Uma permanência sem abril (1940–2015)", *Camões,* 24 (2016), pp. 49-56, http://cvc.instituto-camoes.pt/dmdocuments/camoes24.pdf

Stam, Robert y Shohat, Ella, *Unthinking Eurocentrism: Multiculturalism and the Media,* Routledge, New York, 1994.

IMÁGENES DEL 25 DE ABRIL: SIETE DÍAS QUE ESTREMECIERON AL MUNDO[1]

Rafael Rodríguez Tranche
Universidad Complutense de Madrid. España
ORCID: 0000-0002-4484-3937

Esta é a madrugada que eu esperava.
O dia inicial inteiro e limpo.
Onde emergimos da noite e do silêncio.
E livres habitamos a substância do tempo.
Sophia de Mello Breyner Andresen.

PREÁMBULO

Parafraseando el título del celebérrimo libro de John Reed, *Ten Days that Shook the World*, los primeros días en los que se desarrolla la revolución portuguesa de abril de 1974 concentran, como en la revolución rusa de 1917, una sucesión vertiginosa de hechos que rompen radicalmente con el viejo orden[2]. Si en el caso soviético Reed acotaba a diez días la explosión revolucionaria, en el portugués la cronología abarcaría lo sucedido entre el mismo 25 de abril y el 1 de mayo. Sin duda, durante la vigencia del periodo revolucionario, lo que se denominó PREC (Proceso Revolucionario en Curso), entre abril de 1974 y noviembre de 1975, se sucedieron muchos momentos

[1] Este texto es fruto de una estancia de investigación "Salvador de Madariaga" realizada en Lisboa, durante 2022, en el Instituto de Comunicação da NOVA (ICNOVA). Igualmente, se enmarca dentro del proyecto de investigación I+D+i Retos Investigación (Mº Ciencia e Innovación) *Fotoperiodismo y Transición española (1975-1982): la fijación y circulación de los acontecimientos a través de la prensa gráfica y su relectura memorística*. Ref.: PID2020-113419RB-I00. Agradezco a Carla Baptista, Jacinto Godinho y Antonio Pedro Ferreira las facilidades y la información proporcionada para realizar dicho texto.

[2] John Reed, *Ten Days that Shook the World*, Boni & Liveright, New York, 1919.

destacados y un sinfín de imágenes asociadas a ellos, pero sus raíces están en esos días iniciales.

El objetivo de este texto es desvelar cómo la fotografía, principalmente a través de la prensa gráfica, y en menor medida la cartelística, fijaron algunos de esos acontecimientos y, al tiempo, forjaron una serie de iconos unidos desde entonces a la Revolución portuguesa. La potencia y perdurabilidad de esas imágenes es tal que ya son indisociables del evento histórico o, mejor dicho, el evento no puede ser contado sin su presencia; pues, como sucede en toda revolución, los símbolos y las imágenes decisivas emergen de los propios sucesos para, a través de diversos procesos de elaboración y apropiación colectiva, transfigurarse en momentos climáticos, gestas y acciones heroicas. Lo singular del caso portugués es que la mayoría de esas imágenes tuvieron una primera vida como fotografías de prensa y, en un proceso de decantación posterior, un selecto grupo de ellas fueron encumbradas como paradigmas del fulgor revolucionario de aquellos días.

Antes de detectar y analizar estas imágenes es preciso reflexionar sobre dos circunstancias especiales:

- La primera se refiere a la doble denominación con la que ha sido bautizado este acontecimiento: "25 de Abril"/Revolución de los Claveles. Si reparamos en ella es porque cada expresión tiene un poder de invocación diferente y, en consecuencia, de imágenes asociadas a las mismas. "25 de Abril" es la expresión oficial, la que asocia el acontecimiento a una fecha para anclarla en el calendario. Es aséptica, pues evade cualquier calificativo y el espinoso término "revolución", incómodo para tejer consensos amplios en la memoria colectiva posterior. También concentra en el día inicial el potencial simbólico de todo lo ocurrido a lo largo de varios días o varios meses (si tomamos como referencia el PREC). La segunda denominación, Revolución de los Claveles, es una formulación metafórica que conjuga la condensación y el desplazamiento de dos circunstancias: unos hechos que, partiendo de un golpe de Estado, adquieren carácter revolucionario y un gesto simbólico que parece pacificarlos. La imagen, sobre la que ahondaremos más adelante, de los soldados llevando claveles en sus fusiles o de los civiles insertándolos en ellos produce un cortocircuito en la asociación convencional de un militar con su arma. El clavel sería aquello que ocluye simbólicamente las armas y las hace enmudecer. Al tiempo, permite que la revolución brote y "florezca" como resultado de un cúmulo de acciones previas latentes. Todo ello expresa el relevo entre las acciones militares previas y la toma de la calle por la población para acompañar a los soldados. Esta idea conectaría con el carácter mayormente no violento de la revolución portuguesa, una circunstancia insólita en la mayoría de este tipo de revueltas.

- La otra hace referencia a la pluralidad de símbolos surgidos, su mutabilidad con el tiempo y las distintas versiones fotográficas que las encarnan en varios casos. Si bien es cierto que el clavel rojo insertado en el fusil se ha convertido en el icono del "25 de Abril". lo cierto es que en esos primeros días proliferan diversos motivos y escenas que pugnan por adquirir el protagonismo. Por ejemplo, el signo de la victoria podría haber sido el emblema del triunfo revolucionario. De hecho, fue un gesto recurrente en esos días, tanto entre militares como civiles; una especie de guiño colectivo para coronar la euforia reinante.

LOS MEDIOS ANTES DEL 25 DE ABRIL

A lo largo de todo el Estado Novo la prensa portuguesa, pese a estar sometida a una estricta censura, se desarrolló con rutinas y procedimientos similares a los del periodismo occidental: "La dictadura en la que vivió Portugal durante gran parte del siglo xx no impidió que el periodismo portugués se desarrollara formalmente, más o menos en sintonía con lo que se hacía en otros países occidentales, aunque el contenido inevitablemente llevaba la marca de la censura y la propaganda"[3]. Tal vez para sacudirse ese estigma, muchos de esos medios exhibirán con orgullo en sus portadas de esos días iniciales

[3] Jorge Pedro Sousa, *Uma história do jornalismo em Portugal até ao 25 de Abril de 1974*, Universidade Fernando Pessoa, Lisboa, 2008, p. 83. Traducción del autor y de las sucesivas citas.

la leyenda: "Este jornal não foi visado por cualquier comissão de censura". De hecho, es llamativa la rapidez con la que se sacuden la censura oficial vigente para informar abiertamente sobre todo lo que está ocurriendo. Y ello pese a la resistencia de los censores del régimen hasta el último momento. Como describe con ironía José Cardoso Pires: "Exigieron pruebas de los textos de las ediciones de la tarde. Eran tan adictos a la autoridad, estaban tan arraigados a sus sombrías sillas (vivían en ellas, anidaban en el papel, se reproducían) que se consideraban una institución natural, una función pública. Extensible más allá del fascismo que se estaba extinguiendo"[4]. Por el contrario, las ansias de libertad llevarán a volcarse por completo con los responsables de la revolución. Como afirma, Mário Mesquita, primer estudioso de los medios tras la Revolución, "los periódicos estaban afinados por el mismo diapasón: la glorificación de los vencedores militares y civiles"[5]. De ahí que se haga, según João Figueira, "un periodismo cargado de ideología, en el que la política es una urgencia, tras 48 años de dictadura y ausencia de libertad de expresión y de pensamiento"[6].

En esa época los principales periódicos que se editaban en Lisboa eran *Diário Popular*, *Diário de Lisboa*, *Diário de Notícias*, *A Capital*, *O Século* (y su revista *O Século Ilustrado*), *República*, *Jornal Novo* y el semanario *Expresso*. Por su parte, en Oporto se editaban *O Comércio do Porto*, *Jornal de Notícias* y *O Primeiro de Janeiro*. A estos medios habría que sumar las revistas *Flama*, *Vida Mundial*, *Notícia* (publicada en Luanda), *Seara Nova* y *O tempo e o modo*. Todos ellos darán una amplia cobertura a los acontecimientos de los primeros días y reproducirán numerosas fotografías. Sin embargo, y pese a la trascendencia de los sucesos, la fotografía en estos medios tendrá una consideración muy desigual. Si bien todos los periódicos y revistas recurren como estrategia a la magnificación (aumentar el tamaño de la imagen dentro de la página en relación con el texto) para destacar

[4] José Cardoso Pires, *E agora, José?*, Morais Editora, Lisboa, 1977, p. 244.

[5] Mário Mesquita, "Estratégias liberais e dirigistas na comunicação social de 1974-1975 da comissão ad hoc à Lei de Imprensa", *Revista de Comunicação e Linguagens*, 8 (1988), p. 98.

[6] João Figueira, *Os jornais como atores políticos. O Diário de Notícias, Expresso e Jornal Novo no Verão Quente de 1975*, Minerva, Coimbra, 2007, p. 21.

Firmeza do escudo

RENDIÇÃO DE UM OFICIAL NO TERREIRO DO PAÇO

DL/NACIONAL

CLIMA DE APOTEOSE

Fig. 1 y 2

la trascendencia de la fotografía en la fijación de los acontecimientos; solo *Diário de Lisboa* y *O Século* (con su revista semanal *O Século Ilustrado*) trabajan con una concepción moderna de la edición gráfica. Además, en el primer caso las fotos se supeditan al texto como mera ilustración o complemento. Son estos dos últimos diarios los que conceden relevancia a las imágenes para conformar la noticia junto con el texto. Así, por ejemplo, la edición del 26 de abril de *O Século* reproduce tres fotos de Alfredo Cunha que muestran la rendición del mayor Pato Anselmo en Ribeira das Naus, una de las primeras situaciones críticas del golpe. Se trata de un minirreportaje, con un breve texto de apoyo que da total protagonismo a la capacidad informativa de las imágenes (fig. 1). Por su parte, *Diário de Lisboa*, también en la edición del 26 de abril, dedica una página completa a mostrar la euforia de los ciudadanos ante la acción militar. Bajo el título "Clima de apoteose", la noticia no habla de hechos concretos, sino de un estado de ánimo colectivo. De ahí que se sacrifique el texto, reducido a la mínima expresión y en modo alguno redundante con las imágenes, para que sean las fotos a gran tamaño las que trasmitan esta sensación (fig. 2).

Los artífices de este caudal de imágenes serán un nutrido grupo de fotoperiodistas: Abel Fonseca, Alberto Peixoto, Alfredo Cunha, António Xavier, Armando Vidal, Carlos Gil, Fernando Correia dos Santos, Eduardo Baião, Eduardo Gageiro, Fernando Baião, Francisco Ferreira, Inácio Ludgero, José Antunes, José Tavares, Lobo Pimentel Jr., Miranda Castela, Novo Ribeiro, Rui Pacheco, Raúl de Nascimento, José Santos, Rui Homem y Teresa Montserrat. Los más destacados por su trayectoria previa y posterior, y por la relevancia que alcanzarán sus fotografías, son: Carlos Gil, Alfredo Cunha y Eduardo Gageiro. Los tres publicarán habitualmente en *O Século* y en *O Século Ilustrado*.

Tras su primera aparición en la prensa, muchas de estas fotografías iniciaron un intenso recorrido en distintas publicaciones durante las semanas siguientes y después en reportajes conmemorativos, libros de fotografías y catálogos hasta componer una larga estela, que se prolonga hasta la actualidad, con su pervivencia en todo tipo de fórmulas y reapropiaciones a través de internet. No obstante, el hecho más sustancial en este proceso de decantación de imágenes es la aparición de diversas "historias gráficas" en torno al "25 de Abril". Previamente, la edición del 4 de mayo de *O Século Ilustrado,*[7] con cuarenta páginas dedicadas a contar lo sucedido, había establecido una primera formulación del inesperado rumbo que estaban siguiendo los acontecimientos: la emergencia del pueblo, un nuevo sujeto colectivo, como fuerza social que legitimará la acción revolucionaria. La revista plasmaba esta idea por dos vías: a través del editorial y en su portada. El editorial lo formulaba en el primer párrafo: "las calles permanentemente llenas de gente que vitoreó a los valientes soldados, los claveles en sus solapas, el intercambio de risas y abrazos, ¿tan significativo? La Junta de Salvação Nacional necesitaba, de hecho, pruebas completas y definitivas del apoyo del pueblo portugués a su programa revolucionario"[8]. Una idea que tiempo después Cesar de Oliveira concretaría así: "el 25 de Abril fue un golpe militar que el pueblo en las calles transformó en revolución"[9]. La

[7] El número anterior, de 27 de abril, había incluido un precipitado reportaje de seis páginas, "25 de abril. O movimiento das forcas armadas", que daba cuenta de los primeros momentos del golpe.

[8] *O Século Ilustrado*, 4 de mayo 1974, p. 2.

[9] En Maria Inácia Rezola, *25 de abril. Mitos de uma revoluçao*, Esfera dos libros, Lisboa, 2015, p.18.

portada era incluso más elocuente al elegir una fotografía a toda página de una inmensa manifestación del 1.º de Mayo por las calles de Lisboa con el titular "O povo unido jamais será vencido". Este eslogan, sobre el que volveremos más adelante, incidía en ese inicial protagonismo coral, no el MFA (Movimento das Forças Armadas), no Spinola (como conductor del nuevo régimen), no los dirigentes que volvían del exilio, sino el pueblo (fig. 3).

Fig. 3

Poco después, en junio de 1974, aparecía el libro *Portugal livre: 20 Fotografos da imprensa contam tudo sobre a revoluçao das Flores*[10]. La edición corría a cargo de la editora de *O Século* y, a partir de una selección fotográfica, proponía una estructura que resultará determinante para la cristalización visual de los primeros hitos de la revolución. Las fotos aparecían siguiendo un criterio cronológico,

[10] Fernando Assis Pacheco, Adelino Gomes, *Portugal livre: 20 Fotografos da imprensa contam tudo sobre a revoluçao das Flores*, O Século, Lisboa, 1974.

pero lo relevante era que los acontecimientos escogidos quedaban precisamente enmarcados entre el 25 de abril y el 1 de mayo. Estos hitos serán la pauta para los sucesivos tratamientos: las primeras acciones militares (la toma de la praça do Comércio y el asedio al Quartel do Carmo, donde se refugiaba el presidente Marcelo Caetano), el asalto a la sede de la siniestra policía secreta, la PIDE, el 26; la liberación de los presos políticos el día 26 (en Forte de Caxias, Forte de Peniche y el Campo de Concentração do Tarrafal); el retorno del exilio, representado emblemáticamente por Mario Soares, dirigente del Partido Socialista y Álvaro Cunhal, líder del Partido Comunista Portugués; y la apoteosis final con la multitudinaria celebración del *1.º de Mayo*. La importancia de estos acontecimientos era indiscutible; sin embargo, lo determinante aquí era proponer una primera selección de las imágenes que pudieran encarnarlos.

La segunda publicación es de 1977 y abarca un periodo más amplio: del 5 de octubre de 1910, fecha de la proclamación de la República Portuguesa, al 1 de mayo de 1974. *Da Resistência à Libertação*, tenía como origen una exposición y era definida por su autor, Sergio Guimarães, como un álbum fotográfico. Tres años después, los hitos de la revolución seguían siendo los mismos, si bien el enfoque de este libro era más complejo al conjugar, a través del diseño gráfico, fotos, páginas de periódicos, carteles e ilustraciones. Todo ello daba un peso determinante a la formulación gráfica de los acontecimientos destacados y al protagonismo colectivo como sujeto de la Historia. Por último, *Lisboa, 25 de Abril de 1974. Breve Roteiro Fotográfico*, editado en 1994, reducía el número de fotos y limitaba los fotógrafos a tres: Cunha, Gageiro y José Antunes. Era sin duda un ejercicio de síntesis y decantación para extraer las que ya se consideraban imágenes imprescindibles de aquellos días, reducidas al epicentro de la revolución: Lisboa.

SÍMBOLOS E ICONOS

Vamos a recorrer estos hitos, su aparición en la prensa de esos primeros días y el significado asociado a los mismos en ese contexto inicial.

Los acontecimientos tendrán una traducción directa en noticias, pero también a partir de ellos se formula un nuevo modo de entender y expresar lo que está pasando, que permitirá el encumbramiento posterior de esas imágenes. Son momentos de incertidumbre en los que no se sabe qué va a suceder. El cartel *Primavera?*, que reproduce a doble página el *Diário de Lisboa* en su edición del 28 de abril, es elocuente al respecto. Diseñado por el gran arquitecto e ilustrador João Abel Manta, muestra una solitaria rosa roja con una hoja verde (alegoría de la bandera portuguesa) que emerge hacia el cielo desde un vasto espacio negro. La trasposición temporal parece evidente: la línea del horizonte es el presente, ante el que se abre un cielo azul cargado de futuro, mientras que el subsuelo negro representa un siniestro pasado que amenaza el florecimiento. Junto con la interrogación en la palabra "primavera" expresa las dudas y miedos por el "actual momento político portugués", según se indica al pie (fig. 4).

Fig. 4

En medio de este futuro incierto surge un "nuevo imaginario revolucionario" cuyos hitos principales serían:

- *La ocupación militar de las calles* en Lisboa tenía como objetivo inmediato neutralizar los centros de poder del régimen. Tras unas primeras escenas de tensión en torno a la praça do Comércio, las fuerzas militares solo encuentran oposición en la sede de la PIDE y ocupan los centros estratégicos de la ciudad. Esta insólita presencia propiciará una interacción desconocida con los civiles. De ser el brazo armado del régimen, los militares se convierten en libertadores. Las ediciones de los periódicos del mismo día 25 y del 26 se llenan de imágenes que recogen esta invasión.

- *El hermanamiento del ejército y el pueblo*. Pese a los comunicados del MFA instando a la población a que permanezca en sus casas, la calle se llena de curiosos primero y de entusiastas después. La escena en la que unos niños se sientan junto a unos soldados, que están en posición de combate en la rua Garrett, plasma esta nueva conexión. Dos fotos, una de Alfredo Cunha y otra de José Antunes captan el momento. Precisamente, la de Antunes ilustra la portada de *Portugal libre*... con un niño en primer término que mira a cámara haciendo el signo de la victoria (fig. 5). Es decir, la victoria es compartida, como si soldados y niños jugaran a la guerra sin temor a sus efectos reales. Y de sujeto pasivo, el pueblo pasa a ser testigo privilegiado e impulsor de las acciones, una suerte de ímpetu colectivo que galvaniza todo lo que ocurre. La imagen de civiles subidos a los tanques expresa esta simbiosis en la que el armamento se amalgama con los cuerpos, el cañón se multiplica y prolonga en los brazos levantados y las balas se transmutan en puños o dedos formando el símbolo de la victoria (como se aprecia en una de las fotos de la edición del 26 de abril del *Diário de Lisboa*, ya mencionada, fig. 2). Esta transformación es recogida por toda la prensa y cristaliza en un imaginario colectivo donde el MFA es percibido como parte del pueblo. Otro cartel de Abel Manta, *MFA, POVO POVO, MFA*, realizado para las primeras campañas de dinamización cultural, lo expresa con brillantez al mostrar dos figuras que tienen intercambiados parte sus atuendos de militar y campesino como si fueran un mismo cuerpo.

- El *protagonismo de los militares rebeldes*, de los "Capitanes de Abril", se plasmará de diferentes modos. Si bien encontramos numerosas acciones corales en los primeros momentos del golpe, lo cierto es que pronto quedarán identificadas dos figuras con un reparto de papeles definido: el capitán Salgueiro Maia, que lleva a cabo las operaciones sobre el terreno, y el general Antonio de

Fig. 5

Spínola, primera cabeza visible de la Junta de Salvação Nacional (JSN). Ambas figuras ocupan un lugar destacado en el desenlace de los acontecimientos el primer día y han sido ampliamente estudiadas, pero lo más interesante es la diferente suerte que alcanza su imagen pública con el paso del tiempo. Mientras Maia se ha convertido en un héroe íntegro e incorruptible que no se vio salpicado por aspiraciones políticas, Spínola perdería el reconocimiento popular por su implicación posterior en maniobras involucionistas contra la democracia. Es más, la prematura muerte de Maia, víctima de un cáncer en 1992, ha permitido establecer en torno a él un culto *post mortem* a la personalidad, que ha aumentado con el paso del tiempo hasta eclipsar la figura de otros capitanes como Otelo Saraiva de Carvalho. La película *Capitanes de Abril* (M. de Medeiros, 2000), estableció los hilos narrativos para destacar su participación en las acciones decisivas del día 25. Más recientemente, y para conmemorar el 40º aniversario de su muerte, se estrenó *Salgueiro Maia-O Implicado* (S. Graciano 2022), concebida como una hagiografía que coincidió con la exposición *Salgueiro Maia (1944-1992)* en el Museu da Guarda Nacional Republicana (donde se exhibieron objetos personales a modo de reliquias)[11]. Todo ello incidía en un cambio sintomático de la sociedad portuguesa sobre la percepción del "25 de Abril": el desplazamiento del protagonismo colectivo al protagonismo individual en torno a la figura de Maia. Percepción que encaja con el desigual reconocimiento oficial a los *Capitanes de Abril*, que ha oscilado entre la indiferencia y los homenajes tardíos. Es más, en algunos casos aún sigue siendo motivo de controversia. Por ejemplo, cuando Saraiva de Carvalho murió en 2021 el Gobierno decidió no celebrar un funeral de Estado, al igual que había ocurrido con el propio Maia en 1992 y con Melo Antunes en 1999.

En el caso de Maia, su encumbramiento reciente obedece a esa imagen incontaminada de un militar que solo quiso proseguir su carrera en el ejército. Sin embargo, por una serie de avatares su actuación fue decisiva en distintos momentos del largo día del 25 de abril. Que varias fotografías dejaran constancia de ello fue determinante para esa mitificación del personaje. Hay tres situaciones en las que Maia destacaría por su acción decidida:

1. Cuando tropas leales al régimen aparecen hacia las 10:45 horas en la rua do Arsenal, cercana a la praça do Comércio, para intentar detener el golpe. Maia se acerca solo a parlamentar y el brigadier Junqueira dos Reis ordenar disparar sobre él. Los soldados no acatan la orden y Maia consigue, poco después, que depongan sus armas. La foto que ha trascendido de este encuentro, captada por Cunha, recoge el instante en que Maia vuelve a sus posiciones después de haber convencido a los leales al régimen[12].

---

[11] También se reeditó la biografía más aclamada: António de Sousa Duarte, *Salgueiro Maia. Un Homem da Liberdade*, Âncora Editora, Lisboa, 2022.

[12] La foto puede verse en Alfredo Cunha (1974), "A Revolução dos Cravos: tensão na Rua do Arsenal", Fundação Mário Soares/Alfredo Cunha, Disponível HTTP: http://hdl.handle.net/11002/fms_dc_151040.

2. La rendición de las fuerzas del 7º Regimiento de Cavalería en la praça do Comércio. La escena fue tomada por Gageiro y presenta una curiosa paradoja: el protagonista parece el militar situado en el centro, Maia Loureiro, que hace la señal de la victoria rodeado de soldados celebrando el desenlace. Salgueiro Maia ha quedado a la izquierda, algo cabizbajo, como si no participara en el triunfo. En realidad, según le confesó posteriormente a Gageiro, se estaba mordiendo el labio para no llorar, pues sabía que en ese momento había triunfado la revolución[13]. La foto ha cristalizado como uno de los puntos clave del *25 de Abril* por su capacidad expresiva y por la plasmación de una escena coral en la que viejo y nuevo orden confraternizan. Sin embargo, esa lectura no se ha mantenido en la actualidad. En 2014 CTT (Correios de Portugal) lanzó un sello conmemorativo con motivo del 40º aniversario de la revolución. La foto original fue reencuadrada, perdiendo su carácter grupal, y parcialmente velada a la derecha para ubicar el texto. El resultado es que Maia aparece ahora como el único protagonista (fig. 6). Una

Fig. 6

prueba más del giro hacia su figura operado en los procesos conmemorativos de los últimos años.

3. El asedio al Quartel do Carmo, donde se refugiaba el presidente Marcelo Caetano con algunos de sus ministros. Maia dirige las

[13] Según entrevista realizada por el autor y Rubén Ramos a Eduardo Gageiro el 25 de julio de 2022.

operaciones para pedir la rendición incondicional de los que están dentro (varias imágenes le identifican entre la multitud megáfono en mano). En medio de este hecho un tanto teatral que conducirá a la dimisión de Caetano, Alfredo Cunha hace una foto a las 15:15 h. con una trascendencia entonces insospechada. Es una foto en la que Maia accede a posar. Una "pose en acción", tal vez el único retrato del "25 de Abril"[14]. De hecho, Cunha empleó para hacerla una óptica de 35 mm., que apenas usó ese día, especialmente apropiada para el retrato[15]. Lo singular de esta imagen es que la acción parece haberse detenido y la mirada contemplativa de Maia no refleja la tensión acumulada ni la expectación por el desenlace de los acontecimientos. Se diría que es una imagen construida, bajo un pacto inconsciente entre fotógrafo y modelo, para la posteridad. Y así ha resultado. La foto pasó desapercibida entonces; sin embargo, será el molde sobre el que se forjará ese carisma *post mortem* de Salgueiro Maia. Reproducida infinidad de veces, incluso ha servido como punto de partida para murales y grafitis.

En cuanto a Spínola, su vínculo con los acontecimientos es más palaciego que proactivo.

Preside de forma un tanto azarosa, según Inácia Rezola, la JSN que anuncia al país el golpe y antes es el encargado de pactar la rendición de Caetano en el Quartel do Carmo. Aquí su autoridad se pone a prueba por primera vez (Caetano y sus ministros solicitaban la presencia de una autoridad militar para dimitir y que "el poder no quedara en la calle") y se escenifica ante la multitud congregada. Sin embargo, la foto que trasciende de ese momento no le muestra de forma destacada. Una vez más, el protagonista parece ser el pueblo, que se agolpa y rodea el coche de Spínola a su llegada. La foto de Cunha, tomada desde arriba, enfatiza esa idea de fuerza coral emanada del pueblo que, al tiempo que se arremolina en torno al

---

[14] Véase en Alfredo Cunha, "A Revolução dos Cravos: Salgueiro Maia atinge o Largo do Carmo", Fundação Mário Soares/Alfredo Cunha, 1974. Disponível HTTP: http://hdl.handle.net/11002/fms_dc_151059.

[15] Según entrevista realizada por el autor y Carla Baptista a Alfredo Cunha el 8 de julio de 2022.

auto, parece insuflarle energía para la tarea que debe acometer[16]. Esta incomparecencia se verá compensada esa misma noche en la presentación de la JSN ante las cámaras de la televisión y con las primeras declaraciones que da ante la prensa poco después[17]. Además, desde el día siguiente la prensa portuguesa inicia una improvisada campaña para lanzar su imagen pública. La edición del 27 de abril de *O Século Ilustrado* le dedica una página, de las seis que componían el reportaje especial, en la que aparecen tres fotos cuidadosamente seleccionadas. En una está haciendo declaraciones a los medios tras la lectura en televisión del comunicado de la JSN, en otra aparece con uniforme de campaña cuando era gobernador de Guinea-Bissau y en la tercera va vestido de civil con un bombín que le da un aire de dandi inglés. Es decir, estas tres fotos formulaban al tiempo la imagen de estadista, militar y ciudadano distinguido.

- *El desmantelamiento de la PIDE/DGS.* La odiada policía política era el último núcleo de resistencia que le quedaba al régimen. El 25 a las 20:30 h. agentes de la PIDE dispararon sobre la multitud congregada ante su sede causando cuatro muertos y decenas de heridos. Una imagen ha quedado asociada a este hecho: la detención de un agente al que le han bajado los pantalones para registrarle. Su impacto radica en que muestra, por primera vez, la humillación pública y la indefensión de un miembro de la policía salazarista. Tenemos, además, una doble versión de este hecho: la fotografía captada por Gageiro y la escena filmada por un equipo de reporteros españoles, comandado por Manolo Alcalá, para un reportaje de TVE[18] (fig. 7). A la mañana siguiente, a las 9:45 h., tropas de Fuzileros Navais y del Regimento de Infanteria 1 ocupan la sede en la rua António

[16] Véase en Alfredo Cunha, "A Revolução dos Cravos: chegada de Spínola ao Largo do Carmo", Fundação Mário Soares/Alfredo Cunha, 1974. Disponível HTTP: http://hdl.handle.net/11002/fms_dc_151035.

[17] En las que tuvo un papel destacado el periodista español Manolo Alcalá, quien consiguió llegar esa misma tarde a Lisboa, antes de que se cerrara la frontera, con un equipo de filmación de TVE. El resultado de su trabajo, con documentos excepcionales de esos momentos, fue el reportaje *Portugal: así fue el golpe de Estado* (P. Rozas, 1974).

[18] Debo esta referencia a Jacinto Godinho. En el plano del reportaje de TVE puede verse al principio el destello del flash de la cámara al hacer Gageiro su foto.

Fig. 7

Maria Cardoso. Hay dos momentos que han quedado asociados a este acontecimiento:

1. La tensa espera de la población plasmada a través de un motivo gráfico que tanto Cunha como Gageiro captan con su habitual intuición. En las inmediaciones de la sede había una zona vallada con listones de madera donde aguarda expectante parte de la multitud. Cunha toma una foto con la valla ladeada en primer término, de modo que solo se ven las manos sobresaliendo entre los listones[19]. Gageiro hace la foto de frente mostrando algunos rostros con los listones de madera en primer término que parecen barrotes. Ambas formulaciones visuales suscitan una lectura alegórica: como si los congregados fueran los prisioneros a los que hay que liberar o como si hasta entonces Portugal hubiera sido una inmensa prisión controlada por la PIDE.

2. La irrupción de los soldados en el interior. Hay muchas fotos que muestran las dependencias: despachos llenos de fichas policiales, legajos, armas, documentos quemados... Sin embargo, ambos fotógrafos se fijan en una idea central: la conexión directa entre el dictador y el aparato represivo del régimen. Los retratos de Salazar y Caetano están por todas partes, siguiendo esa idea, común a las autocracias, de inculcar la veneración al líder a base de multiplicar

[19] Véase en Alfredo Cunha (1974), «A Revolução dos Cravos: a população aguarda a tomada da PIDE-DGS», Fundação Mário Soares / Alfredo Cunha, Disponível HTTP: http://hdl.handle.net/11002/fms_dc_151069.

su imagen por todas partes. Gageiro y Cunha los fotografían cuando han dejado de ser la representación del poder: descolgados y en el suelo, formando parte de todo lo que hay que tirar[20]. Esa defenestración simbólica, acto de iconoclastia, alcanza especial intensidad en el último bastión de la resistencia del régimen[21].

Como correlato de lo anterior están las imágenes en las que se ve la detención e ingreso en prisión de agentes de la PIDE. En sintonía con el carácter pacífico de la revolución, no se producen escenas de violencia o escarnio público[22]. Además de la escena nocturna mencionada, otra imagen quedará asociada a estas detenciones: la foto de Henri Bureau en la que un grupo de soldados rodean a un sospechoso de pertenecer a la PIDE y le encañonan todos a la vez con sus fusiles[23]. El contraste entre la gabardina blanca que lleva el sospechoso y los fusiles pegados a él, unido al punto de vista del fotógrafo haciéndose hueco entre las armas, produce una imagen contundente (que obtuvo el primer premio en la categoría *Spot News* del *World Press Photo* de 1975)[24].

- *La liberación de los presos políticos* en el Forte de Caxias y en el Forte de Peniche el 26 de abril. Pese al emotivo encuentro entre familiares y presos, este acontecimiento no origina imágenes de especial fuerza. Eso sí, todos los medios lo destacan en las portadas del 27 de abril. Lo relevante aquí es esa atención que suscita en los medios, por cuanto representa un cambio radical de la acción política: antes de que haya un poder constituido con capacidad legislativa las cárceles se vacían.

---

20 Véase en Alfredo Cunha (1974), «A Revolução dos Cravos: a PIDE-DGS desmantelada», Fundação Mário Soares / Alfredo Cunha, Disponível HTTP: http://hdl.handle.net/11002/fms_dc_151049.

21 Es posible que la foto de Gageiro, en la que un militar del ejército de Tierra descuelga un retrato de Salazar, fuera hecha un día posterior y por tanto "preparada" para la cámara, pues ya se había desmantelado la sede. De ser así, no altera el significado metafórico del gesto, que prevalece sobre su hipotética fidelidad histórica.

22 Aunque el temor a las represalias circulara esos días. Prueba de ello son las notas de desmentido que aparecieron en la sección de anuncios de los periódicos en las que diferentes personas negaban "ser um conhecido informador da PIDE".

23 La foto puede verse en https://www.worldpressphoto.org/collection/photo-contest/1975/henri-bureau/1.

24 Ese año solo otra foto relacionada con el *25 de Abril* fue reconocida en el *World Press Photo*: el retrato de Spínola que hizo Gageiro, merecedor del 2º premio en la categoría de *Portraits*.

También da pie a un insólito intercambio de papeles. En su edición del 27 de abril el diario *República* recogía dos noticias compartiendo página: "Postos em liberdade todos os presos políticos detidos em Caxias" y "Presos no forte de Caxias 228 membros da ex-PIDE-DGS".

- *El retorno del exilio*. De nuevo, otro gesto de reparación y reconciliación que se produce rápidamente. A diferencia, por ejemplo, de la transición española. Dos figuras representan la vuelta de los exiliados: Mário Soares y Álvaro Cunhal. No es este el lugar para desarrollar sus respectivas figuras y atributos carismáticos (su inicial militancia común y su enemistad posterior), lo cierto es que su regreso en plena efervescencia revolucionaria les garantizará un papel muy destacado en el futuro del país.

Soares llega el 28 de abril procedente de París (donde estaba exiliado desde 1970). En la estación de tren de Santa Apolonia (Lisboa) tiene lugar un recibimiento multitudinario que demuestra su liderazgo y la aceptación popular con la que contaba. Precisamente, la imagen asociada a este acontecimiento es su saludo desde el balcón de la fachada de la estación a la muchedumbre congregada. Una escena aclamatoria que rompe con la "fuerza horizontal", carente de líderes visibles, imperante los primeros días. La portada de *República* del 29 incluye dos fotos subrayando ese eje que conecta imaginariamente de arriba abajo al líder con la masa (fig. 8).

Por su parte, Cunhal regresa el 30 de abril, justo a tiempo para celebrar el *1.º de Mayo*, también en loor de multitudes. Su rostro era desconocido para la mayoría de los portugueses tras un largo exilio desde su evasión de la cárcel de Peniche en 1960. A ello hay que añadir su rechazo al culto a la personalidad y a que su imagen figurara en la propaganda electoral del partido. La repercusión mediática de la llegada de Cunhal quedará limitada por la proximidad con el *1.º de Mayo*. No obstante, su aparición en el aeropuerto de Lisboa y el discurso que pronuncia, en el que destaca la importancia de la unión entre los militares y el pueblo ("La alianza entre el pueblo y los militares es, en la situación específica que existe hoy, una condición esencial para el progreso de la democratización de la sociedad portuguesa") le otorgarán un reconocimiento personal que se mantendrá toda su vida.

República

2ª EDIÇÃO

A POSIÇÃO DO PARTIDO SOCIALISTA

1.º DE MAIO SERÁ FERIADO NACIONAL E «DIA DO TRABALHADOR»

O P.C. E O MOVIMENTO DE 25 DE ABRIL

«É PRECISO QUE A RIQUEZA SEJA DE QUEM REALMENTE TRABALHA E NÃO DE PARASITAS E BANQUEIROS»

—declarou Mário Soares perante milhares de pessoas

neste número: suplemento PRESENÇA DA MULHER

Fig. 8

- *La apoteosis del poder popular: el 1.º de Mayo*. Se podría considerar que el 1.º de Mayo cierra el primer ciclo del "25 de Abril" por varios motivos: representa la libre expresión sindical por primera vez en muchos años (el último se celebró en 1926), desata toda la emoción acumulada en los días previos por el fin de la dictadura, apela a la población en torno a un concepto de clase, plasma el "espíritu revolucionario" dando al pueblo todo el protagonismo y, por último, establece la posibilidad de la unidad de acción de los partidos de izquierda. Todas estas ideas quedan sintetizadas en el, ya referido, eslogan que circulará esos días: "O povo unido jamais será vencido". Su referente de partida era la canción del grupo chileno Quilapayun, compuesta en 1970, pero aquí adquiere un significado concreto: es una catarsis que despierta a la sociedad portuguesa del estado de postración en el que había vivido durante décadas. De ahí que la prensa de esos días dedique a esta eclosión social extensas reflexiones en sus editoriales pulsando un nuevo espíritu, una psicología de masas, donde se ha perdido el miedo y la tristeza. "O Povo já não ten medo", titula a toda página en su portada *República* en su edición del 2 de mayo (junto con dos grandes fotos de la masiva manifestación). "Euforia nas ruas de Lisboa", se lee en *Diário de Notícias*. "Festa da fraternidade do povo portugués", escribe el *Diário de Lisboa*. "Povo vence no 1.º de Maio", encabeza en páginas interiores *A Capital*. Por último, *Diário Popular*: "Agrande festa do povo". Todo el material gráfico derivado de la festividad tiene un denominador común: fotos a gran tamaño donde se intenta abarcar a las multitudes como expresión de un todo colectivo. Sin embargo, Gageiro vuelve a sorprender con dos fotos que conectan la euforia de este día con el imaginario de la clase obrera de la Europa de los años 30 (formulado, entre otras muchas, en revistas como la francesa *Regards*, la alemana *Arbeiter Illustrierte Zeitung* o la soviética *Sovetskoe Foto*), como si el tiempo se hubiera detenido y se pusiera en marcha ahora. La primera foto aparece en la página cuatro del número especial de *O Século Ilustrado* del 4 de mayo. Muestra a un obrero de avanzada edad con una expresión grave y una mirada que traspasa el encuadre. Se diría que en esa mirada está contenida una vida de sacrificios ahora redimida por la caída de la dictadura. En la única mano que vemos sujeta una pancarta y un ramo con tres rosas. Al fondo hay dos policías militares que parecen ratificar esa nueva conexión con el pueblo. La otra foto funciona como contrapunto, pues la protagonista es una mujer que expresa un júbilo cercano al éxtasis[25]. Su mirada se eleva al cielo mientras con una mano roza la bandera del Partido Comunista Portugués. Un curioso efecto lumínico hace resplandecer su rostro en medio de otras caras que la rodean. Ambas imágenes tienen un aire intemporal y sería muy difícil fecharlas si no supiéramos que corresponden a ese contexto histórico.

[25] Puede verse en la página web de Eduardo Gageiro: http://www.eduardogageiro.com/favorites/foto-17/lightbox/

UN SÍMBOLO IMPERECEDERO

Para colher um cravo, meu general,
desfolhou o nosso povo
os pés nos tojos e nos cardos[26].
Mário Castrim

Por encima de todas estas imágenes está el símbolo principal de la revolución, aquel que la inviste de su carácter no violento, de pureza e idealismo: el clavel inserto en el cañón de un fusil. Hay diversas hipótesis sobre su origen, pero como suele ocurrir con las leyendas populares, el protagonismo acaba siendo colectivo y anónimo. En un intento de datar con precisión el gesto y su protagonista, se ha atribuido la idea a Celeste Caeiro, quien en la madrugada del 25 ofreció un clavel, porque no tenía otra cosa, a un soldado y este lo colocó inesperadamente en el cañón de su fúsil. En esta versión la acción determinante y su artífice permanecen en el anonimato ¿Quién era ese soldado y por qué decidió cambiar el uso de su arma? Es más, falta lo fundamental: una imagen que la sostenga. No obstante, lo sustancial, como avanzábamos al principio, es su potencial metafórico: el pueblo y el ejército encuentran una vía de hermanamiento, las armas ya no disparan puesto que sirven al pueblo. Las armas, expresión rotunda de la violencia, son ahora el receptáculo de un nuevo tiempo que comienza. El clavel es el arma del pueblo, un arma que es capaz de convertir un golpe de Estado en una revolución. "São precisos mais cravos vermelhos", se dirá en la edición del 2 de mayo en *República* para referirse a esta transmutación. Por tanto, el clavel del pueblo se inserta en la maquinaria militar y el resultado es una fuerza transformadora a través de esa metamorfosis de las balas en flores.

Pese a su expresividad plástica y su fuerza simbólica, el gesto no era original. El 21 de octubre de 1967 el fotógrafo Bernie Boston realizó una foto, titulada *Flower power*, que daría la vuelta al mundo.

---

[26] "Para recoger un clavel, mi general, nuestro pueblo ha defoliado sus pies entre malas hierbas y cardos".

En ella captaba un momento de la *Marcha al Pentágono* organizada por el *National Mobilization Committee to End the War in Vietnam*. Mientras un grupo de soldados apuntaban con sus fusiles a los manifestantes, uno de ellos aparecía insertando flores en varias de las armas. La imagen dio la vuelta al mundo y se convirtió en icono del movimiento pacifista *Flower power* y por extensión de la cultura *Hippie*[27]. Pero su formulación visual aparece mucho antes, aunque en un contexto bélico: la guerra civil española. En el documental de propaganda *España heroica* (J. Reig, 1938) se incluyen unas imágenes de brigadistas internacionales en su cuartel de Albacete con flores insertadas en sus fusiles (fig. 9). En este caso, el gesto no era una invocación al pacifismo, pero sí un modo de expresar la solidaridad de los voluntarios venidos de todas las partes del mundo con la causa republicana.

Fig. 9

Frente a la concreción de estas imágenes donde la escena está construida, en el *25 de Abril* no hay una imagen definitiva, única, que permita concentrar en ella toda la simbología derivada. A partir

[27] En esa misma manifestación Marc Riboud hizo otra foto con una repercusión semejante, *The Ultimate Confrontation: The Flower and the Bayonet*, en la que una muchacha ofrecía una flor a los soldados.

Figs. 10 y 11

del día 27 aparecieron en distintos medios fotografías y noticias que daban cuenta de esta nueva imaginería: soldados con claveles blancos, con claveles rojos, soldados y civiles con claveles, civiles poniendo claveles a soldados… Como si lo que prevaleciera fuera ese hermanamiento pueblo-ejército con el gesto de dar/recibir flores[28].

La apelación al pueblo estaba en esas primeras apariciones de los soldados con claveles. En el, ya mencionado, número de *O Século Ilustrado*, de 27 de abril, aparece una fotografía de Gageiro a doble página con un soldado que porta en su fúsil un clavel blanco. La foto se acompaña de un titular, "A flor e os soldados", y de un texto que interpreta con claridad el gesto: "Un clavel blanco ofrecido por una mano ciertamente amiga representa el abrazo fraternal entre el pueblo y sus soldados". Otra fotografía de Gageiro con el mismo motivo, de nuevo en *O Século Ilustrado*, edición del 4 de mayo, incidía en una idea derivada, expresada en el pie de foto: "Cañones y soldados con flores. Una alianza en la que las personas depositan la esperanza en el futuro". Es decir, los claveles eran la expresión de un pacto para construir un nuevo país.

[28] Posteriormente, el clavel y el *25 de Abril* han dado lugar a todo tipo de diseños gráficos y logos para expresar en un único motivo visual el acontecimiento histórico.

Tal vez esa ausencia de una imagen única motivó al fotógrafo y diseñador Sérgio Guimarães a idear un cartel que tuviera ese poder de condensación. Está tan elaborado (se realizó en un estudio fotográfico) que ha perdido la frescura genuina de lo espontáneo para convertirse en un cliché, un tanto *kitsch*, de la simbiosis del clavel y el fusil; aquí un HK G3 sostenido por tres brazos que representan los tres cuerpos de las fuerzas armadas: la Marina, la Fuerza Aérea y el Ejército de Tierra. La elección del niño como protagonista de la acción, que apenas alcanza la altura del fusil, transforma el ideal revolucionario en promesa de futuro. La inclusión de la palabra "Portugal" y la fecha lo convierten en un producto ideal para el consumo nostálgico de la revolución (fig. 11).

En la Lisboa actual cualquier visitante atento puede detectar una relación de señalizaciones, placas e inscripciones que marcan los principales lugares de memoria del *25 de Abril*. Sin embargo, hay una que escapa a la relación oficial. Se trata de una pintura mural que, a modo de grafiti, decora una pared de la angosta Travessa do Judeu. Atribuida a Banksy, la composición recuerda a otra obra suya: *Flower Thrower* (2003). Aquí, un personaje de espaldas parece estar cargando una bazuca, apoyada en el suelo, de la que salen disparados decenas de claveles rojos. Cincuenta años después, la revolución sigue viva en una callejuela lisboeta.

REFERENCIAS BIBLIOGRÁFICAS

Cardoso, Fátima Lopes, "Do pós-25 de abril à era digital: 45 anos de fotojornalismo português", en Baptista, Carla y Sousa, Jorge Pedro (orgs.), *Para uma história do jornalismo em Portugal*, ICNOVA, 2020, pp. 375-397.

Cunha, Alfredo, Eduardo Gageiro, José Antunes, *Lisboa 25 de abril de 1974. Breve Roteiro Fotográfico*, Contexto, Lisboa, 1994.

Duarte, António de Sousa, *Salgueiro Maia. Un Homem da Liberdade*, Âncora Editora, Lisboa, 2022.

Figueira, João, *Os jornais como atores políticos. O Diário de Notícias, Expresso e Jornal Novo no Verão Quente de 1975*, Minerva, Coimbra, 2007.

Guimarães, Sérgio, *Da resistência à libertação*, Mil Dias Editora, Lisboa, 1977.

Jiménez Redondo, Juan Carlos, *España y Portugal en transición: los caminos a la democracia en la Península Ibérica*, Sílex, Madrid, 2009.

Mesquita, Mário, "Estratégias liberais e dirigistas na comunicação social de 1974-1975 da comissão ad hoc à Lei de Imprensa", *Revista de Comunicação e Linguagens*, 8 (1988), pp. 85-113.

Pacheco, Fernando Assis, Adelino Gomes, *Portugal livre: 20 Fotografos da imprensa contam tudo sobre a revoluçao das Flores*, O Século, Lisboa, 1974.

Pires, José Cardoso, *E agora, José?*, Lisboa, Morais Editora,1977.

Rezola, Maria Inácia, *25 de abril. Mitos de uma revoluçao*, Esfera dos libros, Lisboa, 2015.

—, "Romper com o passado: a Revolução nos Média (Portugal, 1974-1975)", *Media & Jornalismo*, 35, Vol. 19, 2 (2019), pp. 249-262.

Sousa, Jorge Pedro, *Uma história do jornalismo em Portugal até ao 25 de Abril de 1974*, Universidade Fernando Pessoa, 2008.

Torre Gómez, Hipólito de la y Sánchez Cervelló, Josep, *Portugal en la Edad Contemporánea (1807-2000)*. Historia y Documentos, UNED, Madrid, 2004.

LA REVOLUCIÓN DE LOS CLAVELES VISTA DESDE ESTADOS UNIDOS. LA RECEPCIÓN DE LA TRANSICIÓN A LA DEMOCRACIA EN LA PRENSA INMIGRANTE LUSOAMERICANA: AGITACIÓN Y PROPAGANDA[1]

Alberto Pena Rodríguez
Universidad de Vigo. España
ORCID: 0000-0001-8667-6287
Lucía Ballesteros Aguayo
Universidad de Málaga. España
ORCID: 0000-0003-1191-4070

INTRODUCCIÓN

La Revolución de los Claveles el 25 de abril de 1974 y el posterior período de transición hacia la democracia, fue posiblemente el acontecimiento político más icónico y con mayor proyección mediática de la historia de Portugal. Como es conocido, en el marco geopolítico de la Guerra Fría, con el enfrentamiento entre el bloque occidental y los países situados en la órbita de la URSS, los hechos que se produjeron durante el proceso revolucionario portugués tuvieron un gran impacto en los medios de comunicación internacionales, que se hicieron eco del colapso del régimen autoritario portugués tras el golpe del *Movimento das Forças Armadas* (MFA) para poner fin a casi medio siglo de dictadura[2].

[1] Este estudio es parte de los resultados del proyecto PTDC/COM-JOR/28144/2017 – *Para uma história do jornalismo em Portugal*, financiado por la Fundação para a Ciência e a Tecnologia de Portugal (FCT), (2018-2022). Los autores desean agradecer al Center for Portuguese Studies and Culture y a los Ferreira-Mendes Portuguese American Arquives de la University of Massachusetts Dartmouth la ayuda prestada para acceder a la colección del *Portuguese Times*. Una versión de este trabajo se publicó en *RAEIC. Revista de la Asociación Española de Investigación en Comunicación*, 9 (especial) (2022), pp. 166-186.

[2] Véanse, entre otros, los siguientes trabajos: Helena Lima, "The Portuguese press in the 3rd Republic", en J. P. Sousa *et al.*, *History of the Press in the Portuguese-Speaking Countries*, Media XXI, Oporto, 2014, pp. 327-374; Rita Luís, *La reacción española ante la revolución portuguesa a través de la prensa. El tratamiento de los principales diarios*

Como ya se ha estudiado, el periodismo luso no fue ajeno a la dinámica revolucionaria durante este período crítico para la historia de Portugal, experimentando un encendido debate político en las redacciones de las diferentes empresas informativas del país, que fueron altavoces de consignas ideológicas y sufrieron enormes presiones y la censura para orientar su línea editorial y difundir campañas a favor de unos u otros actores políticos[3]. Durante la pugna propagandística entre los partidarios de conducir el proceso revolucionario hacia la instauración de un régimen de inspiración comunista y los que abogaban por aprobar una constitución que alumbrase una democracia liberal homologable a otros sistemas europeos, Portugal atravesó un período convulso que marcó su historia contemporánea[4]. Uno de los momentos clave fueron las elecciones constituyentes del 25 de abril de 1975, condicionadas por el pacto entre el MFA y los partidos políticos, en el que se reconocía al MFA como el catalizador nuclear del cambio político, concediéndole así un poder de decisión y una legitimidad superior al resultado coyuntural de las urnas[5].

En este difícil contexto, los emigrantes portugueses vivieron el proceso revolucionario con un vibrante interés y el corazón encogido. La Revolución de los Claveles fue, de hecho, un asunto informativo que ocupó decenas de portadas de las cabeceras periodísticas portuguesas

(1974-1976), Universitat Pompeu Fabra [tesis doctoral], Barcelona, 2012. Mário Mesquita y José Rebelo (eds.), *O 25 de Abril nos Media Internacionais*, Edições Afrontamento, Oporto, 1994; Maria Inácia Rezola, "Del Movimiento de los Capitanes al Consejo de la Revolución: la cuestión electoral y el debate en torno a la institucionalización del Movimiento de las Fuerzas Armadas", *Historia y política*, 7 (2002), pp. 181-210; Josep Sánchez Cervelló, *La transición portuguesa y su influencia en la transición española (1961-1975)*, Nerea, San Sebastián, 1995.

[3] Pedro Marques Gomes, *A Imprensa na Revolução. Os Novos Jornais e as Lutas Políticas de 1975*, Imprensa Nacional-Casa da Moeda, Lisboa, 2021; Nelson Ribeiro, *A Rádio Renascença e o 25 de Abril*, Universidade Católica, Lisboa, 2002; Mário Mesquita, "O Caso *República*. Um incidente crítico", *Revista de História das Ideias*, 16 (1994), pp. 507-554.

[4] Vasco Ribeiro, "Os primeiros passos da comunicação política democrática em Portugal: a 5.ª divisão do MFA como motor da propaganda revolucionária no PREC", *História: Revista da FLUP*, 4 (2014), pp. 79-91; Juan Carlos Jiménez Redondo, *España y Portugal en transición: los caminos a la democracia en la Península Ibérica*, Sílex, Madrid, 2009; João Figueira (ed.), *Os jornais como actores políticos: o Diário de Notícias, Expresso e Jornal Novo no Verão quente de 1975*, Minerva, Coímbra, 2007; José Medeiros Ferreira, *Portugal en transición*, Fondo de Cultura Económica, México, 2003.

[5] Maria Inácia Rezola, "Del Movimiento de los Capitanes al Consejo de la Revolución…"

en el exterior, especialmente en Estados Unidos, donde la comunidad lusoamericana siguió la evolución de los acontecimientos con preocupación y angustia. El impacto emocional que la revolución tuvo entre los inmigrantes se puede observar en la lectura de algunos contenidos de los periódicos portugueses, entre los que destaca el semanario *Portuguese Times,* que todavía hoy se edita desde 1971, y que se puede observar como un caso paradigmático de la respuesta de la prensa de la colonia al desarrollo del proceso revolucionario en Portugal.

El *Portuguese Times,* comprometido con la defensa de una democracia homologable a la estadounidense, no se limitó sólo a informar sobre lo que ocurría en Portugal durante el período electoral, sino que adoptó un rol político activo. Centrando el foco del análisis en este aspecto, el objeto de estudio de esta investigación pretende estudiar la reacción del *Portuguese Times* ante las elecciones constituyentes del 25 de abril de 1975 y describir algunas de sus acciones persuasivas y de movilización social que tuvieron mayor eco entre los inmigrantes.

La visión y el comportamiento político de los medios de comunicación en la diáspora sobre la revolución portuguesa es un fenómeno que todavía permanece inédito. Por ello, el objetivo de este trabajo es aproximarse a la repercusión mediática de este acontecimiento político histórico en la prensa lusa de Estados Unidos, donde los inmigrantes disfrutaban de un modo de vida y unos derechos sociales no reconocidos en Portugal hasta el fin de la dictadura. Sin embargo, ni el bienestar del *American way of life* ni la lejanía geográfica les hizo perder interés en las noticias que llegaban de su país de origen; al contrario, muchos de ellos quisieron participar activamente durante el proceso de cambio político propugnando la instauración de una democracia moderna como la de su país de acogida, estimulados por campañas de agitación y propaganda como las que llevo a cabo el *Portuguese Times.*

A partir del enfoque descrito anteriormente, este trabajo pretende aproximarse a la historia de la comunicación portuguesa en Estados Unidos a través de la línea editorial del *Portuguese Times* sobre uno de los momentos más relevantes de la historia del periodismo en

Portugal[6]. El corpus de análisis está formado por un conjunto de contenidos (sobre todo editoriales y artículos de opinión) que, por su dimensión persuasiva, su significación política o por carácter paradigmático, ofrecen elementos de interés para comprender la posición ideológica del *Portuguese Times*, su estructura narrativa, o incluso el imaginario político de sus lectores mediante una muestra simbólica de los contenidos de las cartas al director relacionadas con el objeto de estudio.

Mediante un análisis crítico del discurso, se pretende perfilar el rol propagandístico del semanario durante el período electoral constituyente, enmarcado en los tres meses previos a la votación del 25 de abril de 1975. Este trabajo, por tanto, se propone ofrecer una perspectiva endógena a la comunidad inmigrante lusa y, en ningún caso, observar el fenómeno en relación con la política de Estados Unidos o su gobierno; ni tampoco estudiar la dinámica política de la campaña electoral en Portugal y su reflejo informativo en el *Portuguese Times.*

La metodología que se emplea en este abordaje es, sobre todo, de tipo cualitativo, dentro de un modelo de interpretación histórica asociado a la producción periodística en la emigración, en un contexto deslocalizado y alófono. Para ello, se aplican técnicas de observación cualitativa que permitan caracterizar los contenidos y sus elementos narrativos de tipo persuasivo más significativos, de acuerdo con las técnicas y modelos de análisis de la teoría e historia de la propaganda[7].

El marco teórico de esta investigación se sitúa en el campo de lo que la comunidad científica norteamericana denomina periodismo "étnico", que es un fenómeno que se ha desarrollado en las comunidades inmigrantes que se han ido asentando a lo largo de la historia en Estados Unidos, donde han creado un ecosistema periodístico

[6] Jorge Pedro Sousa y Helena Lima, "História do jornalismo em Portugal: proposta de periodização", *Revista Brasileira de História da Mídia,* 9(2) (2020), pp- 171-190.

[7] Véanse Paul Baines, Nicholas O'Shaughnessy y Nancy Snow, (eds.), *The SAGE Handbook of Propaganda*, Sage Publications, Los Angeles-Londres, 2019; Marshall Soules, *Media, persuasion and propaganda,* Edinburgh University Press, Edimburgo, 2015; Edward S. Herman, "The propaganda model: a retrospective", *Journalism Studies*, 1(1) (2000), pp. 101–12.

verdaderamente singular, en el que conviven medios de comunicación que utilizan decenas de lenguas procedentes de diversas partes del mundo que desean satisfacer informativamente a sus lectores con noticias que los vinculan espiritual y culturalmente a un imaginario dual (el estadounidense y el del país de origen), mientras sirven, al tiempo, para sostener el negocio de sus creadores, inmigrantes que persiguen su sueño americano haciendo periodismo[8].

En medio del mosaico de minorías de diversos orígenes que se han establecido en diferentes lugares de Norteamérica a lo largo de los siglos, aparecen a finales del siglo XIX las primeras publicaciones periódicas en portugués[9]. Gracias a la llegada masiva de inmigrantes entre 1880 y 1930, cuando según el *Yearbook of Immigration Statistics 2012* entraron 233.532 portugueses, la edición de periódicos en la lengua de Camões se extiende por varios Estados, sobre todo en Massachusetts, California y Hawai, principales destinos de la emigración lusa a finales del siglo XIX[10].

La progresiva dispersión poblacional de los inmigrantes portugueses propició la aparición continua de nuevos periódicos en muchas ciudades norteamericanas de los Estados de Rhode Island, Nueva York, Nueva Jersey, Florida, Connecticut o Virginia, en una expansión continua que ha permitido registrar la existencia de al menos 167 publicaciones periódicas en portugués desde 1877, la mayoría efímeras[11].

[8] Leara D. Rhodes, *The Ethnic Press: Shaping the American Dream*, Peter Lang, Nueva York, 2010; Jason McDonald, *American Ethnic History. Themes and Perspectives*, Rutgers University Press, News Brunswick, 2007; K. Vismanath y Pamela Arora, "Ethnic Media in the United States: An Essay on Their Role in Integration, Assimilation and Social Control", *Mass Communication & Society*, 3(1) (2000), pp. 39-56; Sally M. Miller (ed.), *The Ethnic Press in the United States. A Historical Analysis and Handbook*, Greenwood Press, New York-Londres, 1987.

[9] Alberto Pena Rodríguez, *Comunicar en la diáspora. Prensa, radio, exilio y propaganda entre los inmigrantes portugueses en Estados Unidos*, Comares, Granada, 2021, pp. 31-44; Leo Pap, "The Portuguese Press", en Sally M. Miller (ed.), *The Ethnic Press in the United States...*, pp. 291-302.

[10] Maria I. Baganha, (2009), "The Lusophone Migratory System: Patterns and Trends", *International Migration*, 47(3) (2009), pp. 5-20; Jerry Williams, *In Pursuit of Their Dreams. A History of Azorean Immigration to the United States*, Tagus Press, North Dartmouth, 2007.

[11] Alberto Pena Rodríguez, *News on the American dream. A history of the Portuguese press in the United States*, University of Massachusetts Press, North Dartmouth, 2020, pp. 45-59.

El estudio de la comunicación social lusa en el exterior[12], y más específicamente la historia del periodismo inmigrante portugués en Estados Unidos, es una línea de investigación que ha suscitado un escaso interés. Desde una visión interdisciplinar, los investigadores pioneros en el análisis de este fenómeno fueron Leo Pap, que publicó un capítulo en la obra colectiva de Sally M. Miller (1987)[13] que aporta una visión panorámica de la evolución histórica de la prensa lusa, y Geoffrey L. Gomes (1995)[14], que abordó la función política de este tipo de prensa en California entre 1888 y 1928.

Para aproximarse a este objeto de estudio, se han consultado los fondos bibliográficos de varias bibliotecas y archivos de Portugal y Estados Unidos. Las muestras hemerográficas para el análisis de contenido del *Portuguese Times* se han seleccionado de las copias guardadas en los Ferreira Mendes Portuguese-American Archives, situados en la Claire T. Carney Library de la University of Massachusetts Dartmouth.

NACIMIENTO Y CARACTERIZACIÓN GENERAL DEL *PORTUGUESE TIMES*

El semanario *Portuguese Times* representa, en cierto modo, el inicio de una nueva etapa en la historia del periodismo portugués en Estados Unidos. Su traslado a New Bedford en 1973 desde su sede en Newark (New Jersey), donde fue fundado en 1971, coincide con el cierre del *Diario de Noticias* de New Bedford (Massachusetts), posiblemente el proyecto periodístico más exitoso de cuántos ha habido en la comunidad lusa en Norteamérica. Fundado por el empresario azoriano Guilherme Machado Luiz y bajo la dirección y propiedad desde los años cuarenta de João Rodrigues Rocha, el *Diário de Noticias* se publicó de forma ininterrumpida entre 1927 y 1973, y fue para muchos inmigrantes una especie de “alma de la colonia”[15]. El

[12] Alberto Pena Rodríguez y António Hohlfeldt (eds.), *Para uma História do Jornalismo Português no Mundo*, Icnova, Lisboa, 2021.
[13] Sally M. Miller, *The Ethnic Press in the United States…*
[14] Geoffrey Gomes, “The Portuguese-Language Press in California: The Response to American Politics, 1880-1928”, *Gávea-Brown*, XV-XVI (1995), pp. 17-28.
[15] *A Luta* (Nueva York) 2 de febrero de 1938, p. 1.

Portuguese Times heredó parte de los lectores del *Diario de Noticias* en Nueva Inglaterra, adoptando un título y algunos contenidos en inglés para intentar atraer a los numerosos lusoamericanos nacidos en Estados Unidos[16].

Su fundador fue Augusto Saraiva, un bibliotecario originario de Coímbra. En una primera fase fue dirigido por António Alberto Costa (natural de Lisboa), al que sucedió Manuel Adelino Ferreira entre 1979 y 2012, y desde entonces su director es Francisco Resendes, ambos oriundos de la isla de São Miguel (Azores). Aunque, según Adelino Ferreira, la decisión de trasladar el *Portuguese Times* a New Bedford no tuvo relación con el cierre del *Diario de Noticias*[17], su desaparición fue muy favorable para los intereses comerciales del semanario, pues ocupó el vacío informativo dejado por el que hasta entonces era el buque insignia de la prensa lusoamericana. António Alberto Costa se hizo con la propiedad del *Portuguese Times* mientras desempeñaba funciones como director general de la emisora en portuguesa WGCY, puesto que abandonó en el verano de 1973 para dedicarse íntegramente al semanario[18]. Sin embargo, con el tiempo amplió sus negocios mediáticos, que actualmente incluye también el canal de televisión *The Portuguese Channel*.

Tras inaugurar su nueva sede en New Bedford en 1973, el *Portuguese Times* se presentó ante su audiencia con un publirreportaje en el que se mostraba como un medio moderno equipado con la mejor tecnología[19]. Los recursos humanos del semanario formaban parte de un proyecto con vocación profesional dirigido por el propio António Alberto Costa, con Adelino Ferreira como jefe de Redacción y Eurico Mendes entre sus redactores más destacados. Desarrolló, asimismo, una red de corresponsales y delegaciones que se fue extendiendo por varios Estados de la costa Este, como Connecticut, New York, Pennsylvania, New Jersey y Massachusetts. A lo largo de su historia, el *Portuguese Times* ha tenido decenas de colaboradores, entre ellos

---

[16] La publicación de contenidos en inglés fue un viejo dilema al que se enfrentaron muchos periódicos lusoamericanos, que veían como los lectores en su lengua vernácula no eran suficientes para garantizar su supervivencia.

[17] João Figueira (ed.), *Os jornais como actores políticos...*, p. 187.

[18] Ídem, p. 189.

[19] *Portuguese Times* (New Bedford, Massachusetts), 2 de enero de 1975, pp. 18-20.

intelectuales o académicos de referencia en la comunidad, como los prestigiosos profesores Eduardo Mayone Dias y Onésimo T. Almeida, catedráticos respectivamente de la University of California en Los Ángeles y de la Brown University.

El *Portuguese Times* ha incluido tradicionalmente numerosos artículos de opinión, con una sección editorial específica en la que aborda numerosas cuestiones relacionadas con la diáspora y asuntos de política nacional o internacional. Además de las informaciones en formato de crónicas o reportajes y entrevistas centradas en las noticias de la comunidad, con el tiempo el semanario ha ido modificando o incorporando nuevos contenidos distribuidos en múltiples secciones, entre las que se encuentran algunas dedicadas a gastronomía, crítica social, horóscopo, necrológica, o a asesorar a los inmigrantes para preparar el examen obligatorio exigido por las autoridades norteamericanas para los candidatos a nacionalizarse[20].

EL SEMANARIO DE NEW BEDFORD EN EL MARCO DEL PROCESO REVOLUCIONARIO

Aunque con evidentes limitaciones, en general la cobertura periodística del *Portuguese Times* sobre la comunidad inmigrante y los asuntos de la vida política en Portugal dio un salto cualitativo con respecto al modelo informativo del *Diario de Noticias*. En sus primeros números, su estilo periodístico tenía la frescura y la ambición de un proyecto renovador, que quería fidelizar y atraer más lectores en cada nueva edición. Además de coincidir con el cierre del *Diario de Noticias*, los inicios del *Portuguese Times* en New Bedford se vieron favorecidos por el gran interés de la opinión pública por el proceso de transición política en Portugal, lo que le permitió incrementar su tirada rápidamente y consolidar su difusión entre los inmigrantes.

Los hechos que se sucedieron durante el proceso revolucionario provocaron una gran atención entre los principales medios de comunicación internacionales, pero, sobre todo, impactaron de una

[20] *Portuguese Times*, 2 de mayo de 2012, p. 5.

manera muy especial sobre los núcleos inmigrantes portugueses y sus medios informativos, que siguieron la evolución del derrumbe del Estado Novo profundamente conmovidos y con enorme expectación. Se trataba, por tanto, de un asunto informativo extraordinario al que el *Portuguese Times* intentó darle la mejor cobertura informativa que le permitían sus limitados medios, publicando en alguna ocasión ediciones de más de 40 páginas. Además, la atmósfera de inquietud entre los inmigrantes, ansiosos por conocer lo que iba ocurriendo en su país de origen, fue propicia para que el *Portuguese Times* desarrollase incluso una campaña de captación de nuevos suscriptores titulada "campanha 20.000 assinantes", con la que pretendía convertirse en el medio de referencia en la diáspora lusa en Estados Unidos.

En las semanas previas a las elecciones constituyentes, el *Portuguese Times* adoptó una actitud de compromiso activo con la democracia, convocando a todos los portugueses a seguir con atención lo que acaecía en Portugal, tal y como reafirmó su director: "(...) não podemos conceber que haja um único português (ou descendente) espalhado pelo mundo, que não se preocupe com a situação de Portugal (...)"[21]. En un intento por reforzar el sentimiento de pertenencia a la comunidad lusoamericana, António Alberto Costa añadía, asimismo, que los que como él ya habían adquirido la nacionalidad americana, tenían todo el derecho a opinar y a tratar de influir en el futuro de Portugal, "(...) até porque profissionalmente, comercialmente e socialmente sempre temos estado ligados à Comunidade de Língua Portuguesa dos Estados Unidos (...)"[22]. Además, en un alegato en defensa de los valores de la democracia norteamericana, apeló a su íntimo deseo de que su patria lusitana tomara ejemplo del modelo norteamericano: "(...) A América do Norte deu-nos a oportunidade de compreender com maior visão e sentido de justiça o bem e o mal. Foi aqui, nesta nação, que concede a todos os mesmos direitos e oportunidades, que principiamos a compreender todo o significado de Democracia, Liberdade e Justiça (...)"[23].

[21] *Portuguese Times*, 10 de abril de 1975, p. 8.
[22] Ibídem.
[23] Ibídem.

El *Portuguese Times* no adopta una posición de mero espectador sobre la evolución política en Portugal, especialmente durante el proceso electoral del 25 de abril de 1975, bajo el gobierno provisional del primer ministro Vasco Gonçalves, muy próximo al Partido Comunista Portugués. En este período, el periódico expresó sus dudas, sus temores y sus decepciones intentando jugar un papel activo en defensa de un modelo democrático para Portugal y contra cualquier intento de establecer un nuevo régimen autoritario. El semanario de New Bedford hace suyo el llamado del presidente de la República Portuguesa, Francisco da Costa Gomes, quien el 12 de febrero de 1975 advertía a los partidos políticos que había que "evitar ditaduras"[24].

El *Portuguese Times* se mostró extremadamente preocupado por esta cuestión, porque temía que la afiliación comunista de algunos líderes del movimiento revolucionario pudiera conducir a Portugal hacia un nuevo modelo dictatorial, aunque de signo ideológico opuesto al salazarismo. Así, en una de sus portadas advierte a sus lectores, con tono pedagógico pero persuasivo, sobre el significado de la palabra "totalitario": "Indica o poder ilimitado de um governo ditatorial ou de um partido único. Um governo é arbitrário quando decide, arbitrária e abusivamente, sobre toda a vida (e a morte!) dos cidadãos (...)"[25]. Para reforzar su compromiso contra todo autoritarismo y crear una mayor conciencia sobre el decisivo resultado de las elecciones, el semanario buscó la inspiración de líderes políticos o intelectuales cuyo discurso pudiese ayudar a los inmigrantes a comprender la gravedad del momento. Entre los testimonios y opiniones recogidas, posiblemente la exclusiva más sensacional fue una entrevista con el senador Ted Kennedy, que se manifestó confiado en el «bom senso dos portugueses» y la instauración de la democracia en Portugal[26].

---

[24] *Portuguese Times*, 13 de febrero de 1975, p. 1.
[25] Ídem, 20 de febrero de 1975, p. 1.
[26] Ibídem.

CONTRA UN PORTUGAL "TOTALITÁRIO". LA CAMPAÑA POR LA DEMOCRACIA

Durante los tres meses previos a las elecciones, el *Portuguese Times* intentó movilizar masivamente a los inmigrantes a favor de la democracia haciendo uso de una estrategia emocional basada en el miedo a la implantación de una dictadura comunista en Portugal. Su implicación en el proceso fue tal que llegó a organizar unas elecciones entre los inmigrantes en Estados Unidos sobre las diferentes opciones políticas para su país de origen. A inicios de 1975, el *Portuguese Times* convocó a todos sus suscriptores a participar en esta singular convocatoria electoral para elegir al político portugués que consideraban más capacitado para dirigir el país en aquellos difíciles momentos[27]. El objetivo de esta votación, celebrada por correo, era escoger al nuevo presidente de la República de Portugal, dentro de lo que el periódico entendía como una forma de dar voz a los inmigrantes, con una clara demostración de plena libertad democrática que pretendía otorgar legitimidad y poder de influencia política a la diáspora.

Según las informaciones publicadas por el periódico, en pocos días recibió más de 700 votos. Algunos de ellos fueron anulados por diferentes razones, entre ellos los que, sorprendentemente, contenían el nombre de Salazar, Carmona o Lenin. El vencedor, con 328 votos, fue el general António de Spínola, quien ya había presidido el gobierno entre mayo y septiembre de 1974[28].

Cuando a mediados de marzo de 1975 el gobierno provisional dimite y se suceden las negociaciones para crear un nuevo gabinete en medio de una gran confusión e inestabilidad política, António Alberto Costa ruega a sus lectores prudencia y calma[29]. Sin embargo,

---

[27] *Portuguese Times*, 13 de febrero de 1975, p. 1.

[28] Ídem, 13 de febrero de 1975, p. 1. Según el periódico, el resultado de la votación fue el siguiente: António de Spínola, 328 votos; Sá Carneiro, 192; Marcelo Caetano, 54; Costa Gomes, 46; Mário Soares, 14; Álvaro Cunhal, 8; Palma Carlos, 6; Saraiva de Carvalho, 4; Vasco Gonçalves, 2; Melo Antunes, 2 y Américo Tomás, 2. El semanario destaca la alta participación de la votación, teniendo en cuenta que cada votante debía enviar a su costa el voto por correo.

[29] Ídem, 20 de marzo de 1975, p. 1.

la influencia del Partido Comunista Portugués en todo el proceso hace que el *Portuguese Times* tema seriamente por una deriva autoritaria de signo comunista. Por eso en su editorial del 27 de marzo de 1975, el semanario insta a todos los miembros de la colonia portuguesa a actuar inmediatamente presionando a los líderes políticos norteamericanos para que se pronuncien a favor de la instauración de un sistema político democrático en Portugal.

Consciente de la sensibilidad y el rechazo general de la clase política norteamericana hacia los movimientos filocomunistas, la cabecera anuncia el envío de un telegrama a los senadores Kennedy, Brooke, Pastore, Pell y Buckley para solicitarles que conminen al gobierno luso a respetar el derecho a votar libremente, así como la libertad de expresión y asociación, con el objetivo de impedir un régimen comunista en Portugal.

El telegrama (traducido al portugués por el semanario) decía lo siguiente: "Urgimos forte oposição Comunismo em Portugal. Sabemos que jornalistas que criticam a política do governo são multados e detidos. Publicações anti-comunistas estão a ser suspensas. E. U. têm de se pronunciar abertamente"[30]. Para amplificar su impacto y efecto persuasivo entre los representantes políticos estadounidenses, el *Portuguese Times* solicita a sus lectores que dirijan también a los senadores de los Estados donde residen telegramas replicando el mismo contenido, al tiempo que propone organizar una gran manifestación ante la embajada de Portugal en Washington[31].

El eco de la propaganda del semanario de New Bedford llegó también al presidente de los Estados Unidos, Gerald R. Ford, que recibió decenas de cartas de lusoamericanos que solicitaban su intervención en el proceso de transición portuguesa, dentro de una acción de activismo político orquestado por el *Portuguese Times*[32]. El periódico publicó en sus páginas un modelo de misiva recortable que sus lectores debían enviar al presidente norteamericano, apelando al miedo de los inmigrantes a una nueva dictadura, considerando que "(...) o maior inimigo da Democracia é o regime Comunista

[30] Ídem, 27 de marzo de 1975, p. 1..
[31] Ibídem.
[32] Ídem, 3 de abril de 1975, p. 20.

totalitário"[33]. La carta enviada al presidente de los Estados Unidos decía lo siguiente:

> *I, the undersigned, appeal to you to use the power of your office in aiding the people of Portugal to institute a truly system in their native land.*
>
> *All reports indicate the possibility of a leftist take over which, if occurs, will eventually lead to serious repercussions for the Western World.*
>
> *Elections are scheduled to take place in Portugal on April 25. The provisional governement of Portugal has announced that the people will freely choose "the socialist system which they desire". This, in itself, indicates a biased and false meaning of Democracy.*
>
> *Please use all your diplomatic influences to ensure that Portugal will not become another Soviet Satellite*[34].

El *Portuguese Times* se declaró abiertamente anticomunista, decidido a combatir cualquier solución no democrática. En este sentido, su director firmó diversos artículos de opinión alertando del peligro de la propaganda comunista ante la "ingenuidade do povo portugués". Según su punto de vista, el éxito persuasivo de los comunistas se debía, sobre todo, a los abusos cometidos durante la dictadura y el descontento popular con la situación[35].

El semanario lusoamericano veía con extraordinario recelo la evolución de los acontecimientos en Portugal. El rumbo que había tomado el gobierno provisional de Vasco Gonçalves, declarado marxista, se alejaba cada vez más de lo que el periódico consideraba "principios rudimentares" de una auténtica democracia.[36] El periódico argumentaba que no había una clara división de poderes entre el poder ejecutivo, legislativo y judicial: "(...) As decisões arbitrárias do governo provisório de Portugal são tanto máis condenáveis, quanto é certo que se trata apenas dum govêrno provisório que não pode,

[33] Ibídem.
[34] Ibídem.
[35] Ibídem.
[36] *Portuguese Times*, 3 de abril de 1975, p. 1.

por muito que o tente, justificar-se representante da vontade do povo que ainda não teve oportunidade de se pronunciar por voto secreto e livre (...)"[37].

Sin embargo, este posicionamiento político no fue del agrado de un grupo de inmigrantes que simpatizaban con el comunismo y que veían en esos comentarios una actitud reaccionaria. Según António Alberto Costa, el número de comunistas en la colonia era pequeño pero muy activo, "(...) muito dedicado à causa, à conspiração internacional marxista (...)"[38]. De hecho, este grupo de inmigrantes organizaron varias acciones de propaganda contra el *Portuguese Times*, entre ellas la edición de un folleto que vinculaba al semanario con la CIA[39].

Como una forma de presionar al gobierno luso, durante la encendida polémica sobre el cambio de modelo político en Portugal, el *Portuguese Times* concedió protagonismo al Movimento para a Autodeterminação do Povo Açoriano (MAPA), surgido en junio de 1974 y que creó un nuevo foco de inestabilidad política para el gobierno portugués. Aprovechando que la mayoría de los inmigrantes eran de origen azoriano, el *Portuguese Times* alega que algunas de las demandas del MAPA, relacionadas con la crónica falta de inversión pública del Estado portugués en el archipiélago, eran razonables[40]. Y, aunque el periódico se mostró contrario a la independencia de las Azores, veía al gobierno de Lisboa incapaz de corregir este desequilibrio histórico, dando incluso voz a José de Almeida, uno de los líderes del movimiento independentista, al que entrevista para agitar el debate político en torno al futuro de esta región insular y así contribuir a desestabilizar todavía más al gobierno portugués[41].

Los llamados del *Portuguese Times* a la movilización popular a favor de la democracia en Portugal tuvo su reflejo en varias acciones de protesta y manifestaciones organizadas por los inmigrantes en diversas ciudades de Estados Unidos. El semanario informó, además, de que

---

[37] Ibídem.
[38] *Portuguese Times*, 13 de febrero de 1975, p. 9..
[39] Ibídem.
[40] *Portuguese Times*, 3 de abril de 1975, p. 1.
[41] Ibídem.

algunos políticos de origen portugués estaban también reaccionando favorablemente a la campaña[42]. Entre otras iniciativas de carácter simbólico y con resonancia mediática en los lugares con presencia portuguesa, el concejal en el ayuntamiento de Falll River (Mass.) John Medeiros, presentó una moción en el pleno municipal contra la "possibilidade de uma tomada de Portugal por facções esquerdistas"[43]. Y tres semanas antes de las elecciones del 25 de abril, más de tres mil portugueses se congregaron ante la sede de las Naciones Unidas, en Nueva York, para pedir apoyo internacional a favor de la democracia en Portugal[44]. Una concentración que concluyó con el envío de un telegrama al gobierno de Lisboa contra la implantación de un nuevo sistema político autoritario:

> Portugueses residentes Costa Leste Estados Unidos da America do Norte manifestaram hoje dia 5 de abril de 1975 junta Nações Unidas em Nova Iorque, desejo cumprimento promessa programa Movimento Forças Armadas em relação dar povo português eleições livres 25 de Abril para estabelecimento Democracia nosso querido Portugal e repúdio por regimes ditatoriais sejam quais forem as suas ideologias[45].

Decidido a crear una atmósfera de movilización y activismo político, una de las acciones de protesta popular más significativas entre las alentadas por el *Portuguese Times*, se desarrolló el 19 de abril de 1975, cuando más de cinco mil inmigrantes se desplazaron a Washington desde Nueva Inglaterra para manifestarse frente a la Casa Blanca[46]. Junto a la sede de la presidencia del gobierno de EE.UU. y en nombre de la comunidad lusoamericana, José Nunes Costa, médico de profesión, leyó un manifiesto en defensa de la aplicación del "programa original" del Movimento das Forças Armadas, que pretendía crear un sistema de libertades cívicas[47]. Nunes Costa denuncia así la

---

[42] Ibídem.
[43] *Portuguese Times*, 10 de abril de 1975, p. 1.
[44] Ibídem.
[45] Ibídem.
[46] *Portuguese Times*, 24 de abril de 1975, pp. 1 y 14.
[47] Ídem, 24 de abril de 1975, p. 1.

adulteración de los objetivos iniciales del MFA[48]. La imparcialidad y neutralidad ideológica del MFA de los primeros días de la revolución se había diluído, según el manifiesto publicado íntegramente por el *Portuguese Times*, que mostró su rechazo a la censura y a un régimen de partido único:

> *(…) Contra qualquer forma de censura. Contra as eleições que não sejam completamente livres ou que não respeitem a vontade expressa pelo povo. Contra a prisão sem culpa provada. (…) Somos contra a instalação em Portugal de qualquer partido único, venha ele das direitas ou das esquerdas (…). Queremos que Portugal seja uma nação livre num mundo livre e que todos os portugueses possam viver em tranquila liberdade. Viva Portugal!*[49].

La manifestación desembocó ante la embajada de Portugal en Washington, donde sus organizadores fueron recibidos por el embajador, João Hall Themido, al que le transmitieron su protesta porque algunos periódicos de Lisboa habían publicado informaciones ofensivas contra ellos[50]. Algunos medios habían afirmado que los participantes del movimiento a favor de la democracia en Portugal eran "fascistas", y se les acusaba, además, de hacer "propaganda contra o 25 de Abril"[51].

En el contexto de este clima de agitación en la diáspora estimulada por el *Portuguese Times*, algunos medios de Portugal, como el prestigioso semanario de Lisboa *Expresso*, criticó duramente la campaña de presión al gobierno norteamericano iniciada por el periódico de New Bedford. Una crítica a la que el director del *Portuguese Times* respondió atacando al *Expresso* por su silencio ante las detenciones de periodistas y la suspensión de la edición de las cabeceras *Noticia* y *Liberdade*:

> *(…) O que nós e todos os bons democratas querem saber é: O que é feito dos 10 jornalistas portugueses de Angola que foram detidos e*

[48] Ibídem.
[49] *Portuguese Times*, 24 de abril de 1975, p. 14.
[50] Ibídem.
[51] Ibídem.

enviados para Lisboa? Com que direito se suspendeu a revista 'Notícia' e o jornal 'Liberdade'? Como se justificam as prisões arbitrárias sem culpa formulada de indivíduos que se encontram nas masmorras, sem tão pouco terem o direito de receber a visita dos seus advogados de defesa? Estas são apenas três preguntas que merecem esclarecimento. Da parte do 'Expresso' ou do governo provisório que se pretende tornar permanente a "bem do povo" (...)[52].

LA VISIÓN DE LOS INMIGRANTES A TRAVÉS DE LAS CARTAS AL DIRECTOR

Durante las semanas que duró el proceso electoral, la sección de cartas al director del *Portuguese Times* publicó decenas de testimonios de inmigrantes que exponían su visión sobre el rol político que debía jugar la comunidad lusoamericana en relación con los acontecimientos de Portugal. El semanario, en un gesto que pretendía legitimar su defensa de la libertad de expresión y la pluralidad ideológica, publicó misivas que censuraban el activismo del periódico y sus mensajes propagandísticos a favor de la democracia, criticando incluso su "acção anti-democrática" por tratar de interferir en la política nacional portuguesa[53].

Este era el sentido, por ejemplo, de la carta de Judite Dias, una lectora de Newark (New Jersey), que solicitó respeto para los portugueses que viven en Portugal, alegando que muchas de las protestas que se estaban sucediendo dentro de la colonia tenían un trasfondo "reaccionario"[54]. Ilídio Gomes (de Central Falls, Rhode Island), fue más explícito y contundente en su rechazo a la campaña desarrollada por el semanario a favor de la democracia en Portugal, al considerar que la presión ejercida por el *Portuguese Times* sobre el presidente de Estados Unidos y otros políticos respondía a un movimiento

[52] *Portuguese Times*, 24 de abril de 1975, p. 8.
[53] Ibídem.
[54] *Portuguese Times*, 10 de abril de 1975, p. 8.

"anti-portugués", pues representaba una "ingerência" en los asuntos internos de Portugal[55].

Otros lectores, como el azoriano Jorge M. Silva, de Pawtuckect (Rhode Island), proponía soluciones radicales si se implantaba una dictadura comunista, demandando la independencia para las Azores, cuya posición estratégica en el corazón del Atlántico – argumentaba – garantizaba su suficiencia económica, con apoyos financieros de países como Estados Unidos y Francia, además de los recursos naturales y las divisas provenientes de los inmigrantes[56]. La excitación del debate en la esfera mediática diaspórica provocó incluso que lectores como Jorge M. Silva hicieran un llamado a la lucha por la libertad del pueblo azoriano: "(…[57]) ANTES MORRER LIVRES QUE EM PAZ SUJEITOS (…) Desse povo desprotegido e abandonado eu saí. Por esse povo abandonado eu lanço o grito de alarma e de luta. Lutemos para que nossos irmãos isolados do Atlântico tenham a liberdade a que têm direito (…)" [mayúsculas en el original][58]. Y José Afonso Rocha (de San José, California) era partidario incluso de la inmediata secesión del archipiélago, alegando que se había convertido en una colonia de Lisboa[59].

Sin embargo, como contrapunto a los alegatos independentistas, el *Portuguese Times* publicó cartas de lectores que pedían cautela y sentido común. También tuvieron voz algunos azorianos que proclamaban que el socialismo no promovía la dictadura, al contrario: "SER SOCIALISTA é acreditar no poder revolucionário da liberdade; é acreditar no poder criador e progressista do nosso Povo através da liberdade de pensamento, liberdade de expressão e liberdade de associação (…)" [mayúsculas en el original][60]. También hubo espacio para inmigrantes que prefirieron utilizar el género lírico para expresar su amor a Portugal y su rechazo al comunismo: "(…) Ó minha

[55] Ídem, 17 de abril de 1975, p. 7.
[56] Ídem, 10 de abril de 1975, p. 8.
[57] Ídem, 24 de abril 1975, p. 9.
[58] Ídem, 10 de abril de 1975, p. 8.
[59] Ídem, 24 abril 1975, p. 8.
[60] Ídem, 24 de abril de 1975, p. 9.

Pátria adorada/ De tanta beleza infinita/ És agora profanada/ Por uma *corja* maldita (...)"[61].

El compromiso asumido por el *Portuguese Times* con los principios de la democracia liberal lo llevaron a asumir la pluralidad de sentimientos e ideas políticas en el seno de la comunidad lusoamericana, algunas muy críticas con su línea editorial. La sección de cartas al director reflejó, por tanto, la diversidad de opiniones y visiones que sus lectores tenían sobre el futuro político de Portugal y la función que debían desempeñar los inmigrantes en este difícil trance.

La interacción de los lectores con el semanario a través de sus emocionadas cartas, revelan que el proceso de elecciones constituyentes y todas sus dinámicas de antagonismos ideológicos se proyectaron también en la diáspora portuguesa de Estados Unidos, haciendo así que la reverberación del ambiente revolucionario de Portugal tuviera un eco transatlántico.

CONCLUSIONES

Durante los tres meses previos a las elecciones constituyentes del 25 de abril de 1975, el *Portuguese Times* aprovechó la gran expectación y resonancia mediática en torno al decisivo proceso político que atravesaba Portugal para afirmar su compromiso con la democracia, lo que lo llevó a desarrollar algunas acciones de propaganda que tuvieron una relevante repercusión entre los inmigrantes de la diáspora norteamericana.

Al tiempo que intentaba atraer y aumentar el número de lectores, ansiosos por conocer la evolución de los acontecimientos en Portugal, con una amplia cobertura periodística, y asumiendo una posición de activismo político, se convirtió en un emisor propagandístico anticomunista. El *Portuguese Times* apeló con frecuencia al miedo a una nueva dictadura para agitar e influir en la opinión pública inmigrante, a la que incitó a manifestarse en diferentes ciudades

[61] Ibídem.

norteamericanas y a difundir cartas y manifiestos en defensa de la democracia en Portugal.

De hecho, su posición prodemocrática y anticomunista estimuló el debate y contribuyó a la reacción y movilización de los inmigrantes a través, entre otras acciones, de la convocatoria de manifestaciones o el envío de cartas y telegramas a los políticos más influyentes de Estados Unidos en un momento trascendental para el futuro de Portugal. Muchos inmigrantes se sintieron interpelados por sus mensajes propagandísticos en contra de soluciones políticas que derivasen en la instauración de una dictadura de signo comunista.

De este modo, el *Portuguese Times* se transformó en un espacio de debate abierto y plural para sus lectores, que encontraron en el periódico no sólo una fuente de información, agitación y propaganda, sino que les permitió también difundir sus opiniones y criticar incluso su implicación activa contra la propaganda comunista en la transición portuguesa.

REFERENCIAS BIBLIOGRÁFICAS

American Census Bureau, *Yearbook of Immigration Statistics*, Washington, Gobierno de los Estados Unidos, Department of Homless Security/Office of Immigration Statistics, 2012. https://tinyurl.com/4rufampm

Baganha, Maria I., "The Lusophone Migratory System: Patterns and Trends", *International Migration*, 47(3) (2009), pp. 5-20. Doi: https://doi.org/10.1111/j.1468-2435.2009.00522.x

Baines, Paul, O'Shaughnessy, Nicholas, y Nancy Snow, (eds.), *The SAGE Handbook of Propaganda*, Sage Publications, Los Angeles-Londres, 2019.

Figueira, João (ed.), *Os jornais como actores políticos: o Diário de Notícias, Expresso e Jornal Novo no Verão quente de 1975*, Minerva, Coimbra, 2007.

Gomes, G., "The Portuguese-Language Press in California: The Response to American Politics, 1880-1928", *Gávea-Brown*, XV-XVI (1995), pp. 17-28.

Gomes, Pedro Marques, *A Imprensa na Revolução. Os Novos Jornais e as Lutas Políticas de 1975*, Imprensa Nacional-Casa da Moeda, Lisboa, 2021.

Herman, Edward S. "The propaganda model: a retrospective", *Journalism Studies*, 1(1) (2000), pp. 101–12. Doi: https://doi.org/10.1080/146167000361195

Jiménez Redondo, Juan Carlos, *España y Portugal en transición: los caminos a la democracia en la Península Ibérica*, Sílex, Madrid, 2009.

Lima, Helena, "The Portuguese press in the 3rd Republic", en J. P. Sousa *et al.*, *History of the Press in the Portuguese-Speaking Countries*, Media XXI, Oporto, 2014, pp. 327-374.

Luis, Rita Ferreira Santos., *La reacción española ante la revolución portuguesa a través de la prensa. El tratamiento de los principales diarios (1974-1976)*, Universitat Pompeu Fabra [tesis doctoral], Barcelona, 2012.

McDonald, Jason, *American Ethnic History. Themes and Perspectives*, Rutgers University Press, News Brunswick, 2007.

Medeiros Ferreira, José, *Portugal en transición*, Fondo de Cultura Económica, México, 2003.

Mesquita, Mário, "O Caso *República*. Um incidente crítico", *Revista de História das Ideias*, 16 (1994), pp. 507-554. Doi: https://doi.org/10.14195/2183-8925_16_17

—, y Rebelo, José (eds.), *O 25 de Abril nos Media Internacionais*, Edições Afrontamento, Oporto, 1994.

Miller, Sally M. (ed.), *The Ethnic Press in the United States. A Historical Analysis and Handbook*, Greenwood Press, New York-Londres, 1987

Pena Rodríguez, Alberto, *News on the American dream. A history of the Portuguese press in the United States*, University of Massahusetts Press, North Dartmouth, 2020.

—, *Comunicar en la diáspora. Prensa, radio, exilio y propaganda entre los inmigrantes portugueses en Estados Unidos*, Comares, Granada.

—, y Hohlfeldt, António (eds.), *Para uma História do Jornalismo Português no Mundo,* Icnova, Lisboa, 2021.

Rezola, Maria Inácia, "Del Movimiento de los Capitanes al Consejo de la Revolución: la cuestión electoral y el debate en torno a la institucionalización del Movimiento de las Fuerzas Armadas", *Historia y política*, 7 (2002), pp. 181-210.

Rhodes, Leara D., *The Ethnic Press: Shaping the American Dream*, Peter Lang, Nueva York, 2010.

Ribeiro, Nelson, *A Rádio Renascença e o 25 de Abril*, Universidade Católica, Lisboa, 2002.

Ribeiro, Vasco, "Os primeiros passos da comunicação política democrática em Portugal: a 5.ª divisão do MFA como motor da propaganda revolucionária no PREC", *História: Revista da FLUP*, 4 (2014), pp. 79-91.

Sánchez Cervelló, Josep, *La transición portuguesa y su influencia en la transición española (1961-1975)*, Nerea, San Sebastián, 1995.

Soules, Marshall, *Media, persuasion and propaganda,* Edinburgh University Press, Edimburgo, 2015.

Sousa, Jorge Pedro y Lima, Helena Laura Dias., "História do jornalismo em Portugal: proposta de periodização" *Revista Brasileira de História da Mídia,* 9(2) (2020), pp. 171-190. Doi: https://doi.org/10.26664/issn.2238-5126.92202012183

Vismanath, Katam y Arora, Pamela. "Ethnic Media in the United States: An Essay on Their Role in Integration, Assimilation and Social Control", *Mass Communication & Society*, 3(1) (2000), pp. 39-56. Doi: https://doi.org/10.1207/S15327825MCS0301_03

Williams, Jerry, *In Pursuit of Their Dreams. A History of Azorean Immigration to the United States*, Tagus Press (University of Massachusestts Press), North Dartmouth: 2007.

¿Y DESPUÉS DE LA REVOLUCIÓN?: REFLEXIONES PRELIMINARES SOBRE FORMAS DE CENSURA EN EL CINE DEL PORTUGAL DEMOCRÁTICO[1]

Ana Bela Morais
Universidade de Lisboa. Portugal
ORCID: 0000-0001-6728-1319

INTRODUCCIÓN

Este capítulo pretende ser una primera reflexión basada en un estudio de las películas portuguesas y extranjeras que fueron objeto de formas de censura en Portugal después del 25 de abril de 1974. ¿Hubo películas que generaron algún tipo de polémica? ¿Qué temas podían/pueden todavía incomodar al público en los regímenes democráticos? También intentaremos comprender cómo, al actuar implícitamente sobre las mentalidades, los mecanismos de censura surgen posteriormente en las democracias, no en forma de censura explícita, sino como criterios ideológicos.

La realidad histórica siempre ha tenido que entenderse desde la perspectiva de la construcción social de la realidad, concepto acuñado por Berger y Luckmann[2]. De hecho, según el sociólogo Firmino da Costa, la realidad social "es simultáneamente realidad social objetiva y realidad social subjetiva (...) [producto de] la institucionalización de las acciones e interpretaciones llevadas a cabo por los individuos, [pero también] resultado de la interiorización por parte de los actores sociales de los patrones culturales e institucionales en los que están insertos"[3]. Y, como ha demostrado Bordieu, ya sea en una dictadura

1 "Centro de Estudos Comparatistas / Faculdade de Letras da Universidade de Lisboa. FCT - Fundação para a Ciência e a Tecnologia, I.P. Proyecto con la referencia https://doi.org/10.54499/DL57/2016/CP1443/CT0014".

2 Peter L. Berger y Thomas Luckmann, *A Construção Social da Realidade. Um livro sobre a sociologia do conhecimento*, Dinalivro, Lisboa, 1999.

3 António Firmino Costa, *Sociologia (o que é)*, Quimera Editores, Lisboa, 2021, pp. 86-87. Todas las citas originalmente en lengua extranjera han sido traducidas al español por la autora.

o en tiempos de democracia, la ideología se transmite mediante relaciones de comunicación que siempre son relaciones de poder[4].

Por tanto, la genealogía de la censura está inevitablemente ligada al poder y su principal objetivo es controlar el conocimiento que se difunde. La función de todas y cada una de las censuras es ocultar y/o prohibir lo que ocurre o se crea fuera de lo que quiere el poder instalado. En una dictadura, la existencia de la censura es oficial, conocida y regulada por leyes. En una democracia, no sólo se ocultan los recortes, sino que se oculta la existencia de formas de censura, ahora no legisladas.

La censura privada existe no sólo en los regímenes dictatoriales, sino también en los democráticos. Tiene una dimensión exógena –cuando la ejercen las corporaciones, las empresas, la distribución de la publicidad y el patrocinio o las fuentes– o endógena cuando se aplica dentro de las redacciones de los periódicos, por ejemplo, y la transmiten la dirección y la jerarquía de las propias empresas. Es una forma más sutil de censura, cuya práctica se justifica por procedimientos periodísticos, como la selección de noticias (*gatekeeper*)[5] o, lo que realmente importa (*agenda setting*)[6]. La censura privada también tiene en cuenta la conveniencia de dar publicidad a un tema, su interés o su impacto en el propio mercado. El miedo y los costes asociados a la censura pública y la coacción de la censura privada conducen a la autocensura, de forma similar a lo que ocurría cuando había censura legislada durante la dictadura[7].

Muchos autores han producido conocimiento sobre la genealogía, la historia y las formas de coerción de la censura[8]. Sin embargo, hay

---

[4] Pierre Bourdieu, *O Poder Simbólico*, Difel, Lisboa, 1989.

[5] David Maning White, "O Gatekeeper: Uma Análise de Caso na Selecção de Notícias", en Nelson Traquina (org.), *Jornalismo: Questões, Teorias e "Estórias"*, Veja, Lisboa, 1999, pp. 142-151.

[6] Maxwell McCombs, *Estableciendo la agenda. El impacto de los medios en la opinión pública y en el conocimiento*, Ediciones Paidós, Barcelona, 2006.

[7] Warren Breed, "Controlo Social na Redacção: Uma Análise Funcional", en Nelson Traquina (org.), *Jornalismo: Questões, Teorias e "Estórias"*, Veja, Lisboa, 1999, pp. 152-166.

[8] Louis Althusser, "Ideology and Ideological State Apparatuses: (Notes towards an Investigation)", en *Lenin and Philosophy and Other Essays*, NYU Press, Monthly Review Press, New York, 2001, pp. 85–126; Pierre Bourdieu, *O Poder...;* Judith Butler, "Ruled Out: Vocabularies of the Censor", en Robert C. Post (ed.), *Censorship and Silencing:*

pocos estudios y evaluaciones sobre los efectos de la expropiación del conocimiento por la censura y los efectos de la censura privada. Tampoco existen en Portugal instituciones que critiquen regularmente a los medios de comunicación. Sin embargo, Jónatas Machado advirtió de situaciones en las que grandes empresas privadas pueden convertirse en "censores potenciales" al ejercer presión en su propio beneficio a través de la publicidad comercial que colocan en los medios de comunicación[9].

La referencia a la censura privada se remonta al siglo XIX, cuando Stuart Mill afirmó que la acción privada era la mayor amenaza para la libertad de expresión y que "la censura privada puede ser tan perniciosa para la búsqueda de la verdad y para la toma de decisiones democrática como cualquiera de tipo gubernamental"[10]. Sin embargo, como ya se ha mencionado, incluso en la segunda fase del Estado Novo portugués, durante el período conocido como marcelismo, coexistieron las dos dimensiones de censura: pública y privada[11]. En el período posterior al 25 de abril, Paquete de Oliveira, que ya había estudiado la censura en 1973, continuó su estudio sobre la democracia y denominó "oculta" a esta censura privada e invisible[12], afirmando que "en una democracia, el control de la información es principalmente

Practices of Cultural Regulation, Getty Research Institute for the History of Art and the Humanities, Los Angeles, 1998, pp. 247-259. Emira Derbel, "Feminist Graphic Narratives: The Ongoing Game of Eluding Censorship." *Mediterranean Journal of Social Sciences*, 10-1 (2019), pp. 49-57. Michel Foucault, *Power/knowledge: Selected Interviews and Other Writings*, Colin Gordon (ed.), Pantheon Books, New York, 1980. Sue Curry Jansen, *Censorship: The Knot That Binds Power and Knowledge*, Oxford University Press, New York, 1988. Walter Lippmann, *La opinión pública*, Cuadernos de Langre SL, Madrid, 2003. Id. *Libertad y prensa*, Editorial Tecnos, Madrid, 2011. Nicole Moore, *Censorship*, 22 December 2016. Disponível para consulta: https://doi.org/10.1093/acrefore/9780190201098.013.71; Beate Müller, "Censorship and Cultural Regulation: Mapping the Territory", en Beate Müller (ed.), *Censorship & Cultural Regulation in the Modern Age, Critical Studies*, Editions Rodopi, Amsterdam, 2004, pp. 1-32. José Manuel Paquete de Oliveira, *Formas de "Censura Oculta" na Imprensa escrita em Portugal no pós-25 de Abril (1974-1987)*, 2 vols., Tese de Doutoramento, ISCTE-Universidade Técnica de Lisboa, 1988.

[9] Véase Jónatas E. M. Machado, *Liberdade de Expressão–Dimensões constitucionais da esfera pública no sistema social*, Coimbra Editora, Coimbra, 2002, p. 494.

[10] Audrey S. Bollinger y Robert D. Smith, "Managing organizational knowledge as a strategic asset", *Journal of Knowledge Management*, 5(1), (2001), p. 115.

[11] Marcelo Caetano sustituyó a Salazar como presidente del consejo de ministros desde septiembre de 1968 hasta el 25 de abril de 1974.

[12] José Manuel Paquete de Oliveira, Formas de "Censura Oculta...".

reivindicado y ejercido por los diferentes 'grupos censores' a través de los mecanismos de control social"[13]. Esta censura invisible es ejercida por el poder dominante y, según el autor, "los diversos niveles de control social se ejercen la mayoría de las veces a través de formas indirectas y no institucionalizadas"[14].

En otras palabras, la censura en democracia es diferente de la de la dictadura, pero sigue apoyándose en la propaganda, intentando conseguir un efecto similar de forma encubierta. Paquete de Oliveira sostiene que la "censura oculta" contribuye a la degradación de la democracia, constituyendo la censura no oficial, que "es el resultado de todo el complejo funcionamiento del control social", y que puede coexistir con la censura oficial, como ocurrió durante la dictadura en Portugal. Es la censura "que resulta de la interacción de grupos que se convierten en censores en la red de relaciones sociales, en la red de relaciones comunicacionales [condicionando] el sistema de producción de información, el sistema de mensajes, su consumo y reconocimiento"[15].

El autor también hace referencia a dos fenómenos, la "censura por omisión" y la "autodesinformación", acuñados por Arnaud de Borchgrave y Lucio Lami respectivamente, que se traducen en "la ocultación deliberada de información que desfigura la realidad perceptiva"[16]. Hoy en día, la censura por exclusión/omisión hace invisibles temas, acciones y protagonistas, tanto en el cine como en los medios de comunicación y en todas las fuentes de información en general.

Sin embargo, aún queda mucho por investigar sobre el cine y la censura durante el Estado Novo portugués (1932-1974), como demuestra el diccionario de Jorge Seabra[17] y algunos libros de reciente publicación como el de Maria do Carmo Piçarra[18], o en prensa,

---

[13] Ibídem, p. 141.
[14] Ibídem, p. 149.
[15] Ibídem, p. 156.
[16] Ibídem, p. 161.
[17] Jorge Seabra, *O cinema no discurso do poder. Dicionário. Legislação cinematográfica portuguesa (1896-1974)*, Imprensa da Universidade de Coimbra, Coimbra, 2016.
[18] Maria do Carmo Piçarra, *Projectar a ordem. Cinema do povo e propaganda salazarista. 1935-1954*, Os Pássaros, Caxias, 2020.

como el estudio de Eurydice da Silva, *The Impact of Censorship in Adaptations. The case of Portugal during the New State (1933-1974)*, o en curso, como la tesis doctoral en Estudios Contemporáneos de Cristina Batista Lopes, *Resgates da Sé7ima memória. A censura ao cinema português*.

Sin embargo, después del 25 de abril de 1974, los estudios sobre la censura cinematográfica son aún más escasos. Uno de los capítulos del libro *Censura nunca mais! A Censura ao Teatro e ao Cinema no Estado Novo*[19], "A censura depois da censura: o caso dos filmes eróticos e pornográficos (197476)", de Paulo Cunha, es una de las pocas investigaciones que existen sobre lo que ocurrió después de la Revolución de Abril con algunas películas estrenadas en Portugal, concretamente en el caso del género erótico y pornográfico. Lo mismo puede decirse del capítulo de Helena Brandão, "Dissidências (ou a democratização da 'geração invisível')", publicado en las *Atas do Congresso Internacional Censura ao Cinema e ao Teatro*[20].

En el artículo que publicamos, "Nas vésperas da Revolução de Abril e logo após. Censura ao Cinema em Portugal"[21], intentamos precisamente comprender lo que ocurrió inmediatamente antes y después del 25 de abril de 1974, profundizando en la investigación realizada en el libro *Censura ao Erotismo e Violência. Cinema no Portugal Marcelista (1968-1974)*[22] y descubriendo documentación inédita relativa a los procesos de censura de películas nacionales y extranjeras en los primeros meses de 1974 hasta el 25 de abril, comprobando si hubo procesos para películas inmediatamente después de la Revolución. La investigación presentada en este estudio se llevó a cabo en los archivos de la Secretaría Nacional de Información y Turismo,

---

[19] Ana Cabrera, (ed.), *Censura nunca mais! A censura ao teatro e ao cinema no Estado Novo*, Alêtheia, Lisboa, 2013.

[20] Ana Cabrera y Cristina Castilho Costa (coords.), *Atas do Congresso Internacional Censura ao Cinema e ao Teatro | 2013*, CIMJ - Centro de Investigação Media e Jornalismo, Lisboa, 2014.

[21] Ana Bela Morais, "Nas vésperas da Revolução de Abril e logo após. Censura ao Cinema em Portugal." *Iberoamericana. América Latina–Espanha-Portugal*, XXI-78, (2021), pp. 135-151. [URL: https://journals.iai.spk-berlin.de/index.php/iberoamericana/issue/view/130]

[22] Ana Bela Morais, *Censura ao Erotismo e Violência. Cinema no Portugal Marcelista (1968-1974)*, Edições Húmus, Vila Nova de Famalicão, 2017.

concretamente en los Procesos de Censura de películas nacionales y extranjeras, depositados en el Archivo Nacional de Torre do Tombo, en Lisboa. Estos archivos revelan información sobre la actuación de los censores, sus opiniones sobre las películas y sobre los recursos presentados, así como los informes de los procesos de censura.

Concluimos que en los últimos meses del régimen autoritario portugués, la Comisión de Censura continuó prohibiendo y censurando todas las películas, nacionales y extranjeras, que entraban en territorio nacional y dos de los hallazgos más curiosos de esta investigación son el descubrimiento de una película prohibida el día después del 25 de abril: el 26 de abril de 1974 (ya había sido prohibida el 28 de marzo de 1974): *Último tango a Zagarol*, dirigida por Nando Cícero, y de un proceso cinematográfico que la censuró al día siguiente del 25 de abril de 1974, siendo este último *Un amour de pluie* (*Amor passageiro*), dirigida por Jean Claude Brialy.[23] De hecho, como señala Paulo Cunha, no fue hasta el 29 de abril de 1974 cuando una Comisión de Cineastas Antifascistas ocupó el Instituto Portugués del Cine, el Sindicato de Profesionales del Cine y la Inspección del Espectáculo, exigiendo y consiguiendo la abolición de la censura cinematográfica y su sustitución por una comisión *ad hoc* para los espectáculos, mientras que días antes el Movimiento de las Fuerzas Armadas (MFA) ya había manifestado su intención de acabar con el régimen de censura como medida política inmediata incluida en su programa hecho público el 26 de abril[24].

En democracia, y hasta los años 90, el marco jurídico del cine se mantuvo mayoritariamente estable. Pero en esta década entró en su ámbito el sector audiovisual, que introdujo cambios radicales en el sector, como explica Carla Simões: "La segunda revisión constitucional de 1989 (Ley Constitucional n.º 1/89, de 8 de julio) abrió

---

[23] Véase Ana Bela Morais, "Nas vésperas da Revolução...", p. 149.

[24] Paulo Cunha, "A censura depois da censura: o caso dos filmes eróticos e pornográficos (197476)", en Ana Cabrera (ed.), *Censura nunca mais! A censura ao teatro e ao cinema no Estado Novo*, Alêtheia, Lisboa, 2013, p. 76.

la puerta a las cadenas de televisión privadas y puso fin a un ciclo de 33 años de televisión pública en régimen de no concurrencia"[25].

Estos cambios, que ponen al cine en estrecho contacto con la televisión, desencadenan nuevas formas de control. João Mário Grilo, cineasta y profesor, subraya la existencia de un nuevo tipo de censura que, treinta años después de la Revolución, se vislumbra en el ámbito cinematográfico portugués. A través de su argumento, podemos ver que estas nuevas formas de censura se estructuran en torno a tres ejes estrechamente relacionados entre sí: la hegemonía norteamericana, que no es en absoluto reciente, pero que está adquiriendo nuevos contornos; sus efectos, que repercuten en el sistema de distribución/exhibición y, en consecuencia, también en la producción nacional; y, por último, la forma en que el Estado, las leyes y el sistema político tratan estas cuestiones.

En el Portugal posrrevolucionario, la recesión golpeó al cine, especialmente a partir de 1984: mientras que en 1975/76 hubo un pico de más de cuarenta millones de espectadores, la asistencia a las salas cayó a dieciocho millones en 1986 y en 1990 había descendido a trece millones[26]. Sin embargo, el autor apunta una posible solución a este problema: "Necesitamos hacer películas pequeñas y grandes, ficciones y ensayos, documentales y películas experimentales; necesitamos invertir en tecnologías baratas, dar al cine la oportunidad de expresarse en otros medios tecnológicos (...) Sobre todo, necesitamos conseguir que gente muy joven experimente en contextos de producción y coproducción más imaginativos e intentar liberar a una nueva generación de profesionales de la asfixiante idea de que sólo un modelo de producción/difusión 'industrial' garantizará su supervivencia futura"[27].

Paulo Cunha también reflexiona sobre el mismo problema, concluyendo que parece haber "una clara falta de regulación y arbitraje por parte del Estado: al permitir que la concentración del mercado

[25] Carla Alexandra Neves Simões, *O Cinema Português no Pós 25 de Abril. Políticas Públicas: entre a arte e a indústria*, Tese de Mestrado, ISCTE-Universidade Técnica de Lisboa, 2015, p. 11.

[26] João Mário Grilo, *O cinema da não ilusão–histórias para o cinema português*, Livros Horizonte, Lisboa, 2006, pp. 28 y 29.

[27] Ibídem, 49.

de distribuidores y exhibidores se haya producido a lo largo de las últimas décadas en un esquema que favorece a unos pocos grupos de interés y la consiguiente monopolización, al no garantizar cuotas de distribución y exhibición de cine portugués o de otras cinematografías minoritarias en el circuito comercial, al no cumplir su función de formación de nuevos públicos y garantía de diversidad de la oferta, o al no aprovechar los contratos de concesión de la televisión pública o incluso de la televisión de señal abierta para imponer cuotas o reglas claras que promuevan la oferta de diversidad cinematográfica, por citar sólo algunos ejemplos"[28].

Pero, ¿qué pasó con el cine justo después de la Revolución de los Claveles? Con el 25 de abril de 1974, se abrieron las fronteras al cine que llevó la sensualidad, el cuerpo desnudo, el erotismo y la sexualidad a la escena pública. En un país acostumbrado a la censura, las propuestas cinematográficas internacionales que apelan a un imaginario erótico que transgrede lo que convencionalmente se mostraba y se refería a la sexualidad no pasaron desapercibidas, lo que explica el tremendo éxito de taquilla de algunas películas a partir de 1974 en Portugal, como *Último tango en París* (Bernardo Bertolucci, 1972) o *Emmanuelle* (Just Jaeckin, 1974). Como muestra Ana Isabel Freire, "el tema de la intimidad afectiva y sexual en los contextos del cine, la literatura, el teatro, los medios de comunicación, el deporte y el arte, registró 131 apariciones (9% de la muestra) en el total de publicaciones analizadas. Antes de la Revolución de los Claveles, el tema se abordaba en el 6% de los artículos; del 25 de abril a finales de 1974, esta cifra casi se triplicó, superando el 17%, y a partir de 1975, descendió al 8%. El cine, la literatura, el teatro y los medios de comunicación son los contextos en los que la sexualidad se trata de forma más destacada el deporte y el art– tienen cifras insignificantes"[29].

[28] Paulo Cunha, "Cinema de garagem: distribuição e exibição de cinema em Portugal" en Paulo Cunha e Manuela Penafria (eds.), *Cinema em Português VII Jornadas*, LAB-COM- Universidade da Beira Interior, Covilhã, 2016, p. 136.

[29] Ana Isabel Marques Freire, *A intimidade afetiva e sexual na imprensa em Portugal (1968-1978)*, Tese Doutoramento. Instituto de Ciências Sociais, Universidade de Lisboa, 2016, p. 314.

El 11 de mayo de 1974, la Secretaría de Cine y Radio publicó un documento titulado "O Secretariado do Cinema e da Rádio e a distribuição cinematográfica" ("El Secretariado de Cine y Radio y la distribución cinematográfica"), en el que se afirmaba que, a pesar de reconocer la necesidad de abolir la censura, no era deseable que la anarquía invadiera el cine[30]. Paulo Cunha concluye que, entre abril de 1974 y abril de 1975, ciento cuarenta y una películas, de un total de seiscientas cuarenta y seis, fueron clasificadas como prohibidas para menores de 18 años. En otras palabras, la Comisión *had hoc*[31] no permitió que alrededor del 20% de las películas para menores de 18 años se exhibieran comercialmente en los cines portugueses, y los críticos católicos del *Boletim Cinematográfico* consideraron que alrededor del 3% de ellas eran "censurables". El autor añade: "En las películas consideradas 'censurables', más que el erotismo o la posible pornografía, los críticos católicos denunciaban principalmente la 'ausencia de moral' o la 'degradación humana', los 'excesos' de comportamiento o la explotación de 'temas escabrosos"[32].

En el período posterior al 25 de abril, a través de diversos gobiernos y protagonistas políticos, la solución encontrada, según el autor, se inspiró en la legislación vigente en varios países europeos y consistiría en encontrar un término medio, garantizando al mismo tiempo la libertad de elección del espectador y protegiendo a los más sensibles, es decir, los menores. Sin embargo, la calificación de una película como pornográfica dependería siempre del criterio u opinión subjetiva de la persona encargada de esta tarea, como ocurría entre los censores cuando aún existía la Comisión de Censura durante la Dictadura. Y esta clasificación también podía estar condicionada por las presiones ideológicas y comerciales de los implicados o por los intereses del público[33].

---

[30] Véase Paulo Cunha, "A censura depois...", pp. 183-185.

[31] Esta Comisión se creó el 20 de junio de 1974 (decreto-ley nº 281/74) para responder a la "necesidad imperiosa de impedir el uso indebido de una libertad que debe ser responsable, a fin de evitar que el país se vea abocado a un clima de anarquía mediante la incitación al desorden y a la violencia". (Ibídem, pp. 182-183).

[32] Ibídem, pp. 191-192.

[33] Ibídem, p. 203.

En cuanto a hechos concretos que dieron lugar a formas de censura no legislada en Portugal, tenemos el caso de *L'anatra all'arancia*, película italiana de 1975 dirigida por Luciano Salce. Fue la primera película erótica emitida en la televisión portuguesa, provocando uno de los mayores escándalos de censura televisiva tras el fin del Estado Novo. *L'anatra all'arancia* se emitió por primera vez en Rádio Televisão Portuguesa (RTP1), bajo el título "Noite de Cinema", el miércoles 21 de septiembre de 1983 a las 20.35 horas, en horario de máxima audiencia. Ese día estaba prevista la proyección de la película *Far from the Madding Crowd*, dirigida por John Schlesinger (1967), pero un cambio en la programación obligó a sustituirla. Cuando se emitió, precisamente después de "Telejornal", en un momento en el que todas las familias estaban viendo la televisión, llegaron a la redacción de RTP, en plena emisión, 11 llamadas telefónicas de espectadores enfadados, insultando a la película por las escenas de desnudos que aparecían durante la misma, y exigiendo que fuera retirada de la emisión inmediatamente. Pocos minutos después, el Presidente del Consejo de Administración de RTP, el Sr. João Palma Ferreira, quedó tan escandalizado por la imagen de una actriz en bikini que telefoneó a los estudios Lumiar de RTP y exigió que el Director de Programas de RTP1 retirara la película de la emisión inmediatamente. Y, efectivamente, eso fue lo que ocurrió.

La película iba por la mitad y de repente se cortó la transmisión. Hubo unos largos minutos en los que RTP1 no emitió nada, ni vistas técnicas ni ningún otro programa, sólo se mostró una "negra" (diapositiva en negro). Fue uno de los mayores apagones de la historia de la televisión portuguesa. Entonces apareció en pantalla el propio Presidente del Consejo de Administración de RTP, que leyó un comunicado del Consejo en el que pedía sinceras disculpas a los telespectadores por haber emitido una película que contenía desnudos, cuyas imágenes chocaban su sensibilidad y eran consideradas por RTP como una afrenta a la moral y a las buenas costumbres.

Al día siguiente, muchas personas se manifestaron en contra de este caso, que se convirtió en un grave problema político, ya que fue objeto de un debate en el Parlamento. Inmediatamente se abrió una investigación para averiguar quién había ordenado la difusión de la película, con el fin de sancionarla gravemente. Pero toda la oposición al gobierno se manifestó en contra de la investigación y expresó una gran indignación por este caso de censura explícita, y exigió que el gobierno destituyera inmediatamente al Presidente del Consejo de Administración de RTP y al Ministro de Medios de Comunicación, que incluso puso "precio a su cabeza". Teniendo en cuenta las consecuencias de su acción, para evitar más problemas, el Presidente del Consejo de Administración de RTP se dimitió de su cargo, pero su nombre nunca volvería a estar desvinculado al escándalo que provocó la película. Después de aquello, RTP no volvió a emitir otra película de este tipo hasta 1991, cuando proyectó *La ley del deseo* (1987), de Pedro Almodóvar, y *El imperio de los sentidos* (1976), de Nagisa Oshima[34].

Je vou salut Marie (Jean-Luc Godard, 1985) es otra película que causó escándalo en su país de origen, pero también en Portugal y otros países europeos cuando se estrenó allí, en plenos regímenes democráticos. La película no tenía fecha de estreno comercial en Lisboa, pero como la Cinemateca Portuguesa planeaba una retrospectiva de la obra de Godard, *Je vou salut Marie* fue incluida en este ciclo. Indignado por la posible proyección, el entonces alcalde de Lisboa, Nuno Krus Abecasis, aunque no había visto la película ni tenía intención de verla, amenazó con que, si se proyectaba, iría a "romperlo todo"[35]. Y, siguiendo lo sucedido en otras ciudades europeas, él mismo organizaría una manifestación.

La portada del *Diário de Lisboa* la anunciaba como "o polémico filme de Jean-Luc Godard" ("la polémica película de Jean-Luc Godard"), cuya proyección estaba prevista para la noche del sábado 29 de junio de 1985, pero la protesta comenzó por la tarde frente a la Cinemateca Portuguesa, con los manifestantes, encabezados por Krus Abecassis, intentando comprar todas las entradas para la proyección para impedir que otros vieran la "blasfemia". Sin embargo, la taquilla sólo vendió dos por persona. Además, el subdirector João Bénard da Costa, "en colaboración con la PSP, tomó algunas

[34] Consulte estos datos en *L'anatra all'arancia* https://pt.wikipedia.org/wiki/L%27anatra_all%27arancia. Consultado en 12 de diciembre de 2023.

[35] Nuno Krus Abecacis en *Diário de Lisboa*, n.º 21793, Lisboa, 27 de Junho de 1985.

medidas de seguridad". Como recuerda el entonces proyeccionista Francisco Grave, le pidió "a él y a otro proyeccionista, Luís Gigante, que se quedaran en la verja (que ese día estaba cerrada y sólo se abría la puerta) y que sólo dejaran entrar a un espectador cada vez. Eso es lo que hicimos, con más o menos empujones de gente de la iglesia que intentaba entrar de todas formas [pero hubo otros] que se quedaron tranquilamente en la cola para comprar las entradas y consiguieron entrar"[36].

Son precisamente ellos los que hacen que la protesta tome otra forma cuando, durante la proyección de *Le Livre de Marie*, un cortometraje de Anne-Marie Mièlville que abre la sesión como prólogo a la película de Godard, "algunas voces empezaron a corear 'Hossana' mientras "otros rezaban el rosario y los gritos proclamaban que 'La Virgen es pura', 'el director es ateo' y 'están insultando a nuestra madre...'"[37]. Ante esto, un público atónito se echó a reír. Los manifestantes, "un grupo de autodenominados 'jóvenes católicos'"[38], amenazan entonces con quemar la película. Esta vez, los espectadores responden llamándoles "fascistas", "retrasados" y "estúpidos". Pero "no hubo insultos", como relató un periodista, "eran todos demasiado cultos y educados"...[39] ¡Honrar al padre y a la madre es el primer mandamiento! Estáis deshonrando a Nuestra Señora, nuestra Madre!"[40], seguían gritando los manifestantes, mientras "intentaban impedir que se proyectara la película; uno incluso saltó al escenario y se puso delante de la luz del proyector, graznando, pero la PSP sacó a todos, a unos con calma, a otros por la fuerza, y al menos uno se puso de rodillas"[41]. La protesta y los roces se prolongaron durante algún tiempo y acabaron con "un manifestante pateado", tres personas detenidas y una hospitalizada, y una reprimenda al alcalde por parte de un agente de la PSP, que le recordó que "eso no era asunto

[36] Ibídem.
[37] *Diário de Lisboa*, n.º 21796, Lisboa, 1 de Julho de 1985.
[38] Viriato Teles, "Cinemateca lamenta, presidente protesta", *Sete*, n.º 369, Lisboa, 3 de Julho de 1985.
[39] Olga Cruz, "Perdoa-lhes Godard, eles não viram!", *O Heraldo*, Lisboa, 4 de Julho de 1985.
[40] Elisabete França, "Cineastas e Cinemateca processam Abecasis", *Expresso*, Lisboa, 6 de Julho de 1985.
[41] Ibídem.

suyo". Tras una "carcajada general",[42] se reanuda la proyección. El lunes siguiente, la portada del *Diário de Lisboa* declara: "Abecasis ha perdido la guerra contra Godard". Los percances en torno a la película de Godard estaban lejos de resolverse y continuarían durante los días y semanas siguientes, adoptando otras formas menos caricaturescas.

El 1 de julio de 1985, *Je vou salut Marie* y los episodios relacionados con su estreno se debatieron en una sesión pública del Ayuntamiento de Lisboa. Las actitudes de Krus Abecassis fueron inmediatamente criticadas por los diputados del Partido Socialista por "poner en entredicho el clima de calma cultural que justificadamente existe en Portugal". Subrayan que corresponde a los ciudadanos decidir lo que quieren ver. Y que "nunca tendrán derecho a poner en peligro ningún espectáculo cultural por la fuerza". La eurodiputada Ana Sara Brito añade incluso su testimonio personal: "He visto fragmentos de la película y, como católica, no me siento ofendida"[43]. En defensa de los manifestantes, la bancada del CDS "declaró que se alegraba de que 'un ciudadano haya ido a defender sus ideas católicas de forma ordenada, y no amotinándose'" y la bancada del PSD también se levantó para defender la postura de Abecasis. En cuanto al propio acusado, "no estuvo presente en la sesión pública porque estaba estudiando la solución para el destino final de la basura de la ciudad"[44] Curiosamente, "basura" fue el término utilizado por el crítico Jorge Leitão Ramos para describir lo ocurrido. "Basura en la breve historia del cine"[45].

Al día siguiente, 2 de julio, le tocó al Patriarcado de Lisboa pronunciarse y declarar que la película es "objetivamente una obra blasfema". Es "ofensiva al respeto de todos, incluidos los no creyentes", según la Vicaría General, que también lamenta que haya sido un organismo estatal el que la haya estrenado. Añaden también que la Cinemateca Portuguesa no debería utilizar "los impuestos que

[42] Olga Cruz, "Perdoa-lhes Godard, eles não viram!" in *O Heraldo*, Lisboa, 4 de Julho de 1985.
[43] *Diário de Lisboa*, n.º 21797, Lisboa, 2 de Julho de 1985.
[44] Ibídem.
[45] Jorge Leitão Ramos, "Reflexões em torno de um filme de Godard," *Diário de Lisboa*, n.º 21799, Lisboa, 4 de Julho de 1985.

los portugueses, con grandes sacrificios, están obligados a pagar"[46] para proyectar esa película. Todo ello después de que la Secretaría de Cine y Radio del Episcopado Nacional emitiera un dictamen según el cual la película era "perfectamente transitable en los circuitos comerciales portugueses"[47]. Tras esta desautorización, el director de la Secretaría, Francisco Perestrello, dimitió después de más de diez años en el cargo. Con él, por solidaridad, dimitieron otros cuatro críticos asociados a la misma secretaría.

Poco después, fue el turno de los responsables de la Cinemateca Portuguesa -Luís de Pina y João Bénard da Costa en aquel momento- de pronunciarse. Se abstienen de "entrar en polémicas sobre el contenido de la película, sobre el que existen opiniones muy controvertidas y dispares, incluso entre los católicos". En un comunicado, se limitan a decir que una filmoteca "debe mostrarlo todo, y cualquier exclusión basada en gustos personales o colectivos, movimientos o sentimientos individuales o de grupo es un acto de censura"[48]. Sin embargo, siguen adelante con una querella criminal contra Nuno Krus Abecassis por "instigar públicamente a cometer un delito", "participar en un motín" y "amenazar con cometer un delito causando alarma e inquietud"[49]. El alcalde declinó hacer comentarios sobre los cargos. En el momento de la manifestación ya había dejado claro que la Cinemateca Portuguesa "trabaja con dinero del Estado y no tiene derecho a ofender al pueblo portugués"[50]. Unos días después añadió que "media docena de intelectuales, que no valen ni dos duros, no pueden ofender así a toda una nación"[51].

Las reacciones de los que realmente vieron la película fueron más tranquilas. Olga Cruz, en *O Heraldo*, afirma con sarcasmo que la película: "(...) tiene un lenguaje tan intelectualizado que escapa a la comprensión del común de los mortales (...). Si el vientre de una

[46] Nota do Patriarcado citada en *O Heraldo*, Lisboa, 4 de Julho de 1985.

[47] "Filme de Godard leva a demissões," *Diário de Lisboa*, n.º 21804 Lisboa, 10 de Julho de 1985.

[48] Elisabete França, "Cineastas e Cinemateca processam Abecasis" *Expresso*, Lisboa, 6 de Julho de 1985.

[49] "Silêncio de Abecassis sobre queixa-crime" *Sete*, n.º 370, Lisboa, 10 de Julho de 1985.

[50] *Diário de Lisboa*, n.º 21796, Lisboa, 1 de Julho de 1985.

[51] Elisabete França, "Cineastas e Cinemateca processam Abecasis," *Expresso*, Lisboa, 6 de Julho de 1985.

mujer da lugar a pensamientos escabrosos, la sucia mentalidad de algunos no se queda atrás. De hecho, si no fuera por la "diversión" inicial, la película sería francamente "aburrida" (...), [i]nconso, sexualmente hablando, y salpicada de referencias culturales que pocos entienden, estando dentro de la cultura moderna"[52]. Jorge Leitão Ramos, en el *Diário de Lisboa*, a la luz de las reacciones, se pregunta: "¿Qué es lo que molesta al conservadurismo católico? ¿La desnudez de María? Sólo los necios -como algunos de los que se manifestaron en la Cinemateca- pueden apoyar esta postura. ¿Cuántos siglos de pintura devota han representado a la Virgen desnuda? ¿Alguno de estos manifestantes ha mirado alguna vez de cerca las provocativas imágenes marianas de la tradición jesuita? (...) ¿Qué olvidan las Escrituras? Que María era una mujer -no una apariencia corpórea para una esencia diferente, no; María era una mujer (...). Godard interroga al cuerpo de María en la soledad del cine, en la angustia del montaje". El crítico se pregunta incluso si "¿no es su película casi un libelo contra una sociedad de la que la fe ha sido prácticamente erradicada?"[53].

A pesar de todo, *Je vou salut Marie* tuvo varios interesados en explotarla comercialmente. La película se estrenó el 9 de octubre de 1985 y sirvió para inaugurar el cine N'Gola, que abrió sus puertas donde antes había estado el cine pornográfico Cine-Bolso. Ya de por sí un espacio estigmatizado y mal afamado, quizá también por eso el estreno suscitó menos problemas: "cosas peores" ya se habían visto en aquellas pantallas. Y aunque las "mujeres del CDS", como *el Diário de Lisboa* se refiere al ala femenina del partido, pidieron que se suspendieran las proyecciones[54], la película se exhibió durante siete semanas sin mucho alboroto[55]. Como señala Afonso Cortez, en 1985 todavía había una presencia notable de la Iglesia católica en la

[52] Olga Cruz, ibídem.
[53] Jorge Leitão Ramos, Ibídem.
[54] *Diário de Lisboa*, n.º 21887, Lisboa, 17 de Outubro de 1985.
[55] A finales de octubre, se celebrará un debate libre y abierto en el Centro de Reflexão Cristã de Lisboa, con el mencionado miembro de la Secretaría de Cine y Radio del Episcopado Nacional y defensor de la película, Francisco Perestrello, y el teólogo Henrique Noronha Galvão. Véase *Diário de Lisboa*, n.º 21896, Lisboa, 28 de Outubro de 1985.

sociedad portuguesa. Tiene opinión, habla y se expresa abiertamente. Sin embargo, desde el período posterior al "25 de Abril", su relación con el régimen político vigente es cada vez menos clara. Por un lado, es apoyada o utilizada según la posición o creencia personal de cada político o partido, siempre con diplomacia, cordialidad o respeto. Por otro, su influencia empieza a disiparse lentamente. Con la apertura de Portugal al exterior y, sobre todo, con su adhesión a la C.E.E., también en 1985, al tener que responder ante otras instancias y respetar otras directrices, la Iglesia ya no era necesaria para legitimar nada[56].

Por lo tanto, podemos concluir que, a pesar de haber dos casos de censura explícita de dos películas -*L'anatra all'arancia* y *Je vous salut Marie*- bajo un régimen democrático en Portugal, el poder económico siempre fue una constante en el control de lo que se podía y no se podía exhibir, tanto en el cine como en la televisión, tanto durante el Estado Novo como en la sociedad actual. El cambio en la traducción de los títulos de las películas al portugués, que continúa hoy en día, es una prueba de ello, al igual que la clasificación por edades de las películas. Los temas más controvertidos y que más molestaban a los espectadores siguen siendo los mismos que cuando existía la censura legal del cine en Portugal: el erotismo, el cuerpo desnudo y todas las imágenes y diálogos que cuestionaban la religión católica.

A pesar de la necesidad de controlar lo que se exhibía en Portugal, incluso después del 25 de abril de 1974, como hemos visto anteriormente, hasta los años 90 el marco legal del cine se mantuvo mayoritariamente estable, pero en esta década las cadenas de televisión privadas entrarón en el panorama de lo que se exhibía, lo que complejizaría y perturbaría la exhibición cinematográfica en Portugal. Así, podemos ver que la censura fue y es un mecanismo en constante transformación, una especie de "ser mutante" que se adapta a las necesidades de su tiempo y de quienes la ejercieron o la ejercen. Las estructuras de poder y propaganda actuales también son diferentes de las forjadas por la dictadura. Hoy son más amplias, más insidiosas, más ambiguas y proceden de todos los grupos con poder. En

[56] Afonso Cortez, "Quando o Cinema Incomodava... Parte I: *Eu Vos Saúdo, Maria*", *ESC:ALA#08*, 7 de Junho de 2016. Toda la información sobre la película y la polémica que suscitó en Portugal ha sido extraída de este artículo.

este contexto, ¿con qué imágenes fílmicas y mentales construiremos nuestra visión del mundo? ¿Qué sigue estando excluido de nosotros?

REFERENCIAS BIBLIOGRÁFICAS

Althusser, Louis, "Ideology and Ideological State Apparatuses: (Notes towards an Investigation)" en *Lenin and Philosophy and Other Essays*, NYU Press, Monthly Review Press, New York, 2001, pp. 85-126.

Berger, Peter L. Y Luckmann, Thomas, *A Construção Social da Realidade. Um livro sobre a sociologia do conhecimento*, Dinalivro, Lisboa, 1999.

Bollinger, Audrey S. Y Smith, Robert D., "Managing organizational knowledge as a strategic asset", *Journal of Knowledge Management*, 5(1), (2001), pp. 8–18.

Bourdieu, Pierre, *O Poder Simbólico*, Difel, Lisboa, 1989.

Breed, Warren, "Controlo Social na Redacção: Uma Análise Funcional" en Traquina, Melson (org.), *Jornalismo: Questões, Teorias e "Estórias"*, Veja, Lisboa, 1999, pp.152-166.

Butler, Judith, "Ruled Out: Vocabularies of the Censor" en Post, Robert C. (ed.), *Censorship and Silencing: Practices of Cultural Regulation*, Getty Research Institute for the History of Art and the Humanities, Los Angeles, 1998, pp. 247-259.

Cabrera, Ana (ed.), *Censura nunca mais! A censura ao teatro e ao cinema no Estado Novo*, Alêtheia, Lisboa, 2013.

—, (coord.) a (ed.), *Repressão VS expressão: censura às artes e aos periódicos*, n.º monográfico de *Revista do Centro de Investigação Media e Jornalismo.* nº 23, vol. 12, n.º 1, 2013.

—, y Castilho Costa, Cristina (coords.), *Atas do Congresso Internacional Censura ao Cinema e ao Teatro | 2013*, CIMJ - Centro de Investigação Media e Jornalismo, Lisboa, 2014.

Cortez, Afonso, "Quando o Cinema Incomodava… Parte I: *Eu Vos Saúdo, Maria*", *ESC:ALA#08*, 7 de Junho de 2016.

Costa, António Firmino, *Sociologia (o que é)*, Quimera Editores, Lisboa, 2021.

Cruz, Olga, "Perdoa-lhes Godard, eles não viram!", *O Heraldo*, Lisboa, 4 de Julho de 1985.

Cunha, Paulo, "Cinema de garagem: distribuição e exibição de cinema em Portugal" en Cunha, Paulo y Penafria, Manuela (eds.), *Cinema em Português VII*

Jornadas, LABCOM - Universidade da Beira Interior, Covilhã, 2016, pp. 117-137.

Derbel, Emira, "Feminist Graphic Narratives: The Ongoing Game of Eluding Censorship." *Mediterranean Journal of Social Sciences*, 10-1, (2019), pp. 49-57.

Douin, Jean-Luc, *Dictionnaire de la censure au cinema, Images interdites*, Quadrige /PUF, Paris, 2001.

Diário de Lisboa, n.º 21793, Lisboa, 27 de Junho de 1985.

Diário de Lisboa, n.º 21796, Lisboa, 1 de Julho de 1985.

Diário de Lisboa, n.º 21804 Lisboa, 10 de Julho de 1985.

Diário de Lisboa, n.º 21896, Lisboa, 28 de Outubro de 1985.

Freire, Ana Isabel Marques, *A intimidade afetiva e sexual na imprensa em Portugal (1968-1978)*, Tese especialmente elaborada para obtenção do grau de Doutor em Sociologia, Especialidade de Sociologia da Cultura, Comunicação e Estilos de Vida, Instituto de Ciências Sociais, Universidade de Lisboa, 2016.

Foucault, Michel, *Power/knowledge: Selected Interviews and Other Writings*, Colin Gordon (ed.), Pantheon Books, New York, 1980.

França, Elisabete, "Cineastas e Cinemateca processam Abecasis", *Expresso*, Lisboa, 6 de Julho de 1985.

Grilo, João Mário, *O cinema da não ilusão – histórias para o cinema português*, Livros Horizonte, Lisboa, 2006.

Jansen, Sue Curry, *Censorship: The Knot That Binds Power and Knowledge*, Oxford University Press, New York, 1988.

Lauro, António, *Cinema e censura em Portugal*, Biblioteca Museu República e Resistência, Lisboa, 2001.

L'anatra all'arancia https://pt.wikipedia.org/wiki/L%27anatra_all%27arancia. Consultado em 12 de Dezembro de 2023.

Lippmann, Walter, *La opinión pública*, Cuadernos de Langre SL, Madrid, 2003.

-- *Libertad y prensa*, Editorial Tecnos, Madrid, 2011.

Machado, Jónatas Eduardo Mendes, *Liberdade de Expressão – Dimensões constitucionais da esfera pública no sistema social*, Coimbra Editora, Coimbra, 2002.

McCombs, Maxwell, *Estableciendo la agenda. El impacto de los medios en la opinión pública y en el conocimiento*, Ediciones Paidós, Barcelona, 2006.

Morais. Ana Bela, "Nas vésperas da Revolução de Abril e logo após. Censura ao Cinema em Portugal." *Iberoamericana. América Latina – Espanha - Portugal*, vol. XXI, n.º 78 (2021), pp. 135- 151.

[URL: https://journals.iai.spk-berlin.de/index.php/iberoamericana/issue/view/130]

—, *Censura ao Erotismo e Violência. Cinema no Portugal Marcelista (1968-1974)*, Edições Húmus, Vila Nova de Famalicão, 2017.

Moore, Nicole, *Censorship*, 22 December 2016. Disponível para consulta: https://doi.org/10.1093/acrefore/9780190201098.013.71

Müller, Raphaël y Wieder, Thomas (eds.), *Cinéma et régimes autoritaires au XXe siècle, Écrans sous influence*, Éditions ENS, Paris, 2008.

Müller, Beate, "Censorship and Cultural Regulation: Mapping the Territory," en Müller, Beate (ed.), *Censorship & Cultural Regulation in the Modern Age, Critical Studies*, Editions Rodopi, Amsterdam, 2004, pp.1-32.

Oliveira, José Manuel Paquete de, *Formas de "Censura Oculta" na Imprensa escrita em Portugal no pós-25 de Abril (1974-1987)*, 2 vols., Tese de Doutoramento, ISCTE-Universidade Técnica de Lisboa, 1988.

Piçarra, Maria do Carmo, *Projectar a ordem. Cinema do povo e propaganda salazarista. 1935-1954*, Os Pássaros, Caxias, 2020.

Ramos, Jorge Leitão, "Reflexões em torno de um filme de Godard," *Diário de Lisboa*, n.º 21799, Lisboa, 4 de Julho de 1985.

Reis, António, "Marcelismo", *Dicionário de história do Estado Novo*, Vol. 2 – *M-Z*, Rosas, Fernando y Brito, José Maria Brandão de (eds.), Lisboa, Círculo de leitores, 1996, pp. 546-548.

Seabra, Jorge, *O cinema no discurso do poder. Dicionário. Legislação cinematográfica portuguesa (1896-1974)*, Imprensa da Universidade de Coimbra, Coimbra, 2016.

Simões, Carla Alexandra Neves, *O Cinema Português no Pós 25 de Abril Políticas Públicas: entre a arte e a indústria*, Mestrado em Empreendedorismo e Estudos da Cultura. Políticas Públicas da Cultura, ISCTE- Universidade Técnica de Lisboa, 2015.

Teles, Viriato, "Cinemateca lamenta, presidente protesta", *Sete*, n.º 369, Lisboa, 3 de Julho de 1985.

White, David Maning, "O *Gatekeeper*: Uma Análise de Caso na Selecção de Notícias" en Nelson Traquina (org.), *Jornalismo: Questões, Teorias e "Estórias"*, Veja, Lisboa, 1999, pp. 142-151.

MARIA LAMAS: LEGADO AL MOVIMIENTO FEMINISTA Y SU RECUPERACIÓN EN EL SIGLO XXI

Isabel Araújo Branco
Universidade Nova de Lisboa. Portugal
ORCID: 0000-0003-2204-5501

INTRODUCCIÓN

Maria Lamas murió a los noventa años el 6 de diciembre de 1983 en el número 29 de la Calçada da Tapada, en Lisboa. Esta dirección se halla a solo 170 metros de distancia del lugar donde el pintor y resistente comunista José Dias Coelho fue asesinado en 1961 por la policía política, junto al número 30 de la antigua Rua da Creche (rebautizada Rua José Dias Coelho en el periodo democrático), y a 450 metros del número 51 de la Rua dos Lusíadas, donde funcionó el Colégio Feminino Fernão de Magalhães, fundado por la intelectual y resistente antifascista Maria Isabel Aboim Inglês y que seguía los principios de la educación laica y progresista. Son tres hitos de la *freguesia* de Alcântara, a los que podríamos agregar otros, como las infancias de Maria Alda Nogueira y de José Magro, históricos dirigentes del Partido Comunista, pasadas también por esas calles.

En el siglo XX, Alcântara era una zona obrera, con fábricas textiles y de cerámica, metalurgia, metalistería, industria química, manufactura de tabaco y refinería de azúcar, con muchas mujeres trabajadoras que tuvieron, en la Primera República, un rol pionero en las luchas femeninas al demandar mejores salarios, la reducción del horario laboral y salarios iguales a los de los hombres, rechazar material de trabajo sin calidad y denunciar comportamientos de los que eran víctimas, como actitudes prepotentes, maltratos y abusos incluso sexuales. Una *freguesia* que respiraba la lucha de las mujeres (y los hombres) y que, después, de la Revolución de los Claveles, fue gobernada durante décadas por comunistas. Otros tiempos, otros sucesos, resultado de largos años de luchas y la conquista de la democracia. Probablemente es una casualidad que la muerte de Maria Lamas ocurriera ahí, pero podemos ver esta combinación de circunstancias como un involuntario homenaje a esa escritora, periodista, traductora y fotógrafa que durante tanto tiempo luchó de diversas formas contra la dictadura, por la mejora de las condiciones de vida de las mujeres y los niños y por la Paz en el mundo.

Pese a ser una figura olvidada en los últimos cuarenta años por los medios de comunicación, instituciones y academias, existe mucha información sobre su vida durante la dictadura. En la segunda década del siglo XX, el panorama empieza a cambiar, pero casi no se mencionan sus acciones después de la Revolución de los Claveles. Intentaremos comprender por qué y veremos de qué modo Maria Lamas tuvo impacto en el Portugal democrático de la década de 1970 y en nuestros días.

LA REVOLUCIÓN "CONSENTIDA" QUE SE DESARROLLA EN EL TIEMPO

¿Qué significó la revolución de los Claveles para Maria Lamas? En una entrevista a Rádio Clube Português emitida el 30 de abril de 1974 (cinco días después del inicio de la revolución y en la víspera del primer Primero de Mayo), Lamas empieza por decir que vive un "momento de exaltação e ao mesmo tempo de evocação[1], asocia los acontecimientos a su trayectoria personal y evoca las memorias de su "vida de lutadora", de mujer, madre y ser humano. Dice que lo que pasa durante esos días es "qualquer coisa extraordinária":

> *É histórico o que se está a passar. Estamos num princípio de um acontecimento que pode ter desenvolvimentos diversos, mas espero que sejam no sentido de chegarmos a uma vida mais calma, mais digna, mais elevada e sobretudo resolver os problemas fundamentais que dizem respeito ao povo português, à grandeza de Portugal, à dignidade,*

[1] Luís Filipe Costa, "Entrevista a Maria Lamas", Rádio Clube Português, 30 de abril de 1974. https://arquivos.rtp.pt/conteudos/entrevista-a-maria-lamas/

no sentido verdadeiro. [...] Estamos no início de transformações muito maiores. Porque o que temos de transformar é o Homem. E isso é doloroso.

Lamas resume que hay tres tipos de revoluciones: la revolución fruto de la ignorancia y que termina en violencia; la revolución "inevitável", de cambios en el día a día; y la revolución "consentida". "Era o que eu queria que fosse esta. Porque a revolução não está feita. Houve uma sacudidela muito forte na vida do país, no sistema do governo, mas não é uma revolução ainda", subraya, consciente desde el primer momento de que se trata de un proceso en construcción, que su desarrollo dependerá de muchos elementos (entre ellos la acción colectiva del pueblo) y que se trata de algo innovador: "Eu desejaria que o que se está a passar em Portugal fosse o primeiro exemplo da revolução consentida. Para isso seria necessário que todos se compenetrassem. Mesmo quando há necessidade de ceder, de sacrificar qualquer coisa, quando se trata do bem comum... Essa seria a grande conquista [...] Se todos nos compenetrássemos naquilo que é preciso revolucionar, sem ser violentamente...transformar!" En la víspera del primer Primero de Mayo conmemorado en libertad, Lamas recuerda los desfiles que se realizaban en Torres Novas, su ciudad natal, antes de su prohibición por la dictadura: "Era uma alegria, era uma festa... [...] Amanhã revive-se com todo o entusiasmo, com toda a alegria recalcada, o entusiasmo recalcado nestes tantos anos que não se festeja o Dia do Trabalho"[2]. En el diálogo con el periodista, propone que se presente el día como "a grande revolução das flores em louvor do trabalho e do trabalhador"[3]. De hecho, hay registros fotográficos de la participación de Lamas em el desfile, sonriendo al lado de muchas otras personas.

En el programa de televisión de RTP1 dedicado a su figura de la serie "Nome Mulher", emitido en agosto de 1974, Maria Lamas recuerda cómo vivió los primeros días de la Revolución: "Nessa altura senti uma alegria de uma qualidade diferente, uma alegria de

[2] Ibídem.
[3] Ibídem.

viver. Senti-me muito feliz. O 25 de Abril é uma data inesquecível, histórica, que nós todos devíamos gravar no coração. O 25 de Abril foi qualquer coisa de novo que surgiu na terra portuguesa. Não há na nossa história nada, nada que se possa comparar"[4]. Además de su carácter incomparable, novedoso y emocional, subraya la tranquilidad de los actores de la revolución y la actitud de los jóvenes soldados con las flores en sus escopetas. La ternura que en ellos identifica es un preanuncio del "caminho de felicidade, de fraternidade, de paz" que Portugal está construyendo. Destaca la manifestación del Primero de Mayo para garantizar que el proceso democrático sigue su desarrollo, aunque las clases de la élite anterior no estén satisfechas con los cambios:

> *Vai abrir-se uma nova época histórica de vida humana digna de ser vivida. Não há força que possa destruir as raízes de um futuro de democracia verdadeira, de fraternidade verdadeira, de liberdade autêntica. [...] A aprendizagem da democracia está a fazer-se. [...] Aprende-se a democracia com as reclamações, os protestos, tudo aquilo que se está a passar em Portugal e que assusta um pouco as pessoas. Inevitavelmente há uma fase de transição, em que uns hão-de estar mais contentes e outros menos. Há uns mesmo muito descontentes, mas o descontentamento desses corresponde a razões antigas, a privilégios que eles usaram. A razão da sua felicidade é toda ela baseada no dinheiro, no poder, na força.*

Un año después del inicio de la Revolución, Maria Lamas publica el texto "25 de Abril" en la antología *Abril Abril Abril*, en el que asocia el "25 de Abril" al "alvorecer de um novo mundo, a voz da vida renovada e prometedora de todas as alegrías"[5], a la libertad y la liberación de 48 largos años de "sofrimento, tortura, miséria e norte"[6], destacando la necesidad de proseguir el proceso político: "O fascismo fora derrubado. E de então para cá, já lá vai um ano, a revolução continua,

[4] Antónia de Sousa y Maria Antónia Palla, "Maria Lamas", RTP1, 31 de agosto de 1974, https://arquivos.rtp.pt/conteudos/maria-lamas/

[5] Maria Lamas, "25 de Abril", Abril Abril Abril, *Avante!*, Lisboa, 1975, p. 147.

[6] Ibídem, p. 148.

a revolução continuará até à vitória total do povo portugués"[7]. Y eso solo se concretará cuando los niños, jóvenes y adultos tengan alimento, trabajo, educación y condiciones de trabajo condignas, cuando exista una igualdad real entre mujeres y hombres, en la que puedan vivir en un "ambiente de autêntico respeito mútuo"[8]. Estas palabras reflejan por cierto las principales demandas de este periodo, como Sérgio Godinho expresó en su canción "Liberdade" (1974): "Só há liberdade a sério/Quando houver/A paz, o pão, habitação/ Saúde, educação".

Es sin duda una "tarefa gigantesca"[9] que el país está llevando a cabo pese a los peligros y sacrificios. De este modo, Portugal se convierte en un modelo para el mundo, "apontando-lhe o caminho, emancipados das forças opressoras do capitalismo"[10]. En 2024 también se lucha por la memoria de Maria Lamas, procurando olvidar su militancia comunista. Es una lucha ideológica que sigue activa 50 años después. Lo que sigue en el texto de Lamas contesta a ello. Solo hay una respuesta posible: reponer la verdad y seguir la defensa de los ideales que motivaron a Lamas: "A luta vai ser dura em todos os campos e em nós próprios – mas a luta é o grande estímulo da vida – uma luta construtiva, uma luta-amor de todas as horas – e só ela levará Portugal e o mundo inteiro à conquista definitiva da liberdade, e plena prosperidade e paz"[11].

Asimismo, la idea de la revolución como la construcción del país deseado y de que el proceso será largo no es exclusiva de Lamas. Por ejemplo, para el escritor José Gomes Ferreira, la revolución es a la vez sueño y construcción. Como escribí en otro artículo, esta concepción es tan fuerte que el título de una sección de su libro *Revolução Necessária* (de 1977, con el subtítulo "Crónica do 1.º ano da Revolução de 25 de Abril") es precisamente "Construção do presente". Es una "construcción" hecha colectivamente en un "hoy" que cambia justamente de esa acción: "esta "Construcción del

[7] Ibídem, p. 147.
[8] Ibídem, p. 148.
[9] Ibídem.
[10] Ibídem.
[11] Ibídem.

presente" corresponde a tomar el mundo en las manos y hacer de él otra cosa, lo que se anhele que el mundo sea." (Branco) La frase final del texto de Lamas hace eco de esta concepción: "No pórtico desse Portugal novo que queremos constuir refulgirá para sempre a data de 25 de Abril"[12].

UNA LARGA VIDA

Pero ¿por qué fue tan importante la Revolución de los Claveles para Lamas? No cabe aquí una presentación larga de la vida y obra de María Lamas antes del 1974, además porque ese trabajo fue ya realizado, en particular por Maria Antónia Fiadeiro y Helena Neves, aunque no sea conocido por la mayoría. Sin embargo, sintetizamos su vida para que quede claro la importancia de la Revolución. Lamas nació en 1893 en Torres Novas pero parte para Angola muy joven, después de casarse a los 17 años. Vuelve a Portugal y se divorcia a los 19, ya con dos hijas. Empieza a trabajar en la Agência Americana de Notícias y escribe historias infantiles, poesía y ficción. Se casará segunda vez en 1921 y su tercera hija nace en el año siguiente. Se separará años después. En 1925, empieza a colaborar en diversas publicaciones y cuatro años después entra en la revista *Modas e Bordados*, suplemento femenino del periódico *O Século*, que dirige durante 20 años, buscando introducir una visión alternativa al conservadurismo de la dictadura.

Sigue escribiendo ficción para adultos y niños. En 1930 organiza el "Certame das Mulheres Portuguesas", con obras artísticas antiguas y contemporáneas, alcanzando gran éxito. En 1934, realiza "Tardes Literárias e Artísticas" y recibe el Ordem Militar de Santiago de Espada por su acción junto de las mujeres por el presidente de la República, Óscar Carmona. Tres años después, organiza la "Exposição de Tapetes de Arraiolos", bordados por las presidiarias de la cárcel de Mónicas, quien acuden a la inauguración con ropa civil. En 1945, el Conselho Nacional das Mulheres Portuguesas (CNMP) la elige Presidente y sus decisiones impactan fuertemente en la organización,

[12] Ibídem, p. 148.

con actividades que salen de los centros urbanos y de las elites de la clase alta. El año siguiente, representa el CNMP en el Congreso del Consejo Internacional de las Mujeres en Bélgica y firma su nombre en las listas para la formación del Movimento Nacional Democrático (MND). En 1947, organiza la "Exposição de Livros Escritos por Mulheres", en la Sociedade Nacional de Belas-Artes, con tres mil obras de treinta países, otro éxito junto del público que no les gusta a las autoridades. Como consecuencia, la sede de la CNMP es cerrada y Lamas es forzada a salir de *Modas e Bordados*. Decide entonces viajar por todo el Portugal, escribir sobre las mujeres con quien se cruza y publicar en entregas, buscando así evitar el aparato censorio. Entre 1948 e 1950 sale *As Mulheres do Meu País*. En 1949 la policía política la detiene por unos días, junto con otros miembros del MND. Miembro de la Associação Feminina Para a Paz, el año siguiente imparte la conferencia "A Paz e a Vida" y forma el Conselho Nacional da Paz, integrando su dirección. Es detenida en julio y liberada solamente en enero de 1950. Participa en el Congreso de los Pueblos para la Paz, en Austria en 1952, y en el Congreso Mundial de Mujeres, en Dinamarca en 1953, año en que es elegida para el Consejo Mundial de la Paz en Bucarest. En su regreso a Lisboa, es detenida con decenas de personas que la esperaban en el aeropuerto. Publica *A Mulher no Mundo*. En 1956 se exilia en París. Por esos años participa en reuniones por la Paz y las mujeres en varios países, como China, Japón y Unión Soviética. En 1962 es detenida una vez más, en el regreso de la Conferencia sobre el Desarme General. Su segundo exilio dura ocho años, viviendo en París, donde escribe, traduce y acompaña a otros exiliados ibéricos e iberoamericanos. Regresa a Portugal con 76 años.

As Mulheres do Meu País fue escrito entre 1948 e 1950 y publicado en entregas mensuales de 32 páginas, en un total de 471 páginas. La obra está dividida en varias secciones: "A Camponesa", "A Mulher do Mar", "A Operária", "A Empregada" e "A Doméstica" y "Várias Notas". Escribe acerca de los cuerpos y las prendas de las mujeres de norte a sur, sus creencias y deseos, su trabajo fuera del hogar y en el hogar, su relación con la familia y compañeros, sus sacrificios diarios y diversiones, alimentación y sus responsabilidades, sus costumbres y condiciones de trabajo y sus viviendas. Es un trabajo innovador en el panorama nacional y la presencia y preguntas de Lamas sorprenden y causan admiración entre las mujeres que conoce en sus viajes.

Con *As Mulheres do Meu País*, Lamas demuestra que es falsa la idea que hoy se proyecta sobre la participación femenina en el pasado. La figura femenina era "privada, doméstica, subvalorizada, frágil, delicada e não remunerada", leemos en "*Mulheres do Meu País* e o trabalho no Estado Novo: da retórica do regime à realidade do trabalho no feminino" en el blogue "Filhos da Madrugada" (2021). Este sería solamente un ejemplo entre muchos otros posibles, pero este caso es especialmente esclarecedor ya que en el artículo parte de esta idea equivocada que indirectamente el trabajo de Lamas (texto y fotografías) niega: estas son las mujeres de Portugal y casi todas son trabajadoras. Por cierto, la publicación está organizada en función de regiones y de actividades profesionales. "Essa é a grande originalidade do livro. Maria Lamas incide rigorosamente nas mulheres, no limite, quase como se não houvesse homens, senão para fazer filhos e dar trabalho em casa! Todas elas trabalham: miúdas, adultas e idosas, até mais não poderem. [...] É pelo trabalho que a mulher se define e só este a libertará – o que era muito improvável na altura – da sua condição de "besta de carga"[13], considera Manuel Villaverde Cabral.

Así pues, podemos integrar a Maria Lamas en la línea del feminismo obrero, alejado de un feminismo burgués que reclama el derecho que tiene la mujer de trabajar fuera del hogar y así garantizar su autonomía con relación a su familia, en particular a su padre o marido. Para las mujeres de Lamas el trabajo no es una elección o un sueño. Es una imposición de su condición social y económica. No tienen opción. Es más, si para las mujeres de las clases media y alta el trabajo proporcionaría independencia económica, para la inmensa mayoría de las mujeres de las clases populares el trabajo constituye una forma más de explotación a causa de la precariedad, los salarios bajos y los extenuantes horarios de trabajo. En este sentido, al analizar a Maria Lamas y su obra debemos hablar de una visión feminista y a

[13] Manuel Villaverde Cabral, "Texto e imagem fotográfica no primeiro contra-discurso durante o Estado Novo: As mulheres do meu país de Maria Lamas, Comunicação Pública, 23 (2017), p. 6. http://journals.openedition.org/cp/1970

la vez de clase, lo que se comprende conociendo su conexión con el Partido Comunista Portugués (PCP). Una de las primeras acciones de la Dirección presidida por Lamas del Conselho Nacional das Mulheres Portuguesas fue una investigación iniciada en 1946 con cuatro preguntas, en la que se destaca directa o indirectamente las condiciones de trabajo. Incluso las cuestiones sobre el porcentaje de analfabetos, guarderías y escuelas y condiciones de la mujer embarazada y el periodo de amamantamiento[14] están conectadas con el trabajo, ya que en el plano profesional es muy diferente saber leer o existir un local donde dejar los hijos. Villaverde Cabral indica que "o trabalho feminino poderá então ser libertador, não só para a sua autonomia pessoal, como para a sua própria identidade como mulheres"[15]. Sin embargo, el trabajo en sí mismo no es liberador (como podrá serlo para las burguesas), sino que lo es gracias a su potencial de organización colectiva (de clase y genero) y a la concienciación (individual y colectiva) que genera.

La denuncia de la injusticia sobre las mujeres y la aportación de una forma de verlas está presente incluso en sus libros destinados a la infancia. Es el caso de *Os Brincos de Cerejas* (originalmente publicado en 1935, bajo el pseudónimo Rosa Silvestre). Veamos un ejemplo de un diálogo entre la joven Lênita y su padre:

> — Curiosas! Bem se vê que são mulheres...
>
> — Só as mulheres é que são curiosas? E o paizinho, quando entrou, não quis logo que lhe dissessem porque estava eu tão contente?
>
> — Sim, senhor, bem respondido! Só por isso vão já saber[16].

No es casualidad que sea una niña, es decir, una representante del futuro que hay que anhelar, la que demuestra que el comportamiento de las mujeres y los hombres es igual, aunque el mismísimo acto sea interpretado de maneras diferentes en función de quien lo practica. Y

[14] Vanda Gorjão, Mulheres em Tempos Sombrios. Oposição Feminina ao Estado Novo, ICS, Lisboa, 2002, p. 152.

[15] Manuel Villaverde Cabral, "Texto e imagem... p. 6.

[16] Maria Lamas, Os Brincos de Cerejas, Vega, Lisboa, [198-?], p. 36

no es casualidad que el sensato e inteligente padre acepte la opinión de la niña, que rápidamente la adopte para sí mismo y que incluso la premie. La escritora Alice Vieira (por cierto, prima de Lamas) señaló precisamente que la escritora "aproveita as suas páginas para chamar a atenção dos leitores para "os outros", procurando assim levar os mais novos a entender a máxima que entre todas lhe é mais querida: os homens nascem todos iguais"[17]. Además, en este libro encontramos a dos niños huérfanos y sin casa que son adoptados por otras familias y revelan toda su inteligencia y talento. De este modo, se intenta enseñar la importancia de los derechos de los niños, como la vivienda, la educación y el ocio, cosas que muchos no tenían en la dictadura.

LAMAS ACOMPAÑADA POR LOS CLAVELES

Como decíamos antes, Lamas fue una figura olvidada por muchos. ¿Por qué se produce el silencio o casi el silencio sobre las acividades de Maria Lamas a partir de 1974? Sus biografías comentan muy brevemente este periodo. Maria Antónia Fiadeiro, en su *Maria Lamas. Biografia* (de 243 páginas), solamente en la cronología final reserva un folio a sucesos posteriores a la Revolución. José Gabriel Pereira Bastos (su nieto), en *Maria Lamas. Mulher de Causa. Biografia Breve* (con 76 páginas, 2017), señala: "No 1.º de Maio de 1974 Maria acompanha o povo pelo braço de um garboso marinheiro", en referencia a una fotografía de la autora en el desfile de Lisboa. Más adelante cuenta que Lamas depositó en la Biblioteca Nacional junto con el escritor Ferreira de Castro su correspondencia amorosa de la década de 1930 y los documentos de su participación en 1975 en el VII Congreso de la Federación Democrática Internacional de Mujeres. Nada más. En un reciente artículo en la revista *Visão* a propósito de la exposición de fotografías de Lamas en la Fundação Calouste Gulbenkian, "Maria Lamas. Vida de Resistente" (enero

[17] Alice Vieira, "Maria Lamas: Uma escritora para a infância", Maria Lamas, 1893-1983: Catálogo, Instituto da Biblioteca Nacional e do Livro, Lisboa, 1993: 17-22, p. 19,

de 2024), no se refieren datos de su vida después de la revolución ni tampoco su militancia comunista. Es verdad que Maria Lamas tenía por entonces 80 años, pero ¿es posible que una mujer en buen estado de salud que fue tan activa y combativa durante varias décadas opte por una posición de espectadora en un proceso revolucionario para el cual había aportado tanto, que estaba finalmente concretando sus demandas y que involucró con alegría y entusiasmo a tanta gente? Es más que probable que no.

De hecho, María Lamas, el 28 de abril de 1974, en el programa*TV 7* de RTP1, expresa su sorpresa e ilusión ante los hechos políticos: "Sinto-me exaltada, esperançada e ao mesmo tempo espantada. Foi tudo tão rápido, foi de tal maneira inesperado e era tão urgente que isto acontecesse... Estou quase perplexa ainda com a transformação tão rápida e tão completa que se deu no nosso ambiente". No olvida la necesidad que el país tenía de un cambio profundo, en particular las mujeres, en su opinión, no solo para reclamar sus derechos y otras dimensiones de la sociedad que les estaban prohibidas, sino para sí mismas: "A mulher não é um objecto decorativo. A mulher não é uma escrava. A mulher não é uma simples dona de casa, uma simples operária... É um ser humano completo." (RTP 1974) Dos días después, en una entrevista a Rádio Clube Portugués, Lamas cuenta la intensidad con que acompaña los hechos, aunque su médico le recomiende que no se olvide de descansar: "Esta revolução estou a vivê-la noite e dia, minuto a minuto, aqui na minha casa. Depois vou sair. [...]. Eu tenho uma saúde razoável, mas o médico não quer que me canse. [...] Tenho de descansar umas horas de vez em quando, não posso passar noites sem dormir"[18].

En los años siguientes intervino públicamente, participó en conferencias y escribió sobre los derechos de las mujeres, en una actividad que está en conformidad con toda su acción anterior. En mayo de 1974 preside una gigantesca reunión del Movimento Democrático de Mulheres (MDM), en la Voz do Operário, en Lisboa, y en su discurso de abertura, propone la escritura de un

[18] Luís Filipe Costa, "Entrevista a Maria Lamas...".

libro sobre la acción de las mujeres en la resistencia portuguesa, integrando todos los nombres posibles, entre ellos el de la comunista Sofia Ferreira, con quien comparte la sesión. En junio de 1974 participa en el "Encontro de Escritores Exilados" y el 1 de julio de 1974 preside al mitin da la Comissão Portuguesa para la Paz, en Lisboa. A continuación, se convierte en directora honoraria de la revista *Modas e Bordados* y en la socia n.º 1 de la Associação Portugal-URSS. En marzo de 1975, en las primeras celebraciones legales del Día Internacional de la Mujer y en el marco del MDM, entrega en el Ayuntamiento de Lisboa, junto con familiares y otros amigos, una petición para asignar el nombre de la antifascista Maria Isabel Aboim Inglês a una plaza de la ciudad. Dos meses después, participa en el I Congreso de Escritores Portugueses, en la Biblioteca Nacional, recibiendo en la sesión de clausura al primer ministro Vasco Gonçalves. En octubre viaja a Berlín, donde participa como invitada de honor en el VII Congreso de la Federación Democrática Internacional de Mujeres (FDIM). En el mismo mes, preside, junto con otras mujeres, al II Encuentro Nacional del MDM, en Lisboa. En esa reunión se decide por unanimidad nombrarla presidente honoraria. Aún en 1975, es invitada por la rebautizada revista *Mulher, Modas e Bordados* para ser su directora honoraria, en un gesto de reparación por su dimisión forzada veintiocho años antes. Los primeros Estatutos del MDM son firmados por Lamas (además de Maria Alda Nogueira, Maria Esmeralda Cardoso da Costa, Isabel Hernandez y Luísa Amorim) en enero de 1976. En mayo es elegida socia honoraria del Movimiento Unitario de los Trabajadores Intelectuales para la Defensa de la Revolución en una Asamblea Pública de Homenaje presidida por Fernando Lopes Graça y Casimiro de Brito.

En esa ocasión, el escritor Orlando da Costa (que le había dedicado un poema en *Sete Odes do Canto Comum*), afirma: "A luta continua para além dos festejos e das homenagens. Maria Lamas sabe que cada assembleia do MUTI significa, precisamente, que a luta continua. Sabe que esta homenagem tem a justa medida de todos nós aquí presentes, nós que sabemos que a sua presença e o menor dos seus gestos proclamam que a luta unitária em Portugal continua, tem de continuar!"[19]. Lamas, en el discurso final, dice que la cosa más importante de su vida fue su "tomada de conciência política[20] y apela a una aún más grande unión de los antifascistas, con una acción común bien preparada. "[...] enquanto houver rigores, atrocidades, injustiças, enquanto o mundo estiver desarrumado como está, a vida não está completa, a vida não desabrochou completamente ainda [...]. Nós devemos exigir de nós mais, mais ainda, porque temos mais para dar – a vida é infinita. A vida será o que o homem quiser da vida"[21], agrega.

En 1977 participa en el III Encuentro Nacional del MDM. Fue directora de la revista *Mulheres*, desde su fundación en 1978 hasta su muerte, en diciembre de 1983. En 1980, recibe el Grado de Gran-Oficial de la Orden de la Libertad por el presidente de la República, Ramalho Eanes. El 8 de marzo de 1982 se realiza un homenaje a Lamas en el Teatro S. Luiz, en Lisboa, organizada por el MDM, la Associação Portuguesa de Escritores, el Conselho Português para a Paz e Cooperação y la Sociedade Portuguesa de Autores, con el Coro da Academia de Amadores de Música, dirigido por Fernando Lopes Graça, y Adriano Correia de Oliveira, José Afonso, Olga Pratts, Fernanda Lapa, Fernando Tordo y otros. Con intervenciones de Luís Francisco Rebelo, Maria Alda Nogueira, Urbano Tavares Rodrigues, Maria Antónia Fiadeiro, Vasco da Gama Fernandes, Mário Neto, Silas Cerqueira e Luísa Amorim. Lamas recibió la primera medalla de honor del MDM, con design por Maria Keil. Enviaron mensajes personalidades como Manuela Ramalho Eanes, Vasco Lourenço, Salgado Zenha, Carlos Paredes, Mário Castrim, José Tengarrinha o Tito de Morais. Al mismo tiempo, el MDM promovió una exposición en la Biblioteca Palácio Galveias. La Asamblea de la República promueve una sesión de homenaje a su figura. Hay otros homenajes a Lamas, como el que se realizó en marzo de 1982 promovido por el Ayuntamiento de Seixal, que incluyó una exposición y una sesión con poesía y música, con la participación de Orlando Costa,

[19] Orlando da Costa, "Orlando da Costa pela Associação Portuguesa de Escritores", Homenagem a Maria Lamas, MUTI, Lisboa, 1976, p. 6.

[20] Ibídem*em.*, p. 21.

[21] Ibídem*em.*, p. 22.

Alexandre Babo, Maria Antónia Fiadeiro, Luísa Basto y otros. En 1983 recibe la medalla Eugénie Cotton de la Federación Democrática Internacional de Mujeres.

La revista *Mulheres* surge en mayo de 1978, presentándose como una voz de las mujeres portuguesas y de sus demandas e ilusiones, que busca una vida mejor y más justa para todas. Maria Lamas es la directora, mientras que la escritora y periodista Maria Teresa Horta es jefe de redacción. No se esconde en ningún momento su objetivo de intervenir política, social y culturalmente y aportar cambios estructurales, empezando por las mentalidades y el día a día. La portada del primero número es ilustrada con un dibujo de una mujer con un clavel rojo en la mano, con su brazo alzado, delante de cuatro banderas al viento. Incluye una entrevista en exclusivo con la feminista comunista estadounidense Angela Davis y otra con la actriz portuguesa Henriqueta Maia; noticias, reportajes y encuestas sobre las protestas contra el aumento de los precios, las tareas de un ama de casa, mujeres que se destacaron históricamente, la relación de las mujeres y los hombres, la actriz Jane Fonda y un encuentro de mujeres en Beja; cuentos de las escritoras Maria Judite de Carvalho y Ana Abel; ensayos fotográficos de moda y decoración; y las secciones "A mulher e a lei" (sobre derechos legales), "Elas fazem cada coisa" (profesiones de mujeres, aunque no encajen en los estereotipos de género que la revista pretende abolir); "Faça você mesma" (manualidades), "Cinema" (crítica a películas), "Televisão" (crítica a programas de televisión), "Teatro" (crítica a obras de teatro); varios cómics feministas; y otras noticias cortas.

Es una publicación pensada para la mujer común, teniendo en cuenta sus gustos y problemas, eligiendo temas que afectan a la mayoría y presentándolos con una visión feminista, pero sin reccurrir a las aficiones banales como las telenovelas. El contenido de este y los restante números siguen sorprendentemente actuales hoy en día, escribiendo, por ejemplo, sobre mujeres pintoras o escritoras, muchas veces repasando nombres de otros siglos (y construyendo la una genealogía femenina y feminista, como veremos) y abordando temas como el divorcio, las madres solteras, la violencia doméstica, el acoso callejero, el cáncer de mama y otras enfermedades, los métodos anticonceptivos, el aborto, la prostitución y sus causas socioeconómicas, los deportes (incluso aquellos que eran socialmente masculinos, como kárate, fútbol y automovilismo), la masturbación, la menopausia, las vacaciones de mujeres sin pareja y vacaciones en familia (sin tiempo para que la mujer se relaje), el desempleo, personajes femeninos en cómics y un largo etcétera. Se trata, pues, de más una importante aportación de Maria Lamas en el periodo democrático.

¿PORQUÉ ELUDIR LA MILITANCIA COMUNISTA DE LAMAS?

¿Es posible dudar de la militancia comunista de Maria Lamas? El artículo de diez páginas de *Visão* no hace referencia a ese hecho, tampoco la biografía de José Gabriel Pereira Bastos. En el texto de la revista *Visão*, Lamas es presentada solamente como "defensora dos direitos das mulheres" y "antisalazarista"[22] (expresión que reduce la lucha de Lamas contra el fascismo y la dictadura a la oposición a la figura de Salazar) y, en las 15 fotografías en que surge, hay dos con los dirigentes del Partido Socialista (PS), Mário Soares y Manuel Alegre, y ninguna con dirigentes del Partido Comunista Portugués (PCP) o en actividades organizadas por este partido. Sin embargo, en la exposición "As Mulheres de Maria Lamas", inaugurada en la Fundação Calouste Gulbenkian en enero de 2024, en la breve cronología de la autora, el año de 1974 es señalado con tres hechos: la Revolución de los Claveles, la participación en las conmemoraciones del Día del Trabajador y su inscripción en el PCP.

El historiador Fernando Rosas, en su artículo "Maria Lamas. 1893-1983", señala que el acercamiento de Lamas al PCP es anterior a 1948, motivada principalmente por el movimiento en defensa de la paz, y es muy probable que su adhesión al partido se hiciera efectiva en esos años. Sabemos que no hay registro formal de ello, ya que la existencia de una tarjeta u otro documento escrito habría supuesto un peligro muy grande si la policía política de la dictadura

[22] Rosa Ruela, "Maria Lamas. Vida de Resistente", Visão, 25 de enero de 2024: 62-71, p. 63.

lo hubiera descubierto de alguna forma. Por su parte, José Neves, afirma que Lamas se hace "uma das porta-vozes da Paz comunista"[23] cuando integra la red de movimientos por la paz después del final de la Segunda Guerra Mundial, añadiendo que, con el acercamiento al comunismo, la posición de Lamas cambia sobre los derechos políticos de las mujeres y su visión sobre la relación entre trabajo y mujer. Esto es evidente, por ejemplo, en *As Mulheres do Meu País* y sus críticas a las condiciones de trabajo, "tomando-se mesmo o trabalho – e a conflituosidade social que ele imana – como actividade decisiva para a emancipação da mulher"[24]. La imagen de la obrera en el texto es un testigo ejemplar de la "força de uma aspiração comunista à cidade enquanto modernidade, aspiração que fez da condição operária o segredo de uma emancipação social que se quis contra o capitalismo mas também *a partir* do capitalismo"[25].

Maria Lamas nunca ocultó esa vinculación con el PCP, aunque estuviera al lado de amigos de otros partidos. En el referido programa de 1974 de RTP1, le preguntan sobre su presencia en actos del PS y del PCP y ella contesta con una otra pregunta: "E porque não? Nós estamos num regime de unidade. E a unidade é colaborarmos juntos, mantendo cada um as suas ideias"[26]. Para el Partido Socialista, su opción política era clara, como constatamos en las palabras de António Loja, representante de este partido en la Asamblea Regional de Madeira, cuando vota a favor de una nota de pésame por su muerte, propuesta por el PCP. Una notícia del *Diário de Lisboa* cuenta que, para Loja, Lamas, "independentemente de "naturais divergências políticas" com os socialistas, é merecedora de admiração"[27].

Es verdad que no era necesario ser militante para participar en actividades del PCP, pero es evidente que su colaboración no es de alguien que no es militante. Por ejemplo, el 8 de marzo de 1975, participa en una mesa del mitin de los comunistas del Día Internacional

[23] José Neves, "O país das mulheres de Maria Lamas", Nova Síntese. Textos e Contextos, 2/3 (2007-2008); 183-195, p. 185.

[24] Ibídem*em*., p. 189.

[25] Ibídem*em*., p. 192.

[26] Antónia de Sousa y Maria Antónia Palla, "Maria Lamas..."

[27] "Maria Lamas homenageada na Madeira", *Diário de Lisboa,* 10 de diciembre de 1983, p. 4.

de la Mujer, junto con la soviética Valentina Tereshkova (la primera mujer astronauta), el secretario general del partido, Álvaro Cunhal, y otras dirigentes como Maria Alda Nogueira y Dulce Rebelo, en Lisboa. En el mismo año, colabora con el citado texto "25 de Abril" en *Abril Abril Abril*, obra que tiene como subtítulo *Textos de Escritores Comunistas*, publicado por Edições Avante!, la editorial asociada al PCP. Cuando conversa con el Rádio Clube Português el 30 de abril de 1974, el periodista le pide un comentario sobre Cunhal, que había regresado del exilio ese día. Lamas empieza diciendo que ha preparado una respuesta escrita y concisa para no emocionarse y empieza a leer: "O Álvaro Cunhal é um homem inteligentíssimo, uma figura de excepcional valor e um chefe político. Tem sacrificado e dedicado toda a sua vida à libertação e prosperidade do povo português e ao engrandecimento de Portugal. Merece o respeito e a admiração de todos os portugueses, mesmo daqueles que discordem das suas convicções políticas. [...] a personalidade, o valor, a importância da figura e da vida do Álvaro Cunhal".

El periódico Diário de Lisboa informa de que, en su funeral, el 7 de deciembre en el Cementerio de Ajuda, intervinieron cuatro personas: Luísa Amorim, dirigente del MDM; António Dias Lourenço, dirigente del PCP, director del periódico Avante! (órgano oficial del PCP) y protagonista de la histórica fuga de la cárcel de Peniche; Silas Cerqueira, dirigente del Conselho Português para a Paz e Cooperação; y Virgínia Moura, otra histórica dirigente comunista, además de ser amiga y compañera de Lamas en tantos momentos. ¿Como sería posible explicar estos discursos fúnebres si Lamas no fuera comunista? En el día de su muerte, el Secretariado del Comité Central del PCP envió un mensaje de condolencias a la familia, señalando que también el partido pierde "uma militante que, durante cerca de cuarenta años, intervino activamente en grandes batallas contra el fascismo y en defensa de la democracia y la paz". La noticia publicada en Avante! resumen su vida y obra y refiere que "honrou o Partido a que pertencia há cerca de 40 anos -o PCP- que para ela personificava os superiores ideais de dignificação do ser humano e de libertação da mulher"[28]. (Avante 1983).

A lo largo de los años, Avante! (7 de abril de 1983, 13 de octubre de 1983, 15 de diciembre de 1983, 8 de octubre de 1987 o 24 de agosto de 2023) y Militante (números de julio-agosto de 2004 y marzo-abril de 2016), los dos órganos del Partido, han publicado noticias, reportajes y textos de opinión sobre Maria Lamas, lejos por tanto del olvido general que los medios y casi todas las instituciones adoptaron[29]. Dirigentes del partido frecuentemente citan su nombre y obra en discursos públicos (como Jerónimo de Sousa en el Encuentro del PCP sobre los Derechos de las Mujeres, em 2008, y Paulo Raimundo en la Cena de Navidad en Braga, en diciembre de 2022, ambos secretarios generales) y, aunque no siempre se pudieron concretar, encontramos propuestas de homenaje en varias instituciones públicas. Por ejemplo, la APU (coalición de izquierdas que integraba el PCP) propuso en marzo de 1982 en el Ayuntamiento de la capital la entrega de su Medalla de Oro a Lamas, aprobada por unanimidad. El Diário de Lisboa del 13 de diciembre de 1983 informaba de que la APU presentó una moción de homenaje a Lamas en el Ayuntamiento de Lisboa, aprobada con la abstención de la AD (coalición de derechas formada por el PPD/PSD, el CDS y el PPM). Sin embargo, la propuesta de la APU para asignar el nombre de Lamas a una calle, avenida o plaza de la capital fue rechazada con la oposición del vereadores de la AD. En febrero de 1984 la Comisión de Toponimia del Ayuntamiento acepta el pedido y atribuye su nombre a una calle en el barrio de Benfica (curiosamente junto con las nuevas calles con los nombres del escritor Ferreira de Castro y del poeta José Carlos Ary dos Santos). En el Ayuntamiento de Funchal (Madeira) se dio un caso semejante con el rechazo de una propuesta igual a la anterior.

En la entrevista que me concedió Fernanda Mateus, miembro de la Comisión Política del PCP, afirma que la relación de Lamas

---

[28] "Faleceu Maria Lamas", in *Avante!,* 8 de deciembre de 1983, www.pcp.pt/faleceu-maria-lamas

[29] El Ayuntamiento de Torres Novas constituye una notable excepción a este panorama, con la realización de exposiciones, la publicación de catálogos y libros y la promoción del "Prémio Maria Lamas" para estudios sobre la mujer, género e igualdad.

con el partido surge en la década de 1940 "como consequência lógica do seu percurso político, tendo procedido à sua adesão formal em 1974". Mateus señala la relación, por una parte, de la lucha de las mujeres (entre ellas, Maria Lamas) con la eclosión de la Revolución de los Claveles y, por otra, de la revolución con el posterior desarrollo de los derechos y mejoras en su condición, con profundos cambios sociales y económicos y el fin de la Guerra Colonial. En cuanto a Lamas, Mateus defiende la divulgación de su vida y su obra –"desde logo a luta que travou contra o fascismo, não pactuando com o seu branqueamento"– y la reedición y el estudio de sus textos: "Importa conhecer, com verdade, o pensamento de Maria Lamas sobre a condição das mulheres e os seus direitos". La dirigente comunista recuerda la visión estructural de Lamas, que "não alimentou a responsabilização do homem, individualmente considerado, como o responsável pela situação de subalternidade das mulheres na família e na sociedade, sendo certo que o fascismo nutriu relações ancestrais de poder patriarcal, usando-o como instrumento da posição de inferioridade na lei e na vida, a que sujeitou as mulheres, e como parte integrante da sua natureza exploradora e repressiva". Fernanda Mateus refiere brevemente la "ocultación" de la conexión partidaria de Lamas, pero en un artículo de opinión en el semanario Expresso de febrero de 2024 Agostinho Lopes, miembro de la Comisión Central de Control del PCP, habla abiertamente en "ocultación". De hecho, esa es la primera palabra del título de su texto:

> *Não é possível, depois do que é conhecido sobre a sua biografia, disponível e relembrada nalguns dos textos publicados, fazer de conta que Maria Lamas não foi militante do PCP, antes e depois do 25 de Abril. Custa assim tanto escrever e dizer que Maria Lamas foi comunista? Militante do PCP? É o que parece, quando se escrevem textos elogiosos, de louvor e enaltecimento e em que essa imprescritível e irrecusável condição de uma mulher que se chamou Maria Lamas é apagada, ocultada, esquecida, subsumida, feita nota de rodapé. [...] É um espanto ver, 50 anos depois da Revolução de Abril, o preconceito anticomunista cavar tão fundo!*

¿Tenemos, de hecho, una guerra por la memoria de Maria Lamas y su actividad política? Sabemos que durante el fascismo la resistencia se aglutinó en el Partido Comunista durante largos años. A pesar de su ilegalización por el gobierno en 1927, se mantuvo activo con muchos militantes y funcionarios operando en la clandestinidad, dentro y fuera del país. A diferencia de otros partidos y organizaciones que aceptaron la disolución impuesta por el poder, el PCP no detuvo su acción pese a sufrir una violenta represión en innumerables ocasiones. El PS, por ejemplo, solo se (re)fundó en abril de 1973, en Alemania. Así pues, es natural que la mayoría de los resistentes al fascismo tuvieran una conexión con el PCP. Además, las principales preocupaciones de Lamas coinciden con grandes demandas históricas de los comunistas portugueses: la mejora de las condiciones de la población (salarios, horario de trabajo, sistema de salud público de calidad, construcción de guarderías, carreteras, redes de saneamiento, etc.), la consagración de derechos laborales y sociales (en particular para las mujeres trabajadoras y los niños), la defensa de la paz y la lucha por la libertad política. Es difícil no asociar los objetivos de la autora con los del PCP en el trasfondo específico de Portugal. Y no podemos olvidar que en los últimos cuarenta años el MDM y el PCP fueron las instituciones que más promovieron su nombre, en realidad casi las únicas. Por otra parte, la justa recuperación de Lamas se hace en un momento del siglo XXI en el que el ataque y el silenciamiento del PCP en los medios, evidente, por ejemplo, en las noticias y su corta duración de actividades de ese partido o incluso en el tiempo de intervención de su líder, Paulo Raimundo, en los debates sobre las elecciones legislativas de marzo de 2024.

Así pues, surgen nuevas hipótesis para contestar a nuestras preguntas. ¿El nuevo destaque dado a Maria Lamas (en particular a su actividad junto a las mujeres y a su trabajo como fotógrafa) debe seguir la línea de ocultación de los comunistas? ¿La existencia de un número relativamente bajo de trabajos sobre la autora contribuye a que su militancia no sea conocida? ¿La existencia de pocas referencias a su vida después de la Revolución de los Claveles (y de su adhesión formal al PCP) ayuda a ese desconocimiento? Es decir, ¿que hoy en día en muchos casos no se conozca ese hecho provoca un ciclo que se retroalimenta? Probablemente la respuesta más próxima de la realidad incluya una mezcla de todos estos elementos. En 2005 João Mário Mascarenhas, director da Biblioteca-Museu República e Resistência de Lisboa, escribió: "Para os mais jovens permanecem ignoradas as acções valorosas, determinadas e, sobretudo, precursoras no campo da emancipação da mulher no nosso País"[30]. En 2017 José Gabriel Pereira Bastos afirmaba en la mencionada biografía: "Enterrada a pessoa, a memória e o nome, a obra segue o mesmo caminho. É praticamente impossível encontrar os ensaios, os romances e a literatura infantil de Maria Lamas e não estão previstas reedições pelo mercado livreiro"[31]. El olvido genera olvido, pero en los últimos años se está contrarrestando esta tendencia, sobre todo gracias a varios editores y artistas.

Pero hay más cuestiones. ¿La ocultación en nuestros días es una prolongación de la posición de la derecha a los reconocimientos y sobre todo al significado político de los tributos a Lamas? En su vida y durante el periodo democrático, fueron muchos los intentos de homenajear su acción, lo que indirectamente significaba condenar el sistema dictatorial en el que el país vivió. Reconocer la importancia de la autora en la defensa de ciertas causas suponía recordar las terribles situaciones que existían y que ella combatió en la dictadura y que, por entonces, ya en democracia, no existía, al menos con la misma fuerza que antes. En otras palabras, felicitar a Lamas era condenar pública e institucionalmente la dictadura, elogiar la resistencia y lo que se ha obtenido en democracia y así fortalecer esa nueva realidad. Las propuestas (casi siempre de los comunistas) para que instituciones públicas homenajeasen a Lamas eran con frecuencia puestas en cuestión por los representantes de la derecha. Ya se ha mencionado la propuesta rechazada en el Ayuntamiento de la capital para atribuir el nombre de la autora a una calle. Una noticia de *O Diário* de 16 de marzo de 1982 refleja también esas circunstancias. Se cuenta que el Ayuntamiento de Lisboa aprobó por unanimidad la atribución a

---

[30] João Mário Mascarenhas, "Maria Lamas", Maria Lamas. Uma Mulher do Nosso Tempo, Câmara Municipal de Lisboa, Lisboa, 2005: 5-6, p. 5.

[31] José Manuel Pereira Bastos, *María Lamas, mujer de causas, (breve biografía),* Torres Novasm Municipio de Torres Novas, 2017, p. 57.

Lamas de la Medalla de Oro de la ciudad, propuesta por la APU. Sin embargo, el texto agrega que no había fecha para entregar el galardón y que seguían pendientes de entregar medallas a "outras duas destacadas figuras da cultura portuguesa e da luta contra o fascismo"[32], el compositor Fernando Lopes Graça y el pintor Carlos Botelho. El párrafo final recuerda que Krus Abecassis, el alcalde (miembro del CDS y elegido por la AD), había entregado la Medalla de Oro de la ciudad a Santos e Castro, "antigo presidente fascista da câmara"[33] solamente una semana después de haber decidido "ressuscitar uma velha deliberação da última Câmara marcelista"[34]. Por lo tanto, el combate político se hacía también a través de la lucha por la memoria institucional y, en consecuencia, la memoria pública y canonizada del pasado. En 1982 Maria Lamas seguía pues cumpliendo un importante papel en el desarrollo de la democracia y en el esbozo de la nueva sociedad portuguesa (arraigada en determinadas visiones del pasado y a la idea de que algunas figuras históricas son referencias positivas), incluso con sus intervenciones públicas. En la sesión del Teatro S. Luiz hizo un llamamiento: "Que em Portugal se criem condições para uma vida melhor e mais justa". Esta frase refleja la importancia de seguir los cambios empezados en 1974 y muestra una intervención de la autora sobre la sociedad de 1982.

La Asamblea de la República fue escenario de situaciones semejantes. El nombre de Maria Lamas surge en particular en saludos al Día Internacional de la Mujer (1977, 1978, 1982, 1984, 1985, 1992, 1993, 1995 y 2018), en discusiones plenarias a propósito de la votación de proyectos para la despenalización del aborto (1984), el refuerzo de los derechos de las asociaciones de mujeres (1992) y "votos de pesar" por la muerte de personalidades importantes como las políticas Virgínia Moura (1998) y Etelvina Lopes de Almeida (2004), el editor Francisco Lyon de Castro (2004) y la artista plástica Maria Keil (2012). En diciembre de 1983, fue aprobado por unanimidad un "voto de pesar" por la muerte de Lamas, en el que la diputada del MDP/CDE Helena Cidade Moura afirma: "Neste momento

[32] "Medalha de ouro de Lisboa para Maria Lamas", O Diário, 16 de marzo de 1982, p. 5.
[33] Ibídem, p. 5.
[34] Ibídem, p. 5.

em que temos tendência a desunirmo-nos, mesmo aqueles que têm ideias comuns, é bom que Maria Lamas possa ser invocada"[35]. Aquí resuena el pensamiento de Lamas sobre la unidad, que vimos en la respuesta al programa "Nome Mulher" de RTP1. Se sigue un minuto de silencio por su memoria. En general, las mociones en el Parlamento que hacen referencia a Lamas son propuestas por el PCP (con frecuencia, con el apoyo de diputados del PS, MDP/CDE, UDP y Natália Correia, poeta, ensayista y diputada del PPD/PSD), que la presenta como un ejemplo y un referente para el presente y el futuro al construir una genealogía de la lucha feminista, presente en el siglo XXI, como veremos. Vasco da Gama Fernandes, primer presidente de la Asamblea de la República, defendía en plenario en 1978 la necesidad de reescribir la Historia de Portugal y daba como ejemplos los textos de Maria Lamas, Alves Redol, Armindo Rodrigues, Carlos de Oliveira y Casais Monteiro como formas de no ocultar al pueblo y a los personajes de la resistencia, criticando una historiografía basada en la personalización de hechos y tiempos históricos.

Pero nos importa más la discusión del 9 de marzo de 1982, cuando la diputada comunista Maria Alda Nogueira elogia a Lamas a propósito del Día de la Mujer y la UDP presenta un "voto de saudação" a la autora. Nogueira relaciona a Lamas con demandas de ese año (los proyectos sobre derechos en la maternidad, contracepción, educación sexual y aborto) y con cuestiones como la imagen de la mujer en los medios y los libros de estudio. Son varios los diputados de otros partidos que expresan su admiración por Lamas, incluso Sanches Osório, del CDS, que expresa su consideración por la "lutadora corajosa e exemplar que foi e é Maria Lamas"[36], una "figura ímpar", añadiendo: "[...] alguns destes factos políticos senti-os na minha juventude, marcaram-me profundamente e estiveram na origem da minha formação e de muitos camaradas meus"[37]. La discusión sigue y otro diputado del CDS, Carlos Robalo, que no estaba presente

[35] *Diário da Assembleia da República*, 13 dic 1983, 2391.
[36] *Diário da Assembleia da República*, 10 de marzo de 1982, 2616.
[37] *Diário da Assembleia da República*, 10 de marzo de 1982, 2616.

inicialmente, acaba por desmentir a Osório y anunciar la abstención de su partido:

> *[...] ela não é símbolo da mulher portuguesa; [...] não é em Maria Lamas que nós vamos encontrar a mulher portuguesa. Se a tivéssemos que escolher, escolheríamos outras e tínhamos muitas mais para escolher. [...] A mulher portuguesa que seja transformada em símbolo das mulheres portuguesas tem que ter uma dimensão bem maior que a da escritora Maria Lamas, ainda que a dimensão de Maria Lamas, como escritora, como lutadora pelas liberdades, seja grande. Está longe, em nosso entender, de ser a maior*[38].

Esta es la verdadera opinión de la derecha más conservadora sobre Maria Lamas, su pensamiento y su acción. El CDS no pude callar su juicio sobre el feminismo y la defensa de los derechos de las mujeres. Por cierto, meses antes, en 1981, el Instituto Amaro da Costa (asociado al CDS), publicó A Liberdade de Ser Mulher, de Klara Muller, un libro que aconsejaba a las mujeres mantener sus hogares y familia limpios, recibir al marido siempre con una sonrisa, no hablar de sus problemas y escucharlo siempre sin contestar, etc. La revista Mulheres, dirigida por Maria Lamas, dedicó una página al tema en 1982 esbozando una comparación de citas del libro y del Compêndio de Educação Moral e Cívica, editado en los 1940: "Liberdade de Ser Mulher para o CDS: exactamente a mesma apregoada pela ideologia fascista... Exacta mas não casualmente. A mesma coerência, afinal, em todos os domínios"[39].

RENACIMIENTO EN EL SIGLO XXI

Escribir sobre Maria Lamas em 2024 es también escribir sobre su significado hoy. Es una figura lejana y desconocida, pero que a la vez se hace cada vez más presente, aunque de forma muy general

[38] *Diário da Assembleia da República*, 10 de marzo de 1982, 2621
[39] *Mulheres*, Dez. 1982, p. 61

y abstracta. Es un nombre, que tiene por detrás la historia de una mujer, y de mujeres. Pero todavía se está descubriendo qué historias son esas en concreto, así como su importancia. Su nombre es posible encontrarlo en el periódico, en sitios web, en programas de instituciones culturales. ¿Pero se sabe qué significa Maria Lamas? ¿Y qué se está recuperando y cómo? Entrevisté a varias personas que están haciendo ese trabajo en nuestros días justamente para comprender el impacto de Lamas.

Raquel Freire, directora de cine (además de escritora), se hace eco de Lamas en diversas obras, como la película *Mulheres do Meu País* (2020) y la trilogía de documentales *Histórias das Mulheres do Meu País* (2020, RTP1). A pesar de mostrar a mujeres del siglo XXI, establece un diálogo con Lamas desde el título, actualizando sus entornos, trabajos, luchas, sueños y conquistas y enseñando su valor y sus ideas. La conexión de Raquel Freire con el libro de Lamas existe desde hace mucho tiempo, dentro y fuera del hogar. "Quanto mais viajei e me apaixonei por outros países, sempre acompanhada pelo livro de Maria Lamas *As Mulheres do Meu País* oferecido pela minha avó, mais ganhei a consciência da necessidade fundamental de, como cidadã e artista, dar voz a quem nunca a teve", me cuenta en entrevista. Inspirada en la vida y la obra de Lamas, sus trabajos nacen, pues, de una voluntad de escuchar, dialogar, pensar críticamente y volver visibles a las marginadas socialmente. Es también una estrategia de recuperar a Lamas: "O fascismo tentou apagar Maria Lamas e as mulheres que lutaram pela democracia. A história foi até agora contada por homens e sobre os homens: impõe-se uma mudança de olhar, de quem conta, de quem imagina, de quem cria, de quem investiga, de quem pensa, de quem filma, para que meio século depois da nossa revolução, ela possa chegar ao cinema e à vida das pessoas". Al considerar a Lamas una autora genial y una fundadora de la democracia portuguesa, Freire considera que es un ejemplo para las nuevas generaciones por su dignidad y su lucha contra la opresión del fascismo y del colonialismo y por la democracia, la igualdad y la paz, causas que considera estar presentes en la actual sociedad: "pela paz, pela liberdade, pela igualdade e pelo direito a existir.". Actualmente, la directora está rodando el documental

Mulheres de Abril, que empieza con Maria Lamas y Virgínia Moura, otra militante comunista. "Vamos ilustrar a luta destas duas mulheres, animando momentos que elas protagonizaram como fundadoras da nossa democracia, contando assim a nossa história através duma nova perspectiva, mais abrangente." Poner fin a la invisibilización de las mujeres es, pues, uno de sus objetivos, en una actitud que sigue siendo comprometida y consecuente.

Hacía mucho que la directora de cine Marta Pessoa deseaba hacer una película sobre Maria Lamas, pero fue em 2016 cuando empezó a preparar *Um Nome para o que Sou*, junto con la escritora Susana Moreira Marques. No sabían cómo hacerlo, pero, después de muchas lecturas, viajes y conversaciones, decidieron que su punto de partida sería el libro *As Mulheres do Meu País*. Con el documental buscaron descubrir qué tipo de libro es este, quiénes son esas mujeres y cómo incluir en la película a su autora, a sus entrevistadas y sus fotografías. La sinopsis indica que la película trata sobre el libro y su significado en nuestros días, "o movimento que ele opera em nós quando o lemos". El estreno fue en el Festival Indie Lisboa, en 2022. Marta Pessoa, en la entrevista que me concede, recuerda que el interés general por María Lamas es muy reciente, a pesar de la importancia de su acción y su obra. ¿A qué se debe este desconocimiento? "A resposta talvez esteja nos 48 anos de ditadura e no lugar para onde a mulher foi relegada: sem voz, invisível, sem direitos", dice la directora, destacando la acción en la década de 1920 de Lamas, rompiendo con costumbres y morales que consideraba inaceptables: "Quantas pessoas conseguem de facto compreender a importância e coragem de – e dou só um exemplo – em 1931 ter organizado uma exposição de tapetes de Arraiolos feitos pelas mulheres da cadeia das Mónicas, e de ter feito questão de as levar à exposição sem a farda da prisão?", se pregunta.

Susana Moreira Marques participó, pues, en el documental (en particular en el guion) dirigido por Marta Pessoa, estudiando el libro *As Mulheres do Meu País*, los cuadernos de apuntes y las fotografías de Lamas y viajando por Portugal. "Fiz de investigadora, de jornalista, de escritora, de narradora, de viajante, de visitante, de actriz, às vezes de figurante, em confronto com as mulheres que íamos encontrando pelo caminho. Escrevi texto para as imagens filmadas [...] e depois narrei o meu próprio texto com a minha voz"[40], explica en la introducción a *Lenços Pretos, Chapéus de Palha e Brincos de Ouro*, libro que publicó en 2023 a partir de sus apuntes y reflexiones más personales, cuando comprende cómo la obra de Lamas y las mujeres que fotografia tenían a fin de cuentas relación consigo misma y con sus hijas. Esas mujeres "não eram, para mim, mulheres distantes de outra época: as suas vidas – e a memória colectiva que conservamos delas – diziam-me directamente respeito, a mim e à minha história" (Marques, 2023, 11). Es así que nace este libro, un texto de 120 páginas con muchos fragmentos de pocos párrafos (frecuentemente apenas de uno) en el que escribe sobre Lamas y las mujeres que encuentra en su periplo por Portugal y traza puentes y diálogos con su misma familia (en particular su abuela, contemporánea del viaje de Lamas) y el siglo XXI.

> *Maria Lamas diz a uma das filhas: "Não deites cartas fora, não rasgues."*
> *Sobre não deitar nada fora, diz ainda: "É muito importante para o futuro"*[41].

El enlace entre los diversos periodos históricos constituye uno de los nudos centrales de *Lenços Pretos, Chapéus de Palha e Brincos de Ouro*. Esboza un continuo de entrelazamientos, capas y saltos, en una mirada sobre el presente y cómo este resulta del trabajo cotidiano, la resistencia activa y pasiva y las afirmaciones y actos de revuelta y revolución de muchas mujeres a lo largo de décadas, muchas veces ignoradas e invisibilizadas a pesar de su dimensión mayoritaria en la sociedad y ocultadas por las capas de una diminuta clase media y clase alta, en las que los problemas eran muy diferentes, incluso la presencia en el mercado laboral. "É muito importante para o futuro", decía Lamas. Porque el futuro se construye sucesivamente en el pasado y en el presente, pasando de generación en generación.

[40] Susana Moreira Marques, *Lenços Pretos, Chapéus de Palha e Brincos de Ouro*, Companhia das Letras, Lisboa, 2023, pp. 10-11.
[41] Ibídem. P. 26.

Y, cuando no se conoce el pasado, se da la sensación de empezar de nuevo, como si la generación actual fuera la primera en hacer algo. Encontrar a Maria Lamas y a esas mujeres hoy en día permite construir una genealogía que de hecho existe pero que se desconoce y, con esa información, profundizar en la reflexión sobre la condición de la mujer en la sociedad a lo largo de la historia, respaldar las demandas actuales y encontrar un anclaje y un arraigo de la propia lucha. Podremos recurrir al concepto de genealogía, que encontramos también en otros contextos, como la recuperación de las denominadas "SinSombrero" en España en los últimos años a través de documentales transmitidos en TVE. Tània Balló, en *No quiero olvidar todo lo que sé* (2023), dedicado a las mujeres españolas exiliadas después de la Guerra Civil, refiere también la importancia de esas figuras y de su recuperación para la sociedad del siglo XXI: "es necesaria una pronta y profunda consciencia ciudadana sobre lo que sucedió en este país a lo largo del siglo XX, como antídoto a los males que nos acechan en nuestro presente y futuro como sociedad. No hace tanto de todo ello, no es una historia que nos quede tan lejana"[42]. Por otro lado, Susana Moreira Marques escribe: "Se calhar não procuramos aventura, não procuramos inspiração, nem sequer procuramos conhecimento, mas apenas uma genealogia"[43]. Maria Lamas, las mujeres que ella inscribió en el tiempo, sus vidas y sus demandas forman parte de esa genealogía, de un pasado que ha construido nuestro presente, aunque no lo sepamos. A diferencia de otros, la directora Marta Pessoa es consciente de esa herencia y por ello dice que "naquele livro está o nosso passado: quem somos. Estão as nossas mães, as nossas avós, as nossas bisavós. Ou seja, nós. Não encontro melhor justificação do que essa: somos nós que estamos ali". Pessoa añade que "as nossas lutas, nesta década de 20 do século XXI, ainda são, de certa forma, herdeiras das suas lutas", porque "tudo é actual. Tudo é inspirador na sua vida". Es un pasado complejo y pleno, con elementos que para nosotros pueden ser sorprendentes, como la presencia de música, risa y vitalidad en todas partes, incluso

[42] Tània Balló, *No quiero olvidar todo lo que sé*, Espasa, Barcelona, 2023. "TV 7", RTP1, 28 de abril de 1974, pp. 11-12. https://arquivos.rtp.pt/conteudos/tv7-parte-i/

[43] Susana Moreira Marques, Lenços Pretos..., p. 64.

en las estaciones más frías y los lugares más oscuros, porque una gran proporción de esas mujeres son jóvenes y "aqueles anos de juventude são o tempo mais alegre da vida delas"[44]. Como apunta Luciana Andrade de Almeida, escribir "esta história das mulheres de seu país significou fazê-las existir publicamente no presente e no futuro"[45].

Susana Moreira Marques comenta en su libro:

> *Tento imaginar ilustrações das mulheres de hoje para um livro que quisesse retratar de forma fidedigna as mulheres do meu país. Pergunto-me que objectos poderiam ser desenhados nas mãos para substituir joeiros, certas, agulhas, catanas, enxadas e teares. [...] Tento pensar em objectos modernos que sejam enormes e tenham um peso desproporcional em relação à figura que os carrega, e de que maneira o desenho poderia transmitir imediatamente um desconforto*[46].

Lo cierto es que la ilustradora Marta Nunes ya ha hecho este trabajo, precisamente inspirándose en Maria Lamas. Al entrevistarla, Marta Nunes me cuenta que fue con el mismo espíritu de conocimiento que decidió "recolher histórias de vida de mulheres e as ilustrar, evocando Maria Lamas para que a sua obra pudesse ser novamente posta à luz dos dias e perceber que há ainda coisas que não mudaram assim tanto". La idea de continuidad también está, por tanto, aquí presente, al considerar *As Mulheres do meu País* un libro de referencia "para conhecer a real condição das mulheres na nossa história, em todas as dimensões sociais". Es, pues, una referencia que Marta Nunes aplica a su trabajo. Para la artista, el conocimiento del pasado "deve ajudar-nos a olhar para o que se tem hoje, fazer o mesmo exercício de procurar perceber como estão e são as mulheres do presente em Portugal", subrayando el espíritu crítico del trabajo de Lamas, que debe funcionar como referencia en el siglo XXI. Las ilustraciones de Marta Nunes se titulan precisamente "As Mulheres do Meu País"

[44] Ibídem, p. 67.

[45] Luciana Andrade de Almeida, "As Mulheres do Meu País: a viagem de Maria Lamas ao encontro das trabalhadoras portuguesas (1948-1950)", Fazendo Gênero, 9 (2010), p. 9. www.fg2010.wwc2017.eventos.dype.com.br/resources/anais/1291731507_ARQUIVO_LUCIANAANDRADEDEALMEIDA.pdf

[46] Susana Moreira Marques, Lenços Pretos..., p. 74.

y fueron expuestas por primera vez en marzo de 2022 en la galería Padaria Águas Furtadas, en Oporto. La ilustradora pidió en sus redes sociales a las mujeres compartir sus historias de vida y con esos y otros testigos empezó a crear dibujos sencillos, poderosos, impactantes y emotivos sobre situaciones laborales, violencia de género o salud mental, algunos problemas que vienen de lejos. De este modo, evoca uno de los objetivos de Lamas, es decir, hacer "nada mais do que um documentário vivo e sincero"[47]

La conexión con el siglo XXI es también muy importante para Raquel Pedro y Cátia Terrinca (UMCOLETIVO/Mil e Uma Noites), autoras de la performance sobre Lamas de Cátia Terrinca interpretada en la presentación de la reedición de As Mulheres do Meu País, en la Biblioteca Nacional, en 8 de marzo de 2023. Ellas comentan que la lucha y la resistencia de Lamas fue un hito en su tiempo, pero su obra es intemporal en la medida que aborda problemas y rasgos transversales de la mujer trabajadora (con sus matizes etnográficos, territoriales, etc.). "A dimensão de resistência permitem-nos ver também o caminho que ainda não se concretizou", subrayan, pensando así en el presente y, al menos de forma indirecta, actuando en él. Cátia Terrinca y Raquel Pedro asumen una perspectiva feminista y de clase, que busca valorar las tradiciones femeninas y además desea el progreso, que reconoce la desigualdad de género, pero no olvida que las dificultades de la "mulher trabalhadora são profundamente diferentes das que enfrenta a mulher burguesa". Una vez más, quieren dar voz a las marginadas y reconocer su importancia ayer y hoy, luchando contra el olvido:

> *Não queremos visibilizar apenas aquelas mulheres que tendo escrito bem, tinham as posses e conseguiram chegar aos meios de impressão, de publicação, de se literarem e até de terem tempo para escrever mais e melhor. Queremos reconhecer o valor literário das cantigas de embalar, que as mães inventaram para cantar aos seus filhos enquanto os adormeciam, das cantigas de trabalho que desafiavam amigas que compartilhavam a jornada laboral diariamente, das cartas de amor*

---

[47] Maria Lamas, As Mulheres do Meu País, Actualis, Lisboa, 1948-1950, p. 6.

que desafiaram fronteiras e guerras, das receitas culinárias, das listas, dos diários, enfim, do espólio feminino que herdamos do século XX *e que têm tido tendência para cair no esquecimento.*

El concepto de genealogía no estará alejado de este proyecto, con la divulgación de autoras e intelectuales que hoy son casi desconocidas.

Las obras de Maria Lamas han sido recuperadas de una forma más directa, o sea, con la reedición de sus libros. Por una parte, la editorial Vega en las décadas de 1970 y 1980 publicó nuevas ediciones de sus libros infantiles, ya sin el pseudónimo de Rosa Silvestre: *A Montanha Maravilhosa*, *Estrela do Norte*, *O Vale dos Encantos* y *Os Brincos de Cerejas*. En 2002, la editorial Caminho reeditó *As Mulheres do Meu País*, pero rápidamente desapareció del mercado. En 2023, el diário *Público* y la editorial A Bela e o Monstro empezaron a reeditar ese libro en entregas mensuales, igual que en su primera edición, setenta y cinco años antes. También en 2023, el 25 de abril, la colección "Biblioteca da Censura" (2022-2024) publicó *Duas Conferências em Defesa da Paz* (1950), de Maria Lamas y Teixeira de Pascoaes, y *Congresso Mundial de Mulheres Contra o Fascismo*, colección en el marco de la exposición "Obras proibidas e censuradas no Estado Novo", realizada en la Biblioteca Nacional de Portugal, en 2022, organizada por Álvaro Seiça, Luís Sá e Manuela Rêgo. En entrevista conmigo, Regina Marques, miembro del Consejo Nacional de MDM, defiende que "o legado maior de Maria Lamas é devermos aprender com a acção e a vida, ir à busca das mulheres do nosso país, ir ao seu encontro, lá onde elas se encontram, perdidas, sós, e com elas lutar e aprender, para que tenham emprego, estabilidade, salários dignos, para que possam ser mães sem perderem o emprego. Para que continuem a usufruir de direitos, e que a maternidade não as penalize nos direitos políticos, laborais e de cidadania. Que lhes seja oportunidades de formação e estudo e que exijam sem medo. Que sejam críticas e atentas, reflexivas e construtoras".

En otra conversación, el coordinador de la colección, Seiça, recuerda que *Duas Conferências em Defesa da Paz* fue publicado por la Associação Feminina Portuguesa para a Paz y prohibido por la censura en 1951. "É uma obra que estava esquecida e, tanto quanto sei, inacessível enquanto documento único. E é uma obra muito importante, pois revela a força do pacifismo contra a guerra e a vontade de um Portugal livre. A propósito da proibição, em 1951, Lamas foi apreendida pela PIDE, encarcerada e torturada. E a Associação foi encerrada. Portanto, há toda uma memória relativa não só à sua obra, mas também ao que representava ousar pensar durante a ditadura que é necessário manter viva", subraya.

A todos los entrevistados les pregunté por la reacción del público a su trabajo inspirado en Maria Lamas y si Lamas es una figura conocida. Las respuestas no varían mucho. Marta Pessoa dice que el nombre de Lamas es reconocido por el público, pero que es un hecho que la mayoría de a gente no la conoce profundamente: "Há ideias vagas da sua acção política, há a convicção de que foi uma "grande mulher", mas quantas pessoas leram de facto os seus livros? Quantas pessoas conhecem a sua biografia?".

La directora cuenta que lo que más impacta a su público son las fotografías de Lamas y la búsqueda que hacen en la película para encontrar a algunas de esas mujeres y conocer sus nombres. Raquel Freire habla sobre la excelente reacción del público a sus películas, que las reciben con emoción y entusiasmo, aplaudiendo de pie en el final de las sesiones, y de su proyección más o menos mensual en alguna parte del país. Cuando RTP1 emite la trilogía *Histórias das Mulheres do Meu País*, recibe muchos mensajes, *e-mails* y solicitudes de proyección. Por su parte, Raquel Pedro y Cátia Terrinca hablan sobre la sorpresa y la buena recepción de su público. Casi nadie conoce las obras de las que hablan, pero en el caso de Lamas ya hay más gente que reconoce su nombre en las ciudades, donde su público se constituye por lectores. No pasa lo mismo en el interior y en las comunidades "mais distantes do mundo da literatura".

Marta Nunes y Álvaro Seiça defienden la integración de Lamas en un canon de la historia, la literatura y la fotografía reconocido por las instituciones nacionales. Sería no solo una forma de reconocer su importancia, sino también de seguir aprendiendo con ella. Porque, como dice el académico, "Lamas é uma figura que tem de ser dada a conhecer e debater com as novas gerações", ya que "o legado da sua obra acarreta as noções de pacifismo, feminismo, democracia e liberdade, entre outras". La ilustradora considera que "deveria ser referência no estudo da nossa História" y Seiça recuerda: "Entre os anos 1990 e 2000 não me recordo de ter ouvido o seu nome numa só aula que tive: nem no liceu, nem na universidade. Isto diz tudo". Por otro lado, Marta Pessoa considera que "falar do livro hoje é também fazer a justiça devida à sua autora. É preciso conhecer Maria Lamas, o que escreveu, o que fez, e como fez". Raquel Freire sugiere la inclusión de la película *Mulheres do Meu País* en el Plan Nacional de Cinema para que llegue a las escuelas.

CONCLUSIÓN

El fotoperiodista Eduardo Gageiro me enseñó una fotografía que hizo a Maria Lamas en la redacción de *O Século* en 1976. En blanco y negro, la autora coloca el índice sobre su boca, pidiendo silencio. Y de aquí nace otra pregunta: ¿cómo puede imponer silencio una mujer que tanto luchó precisamente para hablar bien alto y hacer que se escuchara la voz de todas las mujeres? La respuesta es sencilla. Gageiro cuenta que Lamas estaba contando una historia, una historia de la dictadura, según recuerda, un tiempo ya lejano. Se vivía una segunda vida, la vida en democracia, llena de emociones.

Maria Lamas murió hace cuarenta años. Podemos decir que solamente muere quien es olvidado, pero los pensamientos de la propia autora, retirados del articulo "Palavras inéditas" publicado en la revista *Mulheres* diez meses después de su fallecimiento son la mejor forma de concluir este texto: "[...] embora morra exausta, não chegarei a esgotar este Amor à vida que me tem sido a minha grande riqueza interior e também uma das causas mais fundas das minhas amarguras. Ao falar no meu Amor à vida incluo nestas palavras tudo quanto ellas representam para mim: os valores, os sentimentos, as aspirações, a sinceridade e a acção que me permitem a sensação de existir e realizar-me até onde for possível"[48]. Y le fue posible hasta su muerte y más allá de ella, en

[48] Maria Lamas, "Palavras inéditas", *Mulheres,* octubre de 1984: 4-5, p. 5.

dictadura y en democracia, convirtiéndose en un ejemplo del pensamiento libre y de la defensa de la democracia.

REFERENCIAS BIBLIOGRÁFICAS

Almeida, Luciana Andrade de, "*As Mulheres do Meu País*: a viagem de Maria Lamas ao encontro das trabalhadoras portuguesas (1948-1950)", *Fazendo Gênero*, 9 (2010), www.fg2010.wwc2017.eventos.dype.com.br/resources/anais/1291731507_ARQUIVO_LUCIANAANDRADEDEALMEIDA.pdf

Balló, Tània, No quiero olvidar todo lo que sé, Espasa, Barcelona, 2023.

"TV 7", RTP1, 28 de abril de 1974, https://arquivos.rtp.pt/conteudos/tv7-parte-i/

Bastos, José Manuel Pereira, *María Lamas, mujer de causas, (breve biografía),* Torres Novasm Municipio de Torres Novas, 2017.

Branco, Isabel Araújo, "Los primeros días de la Revolución de los Claveles en diarios y crónicas de José Gomes Ferreira, Natália Correia y Miguel Torga", *Memoria y relato de la Transición. Perspectivas transnacionales,* Prensas de la Universidad de Zaragoza, Zaragoza, 2024 (en prensa).

Cabral, Manuel Villaverde, "Texto e imagem fotográfica no primeiro contra-discurso durante o Estado Novo: *As mulheres do meu país* de Maria Lamas", *Comunicação Pública*, 23 (2017), http://journals.openedition.org/cp/1970

Costa, Luís Filipe, "Entrevista a Maria Lamas". Rádio Clube Português, 30 de abril de 1974. https://arquivos.rtp.pt/conteudos/entrevista-a-maria-lamas/

Costa, Orlando da, "Orlando da Costa pela Associação Portuguesa de Escritores", *Homenagem a Maria Lamas,* MUTI, Lisboa, 1976.

Fiadeiro, Maria Antónia, *Maria Lamas. Biografia,* Quetzal, Lisboa, 2003.

Gorjão, Vanda, *Mulheres em Tempos Sombrios. Oposição Feminina ao Estado Novo,* ICS, Lisboa, 2002.

Lamas, Maria, "25 de Abril", *Abril Abril Abril,* Avante!, Lisboa, 1975.

—, *As Mulheres do Meu País,* Actualis, Lisboa, 1948-1950.

—, *Os Brincos de Cerejas,* Vega, Lisboa, [198-?].

—, "Palavras inéditas", *Mulheres,* octubre de 1984, pp. 4-5.

—, "*Mulheres do Meu País* e o trabalho no Estado Novo: da retórica do regime à realidade do trabalho no feminino", "Filhos da Madrugada", 1 de mayo de 2021, https://filhosmadrugada.wordpress.com/2021/05/01/

mulheres-do-meu-pais-e-o-trabalho-no-estado-novo-da-retorica-do-regime-a-realidade-do-trabalho-no-feminino/

Lopes, Agostinho, "Ocultação - em memória de Maria Lamas", *Expresso*, 13 de febrero de 2024, https://expresso.pt/opiniao/2024-02-13-Ocultacao---em-memoria-de-Maria-Lamas-d167b356

Marques, Susana Moreira, *Lenços Pretos, Chapéus de Palha e Brincos de Ouro,* Companhia das Letras, Lisboa, 2023.

Mascarenhas, João Mário, "Maria Lamas", *Maria Lamas. Uma Mulher do Nosso Tempo,* Câmara Municipal de Lisboa, Lisboa, 2005, p. 5-6.

Neves, José, "O país das mulheres de Maria Lamas", *Nova Síntese. Textos e Contextos,* 2/3 (2007-2008), pp. 183-195.

Rosas, Fernando, "Maria Lamas. 1893-1983", *Estudos sobre o Comunismo,* 2 (enero-abril de 1984), p. 59-63.

Ruela, Rosa, "Maria Lamas. Vida de Resistente", *Visão,* 25 de enero de 2024, pp. 62-71.

Seixas, Maria Augusta, *As Operárias de Alcântara e as suas Lutas Antes e Durante a I República,* UMAR/Centro de Documentação e Arquivo Feminista Elina Guimarães, Lisboa, 2012.

Sousa, Antónia de y Palla, Maria Antónia, "Maria Lamas", RTP1, 31 de agosto de 1974, https://arquivos.rtp.pt/conteudos/maria-lamas/

Vieira, Alice, "Maria Lamas: Uma escritora para a infância", *Maria Lamas, 1893-1983: Catálogo,* Instituto da Biblioteca Nacional e do Livro, Lisboa, 1993, p. 17-22.

Fuentes hemerográficas y de archivo:

"Maria Lamas foi a enterrar", *Diário de Lisboa,* 9 de diciembre de 1983, p. 8.

"Maria Lamas homenageada na Madeira", *Diário de Lisboa,* 10 de diciembre de 1983, p. 4.

"Medalha de ouro de Lisboa para Maria Lamas", *O Diário,* 16 de marzo de 1982, p. 5.

"*Liberdade de Ser Mulher.* CDS dá receita antiga", *Mulheres,* diciembre de 1982, p. 61.

"Faleceu Maria Lamas" in *Avante!,* 8 de deciembre de 1983, www.pcp.pt/faleceu-maria-lamas

Diário da Assembleia da República, 10 de marzo de 1982, p. 2616, 2621.

Diário da Assembleia da República, 13 diciembre de 1983, p. 2391.

"Que em Portugal...", *O Diário,* 10 de marzo de 1982, p. 1.